以声音到文字，分裂人格歌集

《道德经》
可以这样读

齐善鸿

——

著

天地出版社 | TIANDI PRESS

目录

成语，是中华文化中既很别致，又很迷人的一种表达方式。因为寓意精妙，言简意赅，朗朗上口，易于传播，而为人们所喜欢。《道德经》被誉为"万经之王"，老子在经中所表达的思想玄妙精深，一直为探索智慧者所青睐。学习经典时，通过成语这种方式进入圣人智慧的思想，是一个妙法。

《道德经》中隐藏着许多成语。有一位朋友转发给我一个文件，是他在网上发现的"《道德经》中的成语"，有四五十个。那位朋友说："你看，网上传播的这些成语，解读几乎全是错的，完全是望文生义，把老子的思想真意全丢了，而将其矮化或者浅薄地理解成了世俗中的一般性道理。"我看了后也感觉问题有点严重。朋友问我："你为何不来匡正一下呢？否则，这样传下去，上对不起祖宗，下会误导很多人。"我深以为然。这就是我想要出版这本书的起因。

一般而言，成语是指汉语词汇中特有的一种长期沿用的固定短语，来自古代经典或著作、历史故事和人们的口头语。成语的意思精辟，真意往往隐含于字面意义背后，一般不是其字词本义的简单加合。成语的形式往往以四字居多，也有一些三字和更多字的，甚至可能是小短句。简单地说，成语所代表的就是广泛流传性，多数有明确的经典出处或者历史典故。

老子的思想珍贵无比，但转化成成语的确实很少。《道德经》是圣人的著作，虽然也在不断地传播，但毕竟有些艰深，故而难以像日常生活的道理那样流行。人们所熟悉的流行的成语，往往更多是基于民间的生活感受而成，或者较多是民间的类似感受慢慢地约定俗成。因此，若是能够将老子深奥的思想转化成成语形式，每个成语又能不丢老子大道真意，将会对其传播具有很重要的作用。

如果按照现在常规的成语形成过程，那就要等大多数人领悟了老子的思想，并且有人概括成成语或者直接抽取具备成语式样的内容，才可能进入流行的状态。但两千多年来，这样的局面并没有形成。若是我们借用成语"易记、朗朗上口和易传播"的属性，主动做点工作，让人们通过成语这种较为简洁的形式学习并掌握《道德经》中的成体系的思想内容，也未必不是弘扬老子文化的一条道路。

于是，我试着将《道德经》中的思想精粹，以类似成语的形式提炼出来，重新进行解读，一方面是作为自己多方位、多角度学习的一种演练，另一方面也是在看到相关资料提及《道德经》中的成语时，为那些解读的偏差或者错误而难以释怀，尤其是对可能误导人们对《道德经》思想的理解而惴惴不安，故而起心试着做些相应的补充和校正。

要真正理解中国文化，真正读懂《道德经》，理解老子的智慧，就离不开这些成语形式的词语、短句。很多国人都知道一些与《道德经》有关的词语，如"上善若水""大智若愚""虚怀若谷""道法自然"，等等。当然，这些词语有的是出自《道德经》原文，也有的是根据道家思想演绎出来的，是体现道家思想的典型表达方式。只是这些词语在现实中往往被错误地解读了，丢掉了《道德经》思想智慧的精髓，这是需要我们进行纠正的。

此次借用成语形式，是考虑大家的学习需要，也是为了帮助大家更好地学习和理解老子思想，更是为了推动一些内容引发流行而做的一种新的尝试。也就是说，不是基于民间流行的标准收集和重解现有成语，而是整理和阐释《道德经》中一些成语和类成语词。因此，这次工作的出发点不是整理道家已经形成流行的成语，而是借用成语形式推动传播《道德经》思想。

　　《道德经》的思想，处处法门，也就是说，几乎可以从任何一句话进入到道家思想的独到智慧中，这就变得很有意思。这也就意味着，每理解一个《道德经》中的词语或短句，就找到一个进入道家智慧的门径，如果能够把道家智慧的词句全部理解了，那也就相当于在道家智慧的门庭出入了许多次。

　　道家智慧成语，在《庄子》里也十分丰富，有些也是我们生活中常会用到的，如"庖丁解牛""越俎代庖""无中生有""望洋兴叹""朝三暮四""呆若木鸡"……只不过，《庄子》中的智慧成语，在很多时候也往往在现实中被误解和曲解。以后有机会，我再专门给大家介绍。

　　随着中国的重新崛起，中华文化的世界影响力将会越来越大，作为中国人，正确理解中华优秀的传统文化是十分必要的，也是我们自己的本分，更是中国人自身精神建设的基本功课。

1. 可道非道

【出处】

第一章："道可道，非常道。"

【语义】

可说之道，是人主观表述出来的，并非客观的道本身。

【寓意】

大道是无形无相、无边无际的，人的主观能力永远无法把握其全貌。大道又是无处不在的，人无法脱离其决定性的影响。放空自心，真诚谦卑，虚极静笃，顺应自然，方可合于道而自然功成。哲学家们发现，人类痛苦的根本原因在于，我们都以为自己说的是正确的，是真理，而别人说的总是错误的，或者是不如我们的。智慧的人说别人的道理，愚蠢的人说自己的道理；智慧的人总找自己的错误，愚蠢的人总找别人的错误。

【素描】

大家知道"公说公有理，婆说婆有理"的典故吧？遭遇过"对牛弹琴"的无奈吧？也为"驴唇不对马嘴"感到尴尬吧？也曾为"你说东，他说西；你说狗，他说鸡"摇头叹息吧？如果是在与亲人的接触和沟通中遇到这样的情况，那就更让人糟心了。这一切都源自人们像蜗牛一样蜷缩在"小我"的硬壳里看世界、看众人，可以这样说，"盲人摸象"是我们较为普遍的认知模式。

【真言】

只说自己的道理，你就是孤家寡人；能够说别人的心里话，你就是他的知心人。若专门找对方的正确来对接，你就无往而不胜；若专门找对方的错误来指责，你就是天下人的公敌。

【自省】

还真是这样啊，我跟别人说我的道理时，别人也在说他自己的道理。我跟他说他的道理时，他就很容易接受我的道理。

2. 可名非名

【出处】

第一章："名可名，非常名。"

【语义】

一个事物的名字或者说法，只是人给事物的"命名"，如同贴上的一张标签，这一标签并非事物本身，它只是人为了自己认识的方便而使用的一种工具。若是将人主观上给事物起的"名"当成事物本身，就大错而特错了。

【寓意】

人类往往把人为之名当成了事物本身。面对着各种对立名称的出现，人类借助于命名外界事物所进行的心灵撕裂过程就开始了：有正确的，就必然有错误的；有黑的，就有白的；有喜欢的，就有厌恶的……

【素描】

有朋友问我："如何用老子的思维来看待名与实呢？"这个问题非常精妙。可名非名更高的一个层次，或者它的反面又是什么呢？用禅宗的话来说，那就是非名非非名，用我们熟悉的话说，就是否定之否定。这个非非名，说的就是我们自己心中的主观事实，通常我们比较熟悉的是客观事实，但如果我们特别坚信某一种意念，它就会变成我们心中的一种主观事实。以我们的名字为例，日常生活中，我们常常会向他人介绍自己的名字，以至于名字本身也会成为我们生命中的一个特殊的事实，就是主观事实；同时，我们的名字被别人提及的次数非常多，所以有人认为名字会对我们的生命产生重要的影响。这也是很多朋友之所以老是想让自己有个好名字，甚至去改名字的一个原因。实际上并没有什么坏名字，哪个父母会给自己的孩子起个不好的名字呢？认为名字就是个符号，和认为名字可以改变命运，这两种极端倾向都是存在问题的。对于自己的名字，我们要有积极、正面、周全的理解，如果理解偏了，就可能会厌恶自己的名字，甚至对我们的生活产生更多不良影响。在这一点上我们都要小心，要理解我们名字正面的内涵。到了这个地步，你就可以理解非非名的妙处。

【真言】

在我们的生活中，有很多"工具与目的""道具与本体"这样的话题。人用筷子夹菜吃，人吃了筷子夹的菜，却不会吃筷子。人读书，是为了长知识、获得智慧，如果读了书不能学以致用，那读书意义何在？人努力挣钱，不是为了吃钱，而是花钱买自己生存所需的东西。人吃饭也不仅仅为了饭，而是为了从饭中吸收营养。人出了名，成了名人，如果放不下虚名，就会为名所累，还可能因为名气大而让自己迷失。如果拿着筷子不吃饭或者把筷子当饭吃，是不能饱腹的。当然，对名的正确理解，甚至形成正道的信念，也是我们绝不可忽视的，这会形成生命中一种非常神奇的力量。

【自省】

真正有实力的人，往往不虚荣。死要面子的人，往往没有实力。最终，死要面子的人却失去了面子。当然，如果理解歪了，也会产生严重的后果。

3. 无始天母

【出处】

第一章:"无,名天地之始;有,名万物之母。"

【语义】

"无"可以用来表述天地混沌未开之际的状况;而"有",则是对宇宙万物本原的命名。因此,要常从"无"中去观察领悟"道"的奥妙;要常从"有"中去观察体会"道"的端倪。

【寓意】

天地未开之时宇宙的原始状态是一种无形无相、无边无际的混沌状态,是人的主观能力无法把握的,老子将其称为"无"。同时,这种无形无相的大道又是无处不在的,人无法用自己的肉眼去认知但又无法摆脱其影响。混沌未开的大道之"无"的状态,演化成了后来的次一级"有和无"——我们能感知到的有形的存在和同时与此并存的无形的存在。

【素描】

"无"就如同我们远古的祖先,虽然不可见,但已经将其生命的力量传递到了我们的生命中。我们能够感知到的"有",如同我们的父母,他们生养了我们。实际上,在每一个生命中,既有看不见的力量,如中医所说的"气",也有我们能够感受到的肌肉、骨骼和脏器等有形的生命形态。当然,进一步演绎还可以让我们更深切地感受到生命的有无共存:我们的思想情感是看不见的，却支配着我们的肉体活动，决定着我们的生命质量。那些很有成就或者我们认为很厉害的人，往往都有一个非常强大的、我们肉眼看不见的精神世界。所以在现实当中，我们可以看到两种不同的人生模式：第一种是不断地去追求外在有形的东西，第二种是不断地去丰富和提升自己内在无形的能量。第一种人生模式往往会让人活得非常辛苦，而第二种人生模式则会让人随着自己内在能量的提升，变得越来越自在和逍遥。

【真言】

"无始天母"的哲理，最起码可以给我们三点重要的启迪：一是一切有形的存在都来自无形的力量的决定，最终也会回归到无形的状态；二是看到有形的存在，要想到无形的决定力量，从而让我们不至于停留在表象的层面；三是"无"决定着"有"，每个人都要从"无"上下功夫，这既是生命达观的原理，也是每个人超越有形物质奴役的自由之路，更是人重视思想境界进而把控人生方向与质量的基本逻辑。

【自省】

我想了很多，也做了很多，只知道往前看，可就是没有往回挖到那个根儿。原来自己一味地向外求，却没有找到决定外求结果的根本啊，这就是自己一直在瞎忙的原因吧！

4. 无欲观妙

【出处】

第一章:"故常无,欲以观其妙。"

【语义】

"无"是道家思想中的重要概念,其含义与道相连,代表着大道的无形无相无限。将"无"用于人,则代表着"无我""无私""无欲""无主观"。

【寓意】

人只有处于空灵无欲无主观的状态,才能真正观察和领悟万物生发的妙处。主观意念和分别心一起,给万物很多主观的评价,就失去了观察万物生发妙处的能力。

【素描】

我们通常生活在主观的世界里,经常把自己主观的认识硬加在客观事物上,最典型的就是"我认为""我以为""我感觉"这样的主观认知模式,置客观事物存在与变化的规律于不顾,在幻觉和错觉中忙碌着。"我执""法执"是我们主观的常态,表现为固执己见、认死理儿的状态,完全断绝了自我进化的道路。

【真言】

我们必须开启一种高级的智慧——觉悟,必须认识到我们生活在两个世界里，一个是客观世界，一个是主观世界，而人生的任务就是让两个世界合一，否则我们就可能会在两个世界的对立和撕扯中备受其苦。

【自省】

认真想了一下，我以为是智慧的，竟然大部分都只是我个人的主观想法，这就是自作聪明吧？

5. 有欲观徼

【出处】

第一章："常有，欲以观其徼。"

【语义】

这里有个关键字，就是"徼"。王弼注："徼，归终也。"《尹文子·大道上》："故穷则徼终，徼终则反始。"《列子·天瑞》："死也者，德之徼也。"张湛注："德者，得也。徼者，归也，言各得其所归。"

【寓意】

当人启动主观意念，观察天地间的万事万物时，要知道自己看到的只是万事万物在运动过程中的一个暂时性的形态，关键是要去观察它们的运动规律，判断它们将要变化成什么状态。如老子在《道德经》第十六章中所说："致虚极，守静笃。万物并作，吾以观复。夫物芸芸，各复归其根。归根曰静，静曰复命。"

【素描】

"有欲观徼"的思维方式，就是在万事万物的变化中看待任何一种形态的暂时性，观察事物的运动规律。脱离事物运动变化的完整过程，只针对过程中某一个暂时的形态进行认知，将无法获得真理，只能制造迷惑自己的幻觉。

【真言】

"有欲观徼"的思维方式，将我们的主观放进客观事物的发展运动过程中去，不是盯着过程中某种暂时的形态，而是要掌握事物变化的整个过程和其中的规律。拥有了这样的思维方式，我们才能走出让暂时状态锁死自己心智的陷阱，获得客观事物变化的真理，解放自己，获得心灵的自由。

【自省】

我越想自己越傻，看到一部分就以为是全部。把这种现象说出来时，自己都觉得好笑，可实际做起来时又进入了这种状态，这就是自己功夫不够，上不了道啊！

6. 同出异名

【出处】

第一章："此两者，同出而异名。"

【语义】

字面意思是名称不同，出处一样。实际上这是老子对"有""无"两个概念属于一个本体的进一步的阐释，是在告诉我们，"有""无"的说法依然是我们主观活动的结果，真正的本体是无法用人的主观概念来进行描述的，也就是我们熟悉的"不可说，不可说，一说即错"的状态。

【寓意】

语言是人认知世界的工具，同时也是我们认知真理的障碍。人的智慧到达真理的界面时，只能缄默。

【素描】

在我们的现实生活中，工具和目的的思维还是比较清楚的，只是很多人不会从现象里提取真理的本质，因而在认知世界时，常常出现"困于工具而忘记目的"的现象。比如，挣钱本来是为了生活，但很多人为了挣钱，却没有了生活；为了把事情做成而与人合作，但因为合作过程中的分歧，而没有把事情做成。

【真言】

很多时候，人之所以会犯错误，就是因为忘记了自己最初的目的。

【自省】

抓住了"有"，丢掉了"无"，不知道有限的连着无限的，看来我这个人脑子还没有真正地开发出来呀！

7. 玄之又玄

【出处】

第一章："玄之又玄，众妙之门。"

【语义】

"玄"一般是指人的意识难以琢磨的那种神秘现象与规律。道家的"玄之又玄"，说的是有无相生和连续不断、无穷无尽的相互转化，螺旋式上升的大道运动形态。明白了这一点，也就找到了万事万物存续与变化的总规律。

【寓意】

人们本能地祈求一切美好，远离一切灾难。实际上，"美好"与"灾难"本身就是人类在主观上给事物贴的标签，将有利于自己的事物贴上"美好"，将不符合自己利益的事物贴上"灾难"。事物自有其本身的客观规律，人类认为好的，会变化，不会像人们期望的那样永久美好；同样，不好的也会变化，也不会保持永久不变。若是能够去除贪欲和私欲，去除有局限的主观判断，跟随大道，领悟大道，恪守中道，智慧地在无中生有，达观地在有中变无，心无挂碍地随着两极的变化而不断上升，达到心性无极的状态，就进入了人生最玄妙的模式与境界。

【素描】

我们的思维方式，大多是错误的。认识这些错误对于我们提升自己的思维境界会有很大的帮助。现实中的人，往往是"零维思维"，也就是"点式思维"，看见什么或者听见什么，就会不加分析地信以为真并依此进行评价和判断。还有一种常见的思维模式是"实虚负面联想式思维"，也就是根据自己感知的片段事实，加上负面联想，形成负面的认知和相应的情绪与反应，文学作品中的一些悲剧式人物就是这样的思维模式。

【真言】

事物是不断变化，不断升级的。若是能够领悟大道，就能用智慧的思维揭示事物的真相与规律。如因果思维，通过结果追溯原因，可以认识因果关系，在事物因果规律中的"因"上下手，可以获得结果；连续不断地超越自我，从那些难以理解的事件中得到启迪，就能不断提升自己的思维能力。成功者往往善于从问题中看到答案，而失败者总是从事情中找问题，不同的思维方式，会带来不同的人生结果。

【自省】

一听"玄"就有点蒙，原来玄就是不断超越现在的想法啊！想法连续不断地提升，那可真不得了啊！

8. 有无相生

【出处】

第二章："有无相生，难易相成，长短相形，高下相倾，音声相和，前后相随。"

【语义】

有和无是可以相互转化的，"有"指的是有限，"无"指的是无限。"有"这个有限，实际上是由"无"生出来的，"有"也在"无"中，二者是一体，只是人的视野有限、视力受限，才会将其分成两种不同的存在。也指矛盾双方的对立与转化，阴阳相生的关系。

【寓意】

只见"有形的"，就是"有限的"。过度追求"有形的""有限的"，就会让生命变得卑贱、短暂。唯有穿透有限进入无限的大道虚空之中，才符合生命的本真。

【素描】

一栋大楼是如何建成的？肯定是先有想法后有图纸和后续的建设吧！一个人的苦恼是如何出现的？肯定是自己的认知先有了一个标准，然后用这个标准衡量所遇到的人和事，又因为自己的标准不合于道，因此生出了烦恼吧！自然界的树木花草美丽吗？那要看人的心情如何。心情不好的人，对着自然美景要么熟视无睹，要么见花落泪。你看看，人间万事万物，莫不是那无形的力量一直左右着我们对待有形事物的态度与行为。

【真言】

人生苦恼的基本模式都是因为"重有轻无"，都是因为不知道"有生于无"和"无决定着有"，都是因为只在"有"上动脑筋，而不知在"无"上下功夫。人和人之间命运的差别，也是由此决定的：成功者重"无"，因而把握住了生"有"的密钥；失败者重"有"，失去了对决定"有"的"无"的把控，最终反而成了有形之物的奴隶。正如《荀子·修身》中所说："君子役物，小人役于物。"

【自省】

我过去真是荒唐，总想用自己有限的去生产出自己所追求的无限的，这太可笑了，若是借着有限直接走进无限，多好啊！

9. 难易相成

【出处】

第二章："有无相生，难易相成，长短相形，高下相倾，音声相和，前后相随。"

【语义】

难和易是相互成就的，并不是相互对立不相容的。

【寓意】

"难易相成"有三层含义。第一层含义是，难和易的说法，是相对于人的能力与资源而言的，并不是绝对的。没有绝对的难，也没有普遍的易，难易是相对概念，是个人的能力和资源与外部事物难度之间的比值：如果个人内在胜于外在事物，就是易；反之就是难。第二层含义是，越是难的，价值越大；越是容易的，价值越小。第三层含义是，经历困难，可以提升意志与智慧。若总是处在容易的事物之中，就很难成长。经历了困难，就成长了，成熟了，收获了。明白了这些，就会感恩困难。

【素描】

"自古雄才多磨难，从来纨绔少伟男。"意思是：自古以来凡是做成大事的英雄豪杰，多为经历过很多磨难的人，而那些富贵人家的子弟，很少有人能成就大事。孟子在《孟子·告子下》中说得更为精辟："天将降大任于是人也，必先苦其心志，劳其筋骨，饿其体肤，空乏其身，行拂乱其所为，所以动心忍性，增益其所不能。"这句话的意思是：上天将要下达重大责任给这个人，一定先要使他的内心痛苦，使他的筋骨劳累，使他经受饥饿，以致肌肤消瘦，使他身受贫困之苦，在他做事时，使他所做的事颠倒错乱，用这些办法来使他的心惊动，使他的性格坚忍起来，增加他过去所没有的才能。

【真言】

当你遭遇苦难时，你会厌恶苦难，憎恨给你苦难的人。当你经历了一系列的苦难回头望去时，才真正懂得，正是这些苦难成就了你不凡的人生，而那些给你制造苦难的人，却成了你生命中的贵人。正在经历苦难的朋友，你能够看到苦难过后的自己吗？能站在未来看到当下的苦难的价值吗？能站在人生的高度看待带给你苦难的贵人吗？

【自省】

我以往总是想找容易的事做，过些年再回头看，才发现恰恰是那些困难的事成就了自己。

10. 不言之教

【出处】

【出处】
第二章："是以圣人处无为之事，行不言之教。"

【语义】
圣人们是用无声的语言在教化人们。

【寓意】
古代的圣人们通晓了天地大道，不再用常理来教化人，而是通过无言的方式来让人们自己感悟大道的运行。他们采用这种方式的原因是：事情在发展中，不用在中间阶段人们还没有见到完整过程时就喋喋不休，否则，要么会勾起人们的幻想，要么会让人们难以理解，要么会让人们对这种看不见的过程产生排斥，对说教产生厌恶。事情本身的变化过程中所呈现的事实与规律，才是对人最好的教育。当然，圣人们之所以那般淡定，是因为他们是站在事情之上的高度来俯视整个过程的。

【素描】
生活中有很多喜欢喋喋不休地教育别人、评价别人、指导别人的人。一些父母总喜欢用自己有限的知识和经验教导孩子，希望孩子听话，可是父母自己也还没有掌握人间大道，难道孩子只要听话，就真的会有出息吗？一些做领导的总是希望用自己高于部下的知识和经验教导他们，却很少反思，自己的思想、经验和知识已经达到智慧的高度了吗？若是领导者自己也没有达到智慧的高度，那对部下的教育会把他们领到什么样的道路上呢？由此可见，"话痨""啰唆"都是因为不明大道，按照自己的感觉在自言自语。这样的人，虽然很多时候是出自善意，但因为智慧的境界还不高，要么是在说纯粹属于自己的认识，要么是在针对事情的某个片段发感慨，要么就是"事后诸葛亮"，但就是无法沉住气来观察事情整个过程和变化的规律。很显然，这样的认知和表达都太浅薄了。

【真言】

悟道的人是寡言的，因为他知道客观胜于主观，事实胜于雄辩；他懂得赞美别人，因为他知道普通人的优点得到激发就会向上、向善；他懂得用自己的言行引导别人，因为他明白人们更容易从行动上领悟道理；他懂得罪己自省，因为修正了自己的错误，就会回到正道；他懂得向人道歉和改过，因为这是心灵力量最直接的证明；他还懂得感恩他人，因而能够化解恩怨。

【自省】

我以前总是喋喋不休地教育别人，好像别人也不太喜欢，说得多了也没什么用。原来无声的教化才是最厉害的呀！

11. 生而不有

【出处】
第二章："生而不有，为而不恃，功成而弗居。夫唯弗居，是以不去。"

【语义】
大道生养了万物而不据为己有，任其自然存在。形容大道的无私。

【寓意】
老子是在用拟人化的方式表述大道的品性。人是大道的产物，也是大道的载体，人的品性也必然要从效法大道中获得。如果离开了这个路线，人就会被贪欲、私欲控制，这就是世俗中人的占有欲。人生的很多苦恼，就是因此而生。

【素描】
人生有三大苦恼：一是没有时的苦恼，二是拥有时的苦恼，三是拥有之后又失去时的苦恼。只要跟"有"关联上，就会有苦恼。没房子时苦恼，有了房子又会生出新的苦恼；没结婚时苦恼，结了婚又会有结婚后的苦恼。这到底是为什么呢？人似乎总是在追求自己没有的，但对于已经拥有的，往往就逐渐变得麻木。

【真言】
对于人来说，越是想占有别人，越是会失去别人。对于东西来说，占有得越多，生命负担越重，生活乐趣越少。对于拥有职位的人来说，如果贪恋自己的职位，而没有给别人更多发展的空间，没有让别人得到成长，就等于背叛了这个职位的使命，而把职位变成了个人谋私的工具，这样的人怎么会受到别人的尊重呢？这样的人一旦离开了位置，又有谁愿意继续与他交往呢？

【自省】

我从这儿看到了自己的小气，有点儿小成绩就骄傲，有点儿小收获就得意，真是没大出息啊！人生百年，我们到底能拥有什么呢？百年之后，我们每个人能够拥有的也就是方寸之地，我们活着的时候所眷恋的人和财物也都不属于我们了。若是能够站在生命的终点回望人生，我们就应该给别人多一点儿空间，多一点儿尊重，多一点儿欣赏和支持。

12. 为而不恃

【出处】

第二章："生而不有，为而不恃，功成而弗居。夫唯弗居，是以不去。"

【语义】

有所施为，但不强求，不强加自己的意志与倾向于他人。大道生育万物，欣赏万物，却不要求它们跟自己的形态一致。这是因为，虽然万物形态不同，但本质却是一样的。

【寓意】

很多人存在一种强烈的主观愿望：希望别人的愿望和想法与自己保持一致。然而，世界是多姿多彩的，人是多种多样的，人的想法是千奇百怪的，人的行为是随时变化的，正因如此，这个世界和我们的人生才是美丽的。当然，任何一个人都没有权利也没有资格要求别人跟自己的想法完全一致。唯有静观、领悟、懂得、欣赏、赞美、接纳和感恩，才是正确的人生态度。

【素描】

有一些人总是对生活中的各种人和事很不满，因此常常处于烦躁不安的状态。在老子的思想中，悟道者的一种自然状态，是始终与大道合一。每个人都有自己的主观期待，因此在每个人的视角里，大道呈现出来的状态都有所不同。如果能从所遇的各种人和事中领悟到自己并不熟悉的那份独到的价值，不就是圣人所说的"吾性自足"的境界吗？我们若是明白这一点，就会发现人生中处处有惊喜。

【真言】

很多人超越了自己的权限，赋予自己一种挑剔人世间所有事物的能力，却没有喜欢和欣赏万事万物的能力，这就使得他们严重缺乏审美能力。正如人们所说的那样：这个世界从来不缺乏美，只是缺乏发现美的眼睛。

【自省】

我现在有点看明白了：我以前总觉得自己很能干，原来是因为一直在跟比自己笨的人比。我跟他们比时，总觉得自己是正确的，别人是错误的；一旦进入比自己能干很多的人的圈子，自己好像就没有那么能干了。

总是按照自己的主观意识来要求别人的人，很难发现别人的优点和世间的美丽，而且总是在要求别人、评价别人、苛责别人，让气氛变得很糟糕，他们却很少能够觉察到这样的变化。若是醒悟了，把自己的审美标准调整一下，让自己能够发现美、欣赏美，能够赞美人间的美丽，我们自己和我们所处的环境就会变得越来越圆满，难道这样不好吗？

13. 功成不居

【出处】

第二章："生而不有，为而不恃，功成而弗居。夫唯弗居，是以不去。"

【语义】

大道生育万物，可谓功大如天，可大道并不会因此居功自傲，而是只视为尽了自己的本分。

【寓意】

世俗中人，大多有居功自傲之心。在这里需要区分一下本分和功劳：本分是每个人最基础的责任，功劳则是在超越报酬并面临巨大风险的情况下做出的卓著成绩。真正成绩卓著的人会将自己的成绩视为一种荣耀，而不会将其当作骄傲的资本。很多人只是尽了本分，做了自己该做的，却错误地以为那是自己的功劳。还有的人帮助了别人，就以为自己有恩于别人，因此霸道地对待别人，不尊重别人的自由和权利，甚至期望别人绝对地忠诚于他，或者向他报恩，这样的行为会让人生厌，使彼此之间的关系恶化。这样的人无法放平自己的心态，总是愤愤不满，认为他对得起别人，而别人对不起他，时间久了，不仅会伤害到身体健康，而且会降低生活质量。总是标榜自己的功劳的，往往是既愚昧又不自信的人，他喋喋不休地提醒人们注意他的"事迹""贡献"和"恩情"，唯恐别人小瞧了他，或者忘记了他的存在，以及他对别人的所谓恩情。

【素描】

在生活中，为别人做了一点事情，就以为自己对别人有功劳和恩情的人，最终会像瘟疫一样让人们躲避。人们觉得惹不起这样的人，因为一旦他为你做了一点事情，你就必须按照他的期望，无限期地回报他，甚至要绝对忠诚于他，否则你就是忘恩负义。那些自以为有恩于别人的人，往往也会以为自己获得了一种特殊的资格，于是就在别人面前显示自己的优越感。在封建社会，打仗有功的臣子们，往往因为这种居功自傲的心态而成为破坏集体规矩的人，如同害群之马。在历史上，不少的英雄豪杰不懂得这个规律，因而给自己惹来了杀身之祸。有历史学家认为，能忍胯下之辱的大英雄韩信，若是懂得这个规律，就不会有那样凄惨的人生结局了。

【真言】

浅薄的人以为只要做成一点事情，自己的状态就会发生改变，殊不知他做成的事情会让他的状态变得更糟。为别人做一点事情就要求回报，是自己心穷的表现。居功自傲就是主动让别人厌恶自己，争过让功才是在保护自己啊！

【自省】

我总想让别人明白我的功劳，可别人也想表明自己的功劳呀！我把功劳给占了，别人的功劳就没有了或者被严重减少了，别人就会因此而不高兴，在心底种下对我不满的种子。回想过去这些年，我真是做了不少这样的蠢事啊！

14. 虚心实腹

【出处】

第三章："是以圣人之治，虚其心，实其腹，弱其志，强其骨。"

【语义】

人不要有太多的思虑与欲望，生活要简单质朴一点。

【寓意】

世俗中人过分追求超越生命承受力的各种名利，因此需要"虚心实腹"。很多人一味地追求奢华的生活，想要占有更多的名利，却对生活失去了初始的期待和热情。他们之所以会陷入这样一种状态，是因为没有一个不变的根本性的目标，因此随时随地都可能被具体的事物吸去心力。在成年人中，心弱的人往往食欲很旺盛，吃了很多食物，却不知是自己心灵空虚。

【素描】

在现实生活中，有很多人内心很浮躁，静不下心来去思考和做事，仅凭自己过去的知识和经验去对事物进行判断，让自己的心很累，也失去了获得智慧的空间与能力。虚心实腹，也被一些朋友视为修行的法门：虚心，就是让自己的心灵进入虚空宁静的状态，用老子的话说就是"致虚极，守静笃"；实腹，说的是气沉丹田，意守丹田，做到神清、心定、气沉。

【真言】

人们富裕了，总要改善一下自己的生活，这是人之常情，是可以理解的。但如果一味地追求无度的奢华，甚至骄奢淫逸，那就是在放纵自己的欲望，被外在事物牵引着，迷失了心性，从而使自己成为外物的奴隶，变得心事重重，愁眉不展，神浊心乱气散，生命状态变得紊乱不堪。人若是幸运，即便绕了很多弯子，最后也会回归本性。正所谓繁华谢尽，平淡才是真。

【自省】

有些人富裕起来之后，就开始追求奢华的生活，吃遍山珍海味，最终却发现，对生命健康最有益的是粗茶淡饭。

15. 无知无欲

【出处】

第三章："常使民无知无欲。使夫智者不敢为也。"

【语义】

人不要有智巧之心，不要贪婪，要回归简单质朴。

【寓意】

　　一些世俗中人怀有过分的智巧之心和不断膨胀、难以自制的欲望，喜欢算计人、自以为聪明，自己也难免被人算计。欲望不断膨胀，进而迷失了心智，这样的人多了，就会造成社会问题。

【素描】

　　只要仔细观察生活，我们就会发现：大多数喜欢卖弄自己的聪明的人，在某种程度上都是愚蠢的；欲望不断膨胀的人，最终往往都会跌入深渊。有一些人总是怀有深深的自卑感，害怕别人小瞧自己，于是动些心机显摆自己的聪明，以为这样做，别人就不会小瞧自己。实际上这种行为也会引起别人的反感。许多人错误地把"无知无欲"理解成是一种愚民政策，以为老子是在给帝王们帮忙——提倡无知无欲，把老百姓都搞得傻一点就好统治了。这真是天大的误会，老子的思想中教训帝王的居多，他怎么会是帝王驯化百姓的说客呢？"无知"之说，是在提醒我们不要动小心思为自己算计，要去学习大智慧，这样我们的生命才能够不断地进步和进化。反之，若是总在计较小事，最终只能是得不偿失，也没法让自己的生命变得更加优秀。

再来说说"无欲"。中国的圣人几乎都提倡无欲，这让很多人感到困惑：人若是没有了欲望，还怎么活着呢？尤其是对于朱熹老先生所提的"存天理，灭人欲"这一思想，批判的人更多。实际上朱熹老先生所说的存天理就是让我们把自己主观的道理替换为天道，也就是客观规律，这不恰恰是让我们生命提升的一条法则吗？至于说灭人欲，一方面是圣人看到现实中的人欲望不断膨胀，给自己带来了诸多的灾祸，因此提醒人们要节制自己的欲望；另一方面，要把自己的生存需要保持在合理的水平，提升自己的生命能量，树立远大的人生理想，多为他人和社会做贡献，充分实现自己的人生价值。纵观历史，一心谋私利的人大多成了反面教材，而达到了无我无欲状态的人，多能名垂千古，光耀千秋。即使我们不追求伟大的成就，节制欲望也是有巨大益处的。毕竟，人是一种高级动物，不能只是在自我和生理这样的层面上活着。你说呢？

【真言】

有这样几句充满智慧的话，值得我们玩味："大智若愚，小智若聪；大欲无欲，小欲若饥。大谋不露，大慧无锐，大权若仆，真强若柔，大富若穷，大功若过，大辱若宠。欲大则弱，无欲则刚。"

【自省】

记得毛泽东同志说过这样一句话："卑贱者最聪明，高贵者最愚蠢。"当时还不太理解，现在看来，自恃高贵的我是愚蠢的，而我瞧不起的那些人却比我更聪明。我年轻的时候不懂得理想的价值，觉得理想是一种很空虚的东西，总想追求那些看得见的、很实在的东西。后来我在现实中看到，只有欲望而没有理想的人，总是那么自私自利，得不到时表现得很急躁，得到后又会变得很轻浮。再后来，我渐渐地明白，那些踏踏实实做事的人，就是在以最快的速度向人生的理想迈近。当我懂得了理想的价值时，才知道自己人生的方向和自己展示人生价值的那个广阔无垠的空间。

16. 挫锐解纷

【出处】

第四章："挫其锐，解其纷。"

【语义】

大道与万物浑然一体，不觉悟的人往往会锋芒毕露，自以为是，拿着自我与客观大道较量，因此生出诸多纷扰。

【寓意】

没有觉悟的人总是锋芒毕露，显得精明强干，可内心又处处盘算，生出很多纷扰。悟道的人，能够与万事万物找到对接的方式，不会挑挑拣拣，也没有那么多算计，一切都是那样圆融和自然，他们能让大多数人感到温暖，使局面变得和谐。

【素描】

不知大家发现没有，越是个性"带刺"的人，心中的困扰越多。即使这些"刺"是带有正义感的，也会给当事人和与其有关系的人带来很多困扰，因为它会让人在解决问题的过程中又制造出新的问题。原因就在于，他们认识问题和解决问题的层次太浅，把自己的主观认知作为真理标准，没有上升到大道规律的层面。在现实中，有一些人对人间事基本上都看不惯，那就是一种"个性病态"。有人开玩笑说："既然世界上所有的事你都看不惯，那就去女娲娘娘那里定制吧！"

【真言】

世上的事，本身就是大道的各种形式的呈现，是造物主给予人的多样化的教化，目的是让人走出自我，打开全身的灵窍，从而让我们完成从自我到无我的生命进化。一旦明白了这个道理，我们就没有困扰了。

【自省】

我原以为人是要有棱角的，后来才发现，高手都是圆融的。

17. 和光同尘

【出处】

第四章："和其光，同其尘。"

【语义】

收敛自己的锋芒，与众生和谐相处的处世方法。

【寓意】

"和光同尘"切中了现实中很多人内心的要害。世俗中很多人总想表现自己的与众不同，以此来标榜自己，却制造出许多对立与冲突，让自己陷入难以自拔的痛苦中。

【素描】

"水至清则无鱼，人至察则无徒。"在小事上计较的人往往大事不明，处处较真儿，却不断受挫。这样的人往往还自以为爱憎分明，实际上，他们的憎会伤人，他们的爱也会伤人，他们心中的爱与憎就是两把伤人的刀。如果我们不能够识别这一点，总是跟别人对着干，还以为自己很有个性、很聪明，可能我们就会持续地做傻事，把自己的状态和命运搞得越来越糟。

【真言】

对眼前的琐事太较真儿的人，一定是没有人生的高度。这种较真儿非但不能成事，反而会处处坏事。一个人独自做事时是需要认真的，与别人合作和相处时是需要互相理解、体谅和宽容的。一个人如果总是指责周围所有的人和事，几乎与任何人都无法长久地融洽相处，是很难做成一番事业的。我们要明确自己的目标和目的，不必对过程中的其他人和事过于挑剔。别人的弱点本质上可能只是我们的主观偏见，就让人家自己带着，我们要关注的是最终的目的。我们应该记住这样一个道理：帮助别人补充和完善，不会让自己降低身份；跟别人对着干、唱反调不会增加真理的成分，当然也不会抬高我们的身份。

【自省】

我以前只是瞧不起同流合污的人，现在才知道，同流不合污才是真正的高手啊！

18. 象帝之先

【出处】

第四章："湛兮，似或存。吾不知其谁之子，象帝之先。"

第二十五章："有物混成，先天地生。寂兮寥兮，独立不改，周行而不殆，可以为天下母。"

【语义】

道本身是中虚真空的，而使用起来却是无穷无尽的。不知道它是谁孕育生成的，但在万物的法象缔结之前它就存在了。它浑然天成，在天地形成以前就已经存在了。我们听不到它的声音，也看不见它的形体，它寂静而空虚，不依靠任何外力而独立长存永不停息，循环运行而永不衰竭，可以作为万物的根本。

【寓意】

"象帝之先""先天地生""可以为天下母"，这几句话我们用象帝之先这个词语和它的寓意一起来描述一下。人类的生活告诉了人们大道的源头性、原始性和根本性，关键是它还无形无相，却又无处不在。这对于那些一味地崇拜有形或者人格化神灵的人是一个重要的启示：你是信那个"无形的道"，还是拜那个自造的"有形的神"呢？很显然，如果我们信错了，我们的人生方向就错了，照此走下去自然就会越走越错。若是我们信对了，那我们的人生就会越来越光明。

【素描】

东西方宗教都曾经有过崇拜人格神的阶段，但老子的智慧显然更加深远，他发现了比人格神更加源头性的力量，这就是道。真正明白了《道德经》独到价值的人，就会向着大道的方向前进，让自己的生命不断地接近真理大道。再看看现实的场景，那些了悟大道，走上正道的人，把世间的一切都看成客观大道的呈现，当成反观自己内心那个小我的一面镜子，于是不断地进步着，进化着，好让人羡慕啊。而那些走错了方向的人，为了小我的利益而算计着，遇到问题时固执地坚持着，真不知道他们到底搞没搞清楚，自己坚持的是什么，如此稀里糊涂地走下去，直至撞得头破血流时，又走向寺庙、道观和教堂，看看能否得到帮助。他们就这么来回折腾着，浪费了时间，失去了生命进化的机会。世上的人最初都是普通人，但后面的路程是不一样的，有的人让自己不断进步从而成为世人欣赏与崇拜的对象，而有的人却停止了进步，越来越平庸。

【真言】

在人之外找到一个高于人的人格神的存在，形成了人与神的二元对立。大道思想的提出，完成了人与大道的统一：大道无处不在，万物皆由大道所生，万物皆是大道的载体。我们所看到的各种现象、人和事，都是大道不同的形态。大道就在人心之中，大道无限，吾心自足，自性觉醒，能生万法。这些都是我们的先哲和圣人们对大道的体悟。

【自省】

我是学科学出身的，是无神论者。但在人生当中，我遇到了很多以自己的知识、经验和认知能力无法解释的人和事儿，也看过很多人虔诚地拜佛求神，我的内心也很纠结：相信自己时能力却又常常不够，拜佛求神难道真的灵验吗？若是拜佛求神都灵验，那我们还需要学习，还需要那么努力吗？还需要科学吗？老子给世间人们崇拜的神找到了原版和源头，也让我从相信自己和对拜佛求神一直心存疑惑的这种纠结中走了出来，找到了生命的方向，走出自我，走进客观大道的规律。

19. 多言数穷

【出处】

第五章："多言数穷，不如守中。"

【语义】

大道是自在的，跟人们怎么认识和怎么说都没有关系。相反，人若是说得多了，反而会让自己陷入迷失的境地。

【寓意】

"多言数穷"是让人们静心面对自在运行的大道，不要在不懂得大道的时候总是夸夸其谈地表达自己的主张。否则，说得越多，越是证明自己的主观想法很顽固，对结果越无益。若是再进一步，说得很过分、很极端、很绝对，就会把自己囚禁在自己的念头中，一切努力都成了囚徒的挣扎。

【素描】

在现实生活中，我们总能见到夸夸其谈的人，也偶尔会见到一些说话很少但做事很多的人。好像越是做不成什么事情的人，越是喜欢夸夸其谈。为什么圣人们都反对夸夸其谈？如果把主要精力用到说话上，而忽略了做事，我们的心就会离大道越来越远。把全部精力都投入做事的人，往往不喜欢用语言表现自己的智慧。那些总是想通过夸夸其谈来表现自己智慧的人，往往都没有大智慧。那悟道的人呢？他们能够欣赏一切，总是平静地微笑着，真诚地用善意回应着世间的一切，因为他们超越了对世间万物表象的认知，能够洞察一切人间表象背后的规律，独自静静地欣赏着大道在人间一场场别具风格的表演。

【真言】

说话快、说话多的人大多头脑灵活、口才卓越，但也不乏说话不经过大脑，总是指责别人，对别人评头论足，处处要表达自己的见解，却无法透过事物的现象看到其本质的人。高山不语，静水流深，悟道的圣人懂得一切表象背后的秘密，静静欣赏着本质所表现出的五彩缤纷的表象，一切尽在不言中。

【自省】

我反思自己过去的言行，发现嘴巴再好用，讲的道理听起来再正确，也抵不过事实的力量，以至于有一段时间我不愿意说话了，只想踏踏实实地做事情。沉寂了一段时间后，我又觉得还是有责任把我自己犯过的错误和我从别人那里获得的经验告诉朋友们。当然，这个时候我已经能够用语言来描绘近于道的感受和景象，可以像一个导游一样领着大家游历我时而上道时而下道的人生。我也明白了这样一个道理：用嘴巴给别人说的道理，别人也在用大脑分析，而对别人生命实际的滋养，别人也会用心来领会。

20. 天长地久

【出处】

第七章："天长地久。天地所以能长且久者，以其不自生，故能长生。"

【语义】

词义本身是指天地存续时间悠久，真意是要借助天地长久的规律，来揭示人生长久的秘密。

【寓意】

"天长地久"这个词语，在现实中常常被人们用作祝福人的友谊或者爱情能够保持长久。但在《道德经》中，老子表达的可不是一般性的祝福，而是阐释了天长地久的原理：无私地奉献自己，方能与大道合一、与天地同寿。既然人的生命也是天地造化的产物，自然与天地的规律是相同的，那么只要自己的主观不对生命进行干扰，让生命与天地规律同频，生命也能如天地一般长久。

【素描】

天地静静地运行，不贪恋外物，不为外物所改变，故而长久。人也如此，嗜欲深者天机浅，是人的欲望让人离开了天道在生命中设定的规律。任由个人欲望膨胀，导致认为生命欠缺太多，使得生命不完整的感觉愈发强烈，于是产生外求的过程，又被外物所扰乱、所控制。这样，生命中就诞生了两种方向相反的力量：一是主观欲望膨胀导致生命内在残缺的假象，二是外求又形成外力的强力拉扯，于是让生命处在这样一种矛盾和冲突当中。圣人们也给我们找到了解决的方法："吾性自足，不假外求。"心静如止水，一切自足，让生命与大道同频同在，完成生命回归大道的历程。天道的法则是利而不害，圣人悟到了天地的法则，于是有了为而不争的人间法则，按照事物和人生的规律，做自己应该做的，做当下可以做的，做未来需要做的，做好了也不自恃有功，做不好能躬身自省，通过做事来修行自己，让自己不断地提升境界和高度，就能把做事变成乐趣，而不会把做事变成负担；做事变成了对自己生命的滋养，而不是对生命的消耗，如此这般就能够天长地久。

【真言】

欲望深，外求多，生命卑贱。觉悟高，自性足，人生高贵。不谙此理，人生就是徒劳的挣扎，也是绝望的努力。领悟大道，处处皆是道，顺道而行，人生即是坦途。

【自省】

我们都渴望美好的事物能够如天地一般长久，可是人的渴望管用吗？老子在这里是在教我们一个长生的诀窍吧？一些一心为自己的人，不仅伤害了别人，自己也痛苦，是不是这样的人容易短命呢？

21. 无私成私

【出处】

【出处】

第七章："非以其无私邪？故能成其私。"

【语义】

人要效法天地，通过无私而成就伟大。

【寓意】

"无私成私"，是老子在《道德经》中所阐释的一个十分重要的思想，也是老子破解人类自私和自我成就这对悖论的一个智慧。人如果能够奉献自己的力量，去除世俗的自私，反而能够成就自己的伟大；反之，如果用自私的方式成就自己，则会让自己越来越贬值，不断地为自己的未来挖坑。

【素描】

在现实生活中，有很多人为了获得外在的名利而做一些伤害自己的事情，致使生命不断地贬值。等到将自己的生命价值都耗尽了，或者甚至把生命都丢掉了，所追求的外在的东西还有什么价值呢？这不就是人生最亏本的买卖吗？他们也许已经忘记了，生命就是每个人最大的私利。觉醒了的人，节制了私欲，也就减少了对生命的伤害，于是获得了人生真正的利益。若是再提升一个境界，从觉醒到觉悟，常怀利他之心，也能获得大部分人的回馈。他创造着美好，也收获着美好，此时获得的才是人生中最大的私利，也就是生命的保全。觉悟的人，帮人、做人只是自然而为，前无条件，后无期待，悦纳一切，感恩天地，心无挂碍。

【真言】

为私利奋斗，终会损害私利。无欲自然而为，生命变为道体，是生命价值的极致，也是人生最大的私利，唯有爱人、奉献、付出而无外求，方能成全自己。正所谓"好人好他人因而好自己，坏人坏他人因而坏自己"。这就是无私成私之真意，也是自私反而不能成就自己的原因。

【自省】

现在想想，过去我那么努力地为自己的私利奋斗，却又让自己不断地贬值，真是荒唐、滑稽、可笑啊！我为何不学学别人的优点？为何不感恩而让生命中的贵人增加？为何不自强而让自己进步？为何掩盖自己的缺点让它持续存在？为何因为可有可无的小利而让自己内心痛苦不堪？嗨，人不明白时，又能做什么呢？恐怕也只能连续不断地做蠢事了！

22. 上善若水

【出处】

第八章："上善若水。水善利万物而不争，处众人之所恶，故几于道。"

【语义】

善良的最高境界，就像水的品性一样，泽被万物而不争名利，还能够主动把自己放低。

【寓意】

"上善若水"这个词语给现实中的人们提供了一个"真善"的法则，就是要效法水的德行：利他不自私，利万物无分别，善法成就善果，成功而不居功，还要善于处下、低调。

【素描】

很多人的办公室里都挂着"上善若水"这样的横匾，但不知到底有多少人懂得上善若水的真意。不懂"真善"的人，在对别人好的同时，对别人是有期望和要求的，把对别人的善良当成与别人做交换的筹码，如果别人不配合，往往就会与别人反目成仇，指责别人忘恩负义。很多人会将这种伪善自诩为真善，以此来包装自己的丑陋，真是悲哀啊！

红尘中的人们是重视善的法则的，但同时把自私、功利、愚蠢等各种品性放进了行善的过程中。人的心思实在是太复杂了，向本来很简单的善良中掺杂进了那么多的算计，这也许就是因为心灵不再干净吧。

实际上，别人的态度和行为，恰恰就是对我们心思是否纯正的一种反馈。我们越是算计，别人回馈给我们的好就越是打折扣。

有人说："我一直对别人好，但别人也没怎么给我好的反馈啊！"一般人遇到这种情况，难免会产生怀疑。关键是，我们反省自己了吗？我们对别人的好，真的是别人需要的吗？我们对别人好的方式，会不会让别人感到不舒服？如果我们已经伤害到了别人，还能期望别人有所回报吗？所以，如果没有正常的回馈，往往是我们对别人的好和好的方式出现了问题。在现实中，这种好心办坏事的现象是相当普遍的，此时所谓的好心，实际上只是个人的愿望，没有跟别人的感受和需要真正地、精准地联通起来，是一种无道之善。

圣人老子洞察到俗人的这种蠢行，并揭示了这种无道之德的虚伪，于是提出了上善的法则。上善，是基于道的善，是摒弃了世俗中那种做交易的伪善，并将纯粹的善和智慧合成真善大智慧。

【真言】

伪善是打着善良的幌子做交易，于是成了无道之善。借着对别人好而彰显自己，不顾及别人的感受，只在乎自己的想法，所以这种善不是真善，更不是智慧。上善是真善，是有道之善，它是单向的，是不要求回报的，上善之人得到了不好的回馈，就会反省自己。真善往往是不彰显的，是没有条件的，也不会因为别人的反应而改变。把真善变成信仰，才能够融化人心，无往而不胜。

【自省】

以往我也不明白为何行善会遭到恶报，总觉得好像老天爷不公。学明白了老子的上善智慧，我终于找到了"善有恶报"的原因：原来过去我以为的善，很多都是伪善啊！

23. 金玉满堂，莫之能守

【出处】

第九章："金玉满堂，莫之能守。"

【语义】

金玉满堂，形容占有极多的财富。道家看出了人对物质财富的贪欲所主导的追求恰恰是精神空虚的表现，也指出了用物质财富无法填补精神的空虚这一事实，进而劝诫人们，在无尽的贪欲驱使下积累的财富，最终会全部从精神的漏洞漏掉。

【寓意】

世上的人们，是多么希望自己能够拥有大量的财富啊！这是可以理解的。但是，贫穷也好，富裕也罢，都有精神与物质两个维度。除去极端特殊情况，往往是精神的贫困决定了物质的贫困。在人的生活层面，精神决定着物质的意义与价值。认识不清楚这一原理的人，即使想方设法积累了物质财富，也无法守住或者利用物质财富过上健康、幸福、长久的日子。

有人经常引用管仲在《管子·牧民》里所说的"仓廪实则知礼节，衣食足则知荣辱"，把这句话解释为百姓只有粮仓充足，丰衣足食，才能顾及礼仪，重视荣誉和耻辱，甚至扯上"物质决定精神"这一哲学命题。实际上这种理解犯了两个严重的错误。首先，管仲的这句话是劝说当时的君王的，意思是君王要节制自己的欲望，并且要大力宣扬礼义廉耻的人伦准则，否则国家就会灭亡。但人们很多时候都是在孤立地理解管仲的话，并曲解为"唯有粮仓丰足才能够顾及礼仪，唯有丰衣足食才能顾及荣辱"，进一步说就是：若是粮仓不丰足，人们不顾礼仪就是正常的；若是还没有达到丰衣足食的状态，没有廉耻之心也是正常的。用今天的话来说就是："仓廪实、衣食足"是"知礼节、知荣辱"的必要条件，而不是充分条件。《史记·管晏列传》中管子是这样说的："仓廪实而知礼节，衣食足而知荣辱，上服度则六亲固。四维不张，国乃灭亡。下令如流水之原，令顺民心。"释义为：粮仓充实就知道礼节，衣暖食饱就懂得荣辱，君王的享用有一定制度，六亲就紧紧依附。礼、义、廉、耻的伦理不大加宣扬，国家就会灭亡。颁布政令就好像流水的源头，要能顺乎民心。由此可见，管仲这句话的重点在于劝告国君要重视民生，同时也强调了节制自己的欲望，并且倡导礼义廉耻的道德准则，把这几个方面结合起来才是管子的真意。只可惜，后人一叶障目，断章取义，妄自揣度，未能准确理解先人的微言大义。这是第一个错误。第二就是错误地运用了"物质决定精神"这个哲学命题。很多人机械套用"物质决定精神"的论点，而完全忽视了精神本身具有的能动作用，是对唯物主义的庸俗化。

人类是高级动物，其高级就在于人类的精神具有相对独立性，不是消极被动地受控于物质，它还能反作用于物质。如果精神完全丧失了这种独立性，那这样的人肯定是低级和庸俗的，在人类社会中肯定是发展不好的。只要认真观察一下人类的现实就能知道，那些在自己还处于贫困、远没有达到丰衣足食状态的时候就有大志向和使命感的人，超越了满足个人物质需求的人，才是这个社会中真正的精英。

【素描】

现实中，人们因为有上述错误理解，往往使自己的命运背离了"物质是基础，物质是第一性的，精神是第二性的，但二者相辅相成"这一人生原理。因此，不少的人在物质贫困的时候，看不到精神贫困对人生命运的强大反作用，这是不是很可笑呢？在大部分情况下，勤劳、肯吃苦、善良厚道、做事用心的人，都能过上无忧的生活。没有美德的人，靠一些技巧钻社会的空子，即使积累了巨额财富，也往往会把自己引向糟糕的人生结局。这样的人，一味贪图物质财富，会让自己的精神贫困进一步加剧，从而让自己陷入物质富有而精神空虚的扭曲生活。客观规律、天地大道在平衡着世间的一切：只想自己好的，肯定是道德欠缺，因此，即使通过一些手段获得了财富，也不能长久，因为空虚而扭曲的精神会把人领向错误的方向；若是执迷不悟，继续追求占有更多的物质，精神质量的低下和外在物质财富的增加，就会形成一种极大的撕扯生命的力量，最终必然导致对自己的伤害，不仅会失去已有的财富，甚至会失去生命。不合于道的人生追求，像泡沫一样虚幻。

能够纠正自己的这个错误并认真提升自己的美德的人，才能破解人生的这个困局。

也许你经历过类似的状态：能力不够时就想着位置，贡献不够时想着多得收入，德行不够时觉得别人对不起自己，这就是一种最为典型的精神贫困状态。如果不能改变这种错误的心智逻辑，人生就会进入退化状态：心里总是愤愤不平，说话做事总是让人讨厌。

厉害的人从不抱怨别人，永远在学习和进步，他们深知自己的每一分耕耘都是自己的资本，在他们心里，如果回报不够多，一定是因为自己贡献的价值还太小。他们乐于助人，知道那就是在帮助自己；他们一直在学习别人的长处，知道这是让自己不断成长的关键；他们把一切事儿都当成学习和壮大自己的机会，把抱怨和愤愤不平看成人生的大敌。他们这样认真建设自己，未来肯定有好的发展啊！

【真言】

物质决定精神，精神反作用于物质。有道有德，方有财富和生活，这是人生的基本原理。无道无德，此时若只有财富，正是人生的危局啊！正所谓德不配位，位置就是陷阱。

【自省】

想一想，很多时候我也把钱看得太重了，好像真的掉进钱眼儿里了，时刻想的都是金钱，一切忙碌都是为了钱。学习了老子的智慧思想，我终于知道了是什么影响着我获得金钱。

24. 富贵而骄，自遗其咎

【出处】

第九章："富贵而骄，自遗其咎。"

【语义】

这是劝诫红尘中那些富贵的人，要小心紧接着而来的重大人生考验：因为富贵而骄横，启动了心性的堕落，必然导致自我毁灭的结局。

【寓意】

圣人看到了世间太多的人生灾难，洞察了种种人生灾难背后的秘密：因为不懂得"美德优先于富贵""精神反作用于物质"的原理，片面追求个人的富贵，导致人的精神与富贵产生了巨大的落差，所以在使用各种技巧获得富贵之后失去心智的清醒，失去了把控自己的能力，对内心智错乱，对外变得骄横，四处树敌，从而走向自我毁灭。由此可见，人获得财富不容易，做到富而贵更不易，守住富贵更是难上加难。

【素描】

世间的人都认为获得巨额财富是一件好事，却往往看不到或者突破不了"为富不仁，富而不贵"这样的人生困局，因而在自己的生命中出现了一种"毒瘤"——使用技巧获得财富，被财富所蛊惑而扭曲，变得骄横而愚蠢，从而启动了人生中自我毁灭的程序。一些没有得到富贵的人，往往感到自卑、焦虑和烦躁，也没能将自己的心力转到提升精神与美德上，因而离富贵越来越远。而一些得到富贵的人，因为不知道富贵是更大的考验，也观察不到因为富贵导致自己的人性出现的扭曲和堕落，因而生出那种骄横和傲慢。从历史上的经验来看，财富、权势加上傲慢，会将人引向万劫不复的境地。明白了这一道理，在富贵后能够保持清醒、低调、朴实和纯真，并在自己的精神建设上下狠功夫的人，就能让自己的物质财富与精神功夫保持平衡，避免因为二者的失衡而走向错误的人生道路。

【真言】

人生中有一个铁律：内财影响着外财。"内财"指一个人内在精神的高贵程度，它会影响外在财富的数量和财富对生命的作用。如果一味追求外在财富的数量或者权势，导致内在精神堕落，就会陷入一种恶性循环，人的状态越来越差，财富越来越少。我们要把美德与智慧作为人生幸福与财富的"第一因"，建设自己的美德，增长自己的智慧，这样才能保证自己人生的幸福、富贵与平安。

【自省】

细想起来，我好像每一次获得财富或者进步，都会有一点小小的得意，一获得什么好处或者进步与成就，就会生出另外一种缺点，一边进步着，另一边又退步着。好在我从老子的教导中懂得了内在精神与外在财富的关系，知道了怎样做才能既健康地发展，又赢得发展之后的平安。

25. 功成身退

【出处】
第九章："功遂身退，天之道也。"

【语义】

大功告成之后，要适时地自行隐退，把机会留给别人，把清静留给自己。

【寓意】

这是悟道者的智慧选择，是自我的回归与主动平衡。物极必反，如果居功自傲，贪恋权位，就会让人生厌，成为很多人的敌人，最终犯众怒而落得一个悲惨的下场。也许很多人所经历的"人走茶凉"的局面，正是对这一原理的印证吧！

【素描】

人们总是想方设法地追求地位和权势，又怎么会在得到之后轻易地退出呢？于是历史上的悲剧就一幕幕地重演：因为勤奋和有能力，人们会得到一定的地位和权势；当人们贪恋地位和权势时，就会渐渐地让自己的缺点主导人生，最终把得到的东西全部毁掉——不仅仅是财富、地位和权势，往往还有自己的身家性命。

很多时候，掌握权力的人似乎忘记了一个真理：权势是用来帮助别人成长、帮助别人摆脱苦难的，若是借助权势维护自己的利益，张扬自己的地位，它就会变成悬在人头上的一把利剑。

很多能干的人往往有一种错觉，认为这个世界上很多事离开自己是不行的，因而高估了自己的重要性，也低估了别人的能力。实际上，任何一个人都有离开位置或者离开世界的那一天，其他人还是照样生活、照样往前走。

道家的典型思维是逆向思维：卑微时思考自己的机遇和空间，荣华时警惕自己的得意和出错，思考自己的退路。一个悟道的人，往往是在别人遇到困难的时候能够挺身而出，在大家争名夺利的时候又消失得无影无踪。

【真言】

任何时候，人都要把成就踩在脚下，而不能顶在头上，否则就会被压垮。明白者得以保全自己，糊涂者容易葬送自己。一个人能干时，多看看别人的优点，也多看看自己的缺点，能够让优秀者不断脱颖而出的领导者，才是智慧的领导者。

【自省】

说句实在话，任何位置都得来不易，任何职位都可以给自己带来很多的荣耀，也正因为如此，又有几个人想主动退下来呢？看看历史，好像只有两种退法：一种是主动及时地退下来，在人们有好感时平稳着陆；另一种是不得已时退下来，在人们厌恶的时候，无奈地进入落寞的生活。由此看来，适时进退真的是人生的大智慧啊！

26. 涤除玄览

第十章："涤除玄览，能无疵乎？"

【语义】

河上公注："心居玄冥之处，览知万物，故谓之玄览。""涤除玄览"是道家认识世界的根本方法之一。涤除，指清理自己内心的杂念。玄览，指在心灵深处，以道镜自鉴自察。所谓玄览无疵，就是把内心比喻成一面深妙的镜子，如果能够把这面镜子擦得干干净净，不染外物，不抱成见，万物的真相与真理就会呈现在人们面前。

【寓意】

老子认为，认识最高本体的道，必须从复杂、多样的耳闻目睹的感觉经验中挣脱出来，这样才能避免主观偏见，接近事物的真相。修行禅定的功夫，也是要做到外无相、内无念，只待自性现。

【素描】

在现实生活中，努力奋斗的人大有人在，取得成就而能安在的人却少之又少。当我们内在的价值观、思维方式和行动方法都是低级的时，努力奋斗并不一定有好的结果。原因就是，我们在追求外在时，往往没有让自己的主观处于清静状态，没有真正领悟万事万物的规律，产生了很多偏见和成见，因而很辛苦，出现变动时也会很痛苦。即使辛苦和痛苦出现时，很多人也没有意识到自己心智模式的错误，依然在这样一种错误模式下继续努力。想一想人类真是可怜！在现实生活中，我们也会看到一些貌似老练的人，他们似乎懂得很多，但他们所懂得的，也未必真是规律和真理，很有可能是他们个人的成见和偏见。如果认识不到这一点，随着年龄和阅历的增加，心里积累的垃圾也会越来越多。

是啊，当人们戴着有色眼镜看世界时，就无法看到世界的真相。关键是，谁能摘掉自己的有色眼镜呢？没有几个人认为自己戴着有色眼镜，人们都认为自己所看到的人和事是真相，自己的判断和见解是正确的。于是乎，人们理所当然、理直气壮地活在被自己扭曲的世界里。之所以出现这种滑稽的景象，一是人们没有相应的智慧认识自己的局限，二是人们不知道从何处获取智慧的思维与方法。圣人的思想就是让我们看清自己的那面镜子，也是我们要走向的智慧的境界。

如何摘掉自己的有色眼镜呢？方法并不复杂，只要我们在听到别人的说法、看到别人的做法与一些外部现象时，管住自己急于做出评价或者发表观点的念头，就基本可以让自己避免产生偏见与成见。我们不能盲目地相信自己看到和听到的，因为这都是个人之见或者是别人传递给我们的见解，并不一定是真相和全貌。我们要去了解事情的全貌和真相，多听听不同人的意见和见解，别用主观见解去主导自己的行为，要认真领会和理解别人的道理的合理性，让自己掌握较为全面的信息。唯有如此，才可能做出全面而正确的判断。

【真言】

只要有主观，外部就虚幻。只要心不净，肮脏就出现。

【自省】

真是让人苦恼，我看见的、听见的都会存在心里，怎么就清理不出去呢？学了国学才知道，这是需要修行啊！可是，怎么修行呢？如果我们只是把国学当成知识，没有把它变成一种管控自己主观的能力，那我们学得再多，恐怕也会被我们那个带着偏见、成见的主观，把知识全部变成没用的垃圾。

27. 目迷五色

【出处】

第十二章："五色令人目盲。"

【语义】

形容颜色既多又杂，因而让人眼花缭乱。比喻因为追求过分花哨或者丰富的东西，反而让自己迷失在纷繁的现象中，而难以识别人生的规律。

【寓意】

被外在的纷繁的现象所迷，自然无法识别现象背后的本质。浮躁的人，总是追求过分丰富的东西，而那五颜六色、千奇百怪的东西，很容易让人的感官兴奋，更会让人的心神迷乱。在这样迷乱的心智状态下，智慧和美德又如何产生呢？

【素描】

人有心灵，但又活在感官的世界里。从古至今，人们用肉眼所看到的繁华和成功，都是那种五光十色的荣华富贵。因此，色彩缤纷的繁华就成了成功的基本标志。人们追求成功，心灵迷失在繁华中，繁华就变成了毒药。不开化的人，直至中毒也未必明白真相。"在黑白里温柔地爱彩色，在彩色里朝圣黑白。"这是汪曾祺的《人间草木》中的名句，能够触摸人生那份心灵深处细腻的感觉，真是美妙啊！

毫无疑问，人间的觉者，都是能够在缤纷缭乱的现象中不被迷惑而看到本质的人。那些到处寻找机会和奔忙的人，几乎都是迷失在表象中的人。突然想起了《心经》中的那句话："无眼耳鼻舌身意，无色声香味触法。"我们听到了很多观点，但最终会发现圣人们的思维都是类似的。

【真言】

人间有个规律，就是我们以为自己正在追求的东西是正确的，等到付出了沉重代价之后，才知道那是错误的。再之后，才会有少数人明白什么东西才是真正值得追求的。

【自省】

人啊，看来真是"好色"，可这"好色"只是低级的生理本能啊，若是不能够超越这五颜六色，依然追求声色犬马，自然就会陷入迷途，还怎么寻找智慧之门呢？

28. 宠辱若惊

第十三章："宠辱若惊，贵大患若身。何谓宠辱若惊？宠为下，得之若惊，失之若惊，是谓宠辱若惊。"

【语义】

"宠辱若惊"一般形容人非常计较得失，无论是受到宠爱还是受到侮辱，都好像受到惊吓一样。实际上，老子是在告诉人们，"求宠"与"受辱"都很容易让人的心智出现异常，要格外警惕，不要让自己在遭遇宠辱时出现失控的状态。

【寓意】

老子提到的"宠辱若惊"的现象，实际上包括两个不同的方面。第一个方面，受到宠爱和受到侮辱都不能承受、消化和担当的人，心力都比较虚弱。宠与辱都是外在的力量，而且二者一直处在转换中，如果自己的内在力量不够强大，宠与辱都可能会变成一种惊吓。第二个方面，悟道之人懂得宠辱这两种外在的力量都是在检验自己内在的功力，所以能够保持警觉，而不会陷入低层次的情绪，受到宠爱时不会得意扬扬，遭到侮辱时也不会失魂落魄。有了这种智慧的状态，我们才能从容地应对宠辱，最终达到宠辱不惊的状态。

【素描】

很多人会在无意识中去邀宠，却不知道这是一种卑下的表现，而给他们宠爱的人早已看清他们的卑贱嘴脸。许多人面对突如其来的侮辱，靠自己内在的精神力量无法承受和消化，其精神内在质量与力量的虚弱也表露无遗。在现实中，还有一种常见的错误做法，就是一味地对抗外界或者逃避外界，似乎很清高，实质上却无法与外界达成和谐关系。这种表现欠缺智慧，也可以说是卑贱与虚弱的一种新的变种，会让人的心智发展走上畸形的道路。《易经》中"乾""坤"二卦说到两种非常重要的思想：自强不息，厚德载物。一个不能够自强，不能持续提升自己实力的人，若是想通过邀宠或者出卖尊严的方式来获得个人利益，最终往往会自取其辱。

【真言】

一味地向外追求财富与宠爱，而放弃了向内追求自身心灵与精神的强大，就是在走一条错误的道路。即使失去尊严也要追求财富和宠爱，这对于人生来说是赔本的买卖。遭遇宠爱与侮辱时，你若内在强大，自然宠辱不惊；你若内在虚弱，宠爱就会令你得意失态，侮辱就是灾难，它们都会让你失去理性，走向深渊。

【自省】

确实，好事和坏事都很容易影响我们的情绪——我们往往遇到好事就高兴，遇到坏事就气愤。我们内心深处总是渴望得到别人的宠爱和重视，却没有想过它们可能伴随着侮辱。我们要以自强和厚德为本，对宠辱保持高度的警觉，不被宠辱消减自控力，从而走出宠辱若惊的人生困境。

29. 大患若身

第十三章："何谓贵大患若身？吾所以有大患者，为吾有身，及吾无身，吾有何患？"

【语义】

人若是过于在乎自己，反而会给自己带来祸患。

【寓意】

在乎自己是人的本能，但若是过于在乎自己，反而会给自己惹来灾祸。有两种极端的人，在世间最为常见：一种是过于在乎自己，而让自己变得虚伪和虚荣的人；另一种是过于不在乎自己，而让自己变得无耻和野蛮的人。老子在此处所说的"身"，实际上指的是自我和主观，人之所以有大的祸患，就是因为人的自我和主观与客观大道相背离；人如果没有了自我和主观，让自己的心智完全服从于客观大道，哪里还有什么祸患呢？

【素描】

自我和主观很强大的人，往往让人感觉他们很有主见，很有力量。在一般的事情上，他们成功的概率会高于其他人；但也正因为他们的主观性很强，他们遭遇重大挫败的可能性也很大。

人们都在乎自己和与自己相关的利益，比如尊严、财富、地位，等等，有的人对这些东西很痴迷，甚至为了得到这些东西而不择手段。许许多多人日复一日辛勤地忙碌，就是为了获取这些人生资本。如果一个人什么都没有，又一点儿也不在乎这些，我们通常会认为他很颓废，不上进；但如果一个人过于在乎眼前的、低级的、物质的东西，他多半就会牺牲掉未来的、高级的、精神的财富。面子和尊严来自雄厚的实力和良好的德行，如果我们能够放弃虚荣和狡诈，学习他人的长处，改正自己的缺点，让自己的实力越来越雄厚，德行越来越好，我们还需要在乎面子吗？

【真言】

在乎自己没有错，关键是你在乎的是什么，以及会为了在乎的东西做什么。如果在乎的是虚荣和私利，为了得到虚荣和私利而不择手段，就会给自己带来祸患。在乎小的将失去大的，在乎眼前的将失去未来的，在乎低级的将失去高级的。如果我们能够跳出主观视野，不再在乎眼前的、物质的和低级的东西，非但不会给自己招来祸患，还会获得意想不到的更高的人生价值。

【自省】

人啊，本能地只想发生好事，不想发生坏事；只想得到，不想失去。实际情况却是，好事往往不长久，坏事却总是接踵而来，得到的很少，失去的却很多。因此，这种本能非但不会让人获得幸福与成功，反而会让人产生很多痛苦！

30. 无我天下

【出处】

第十三章："故贵以身为天下，若可寄天下；爱以身为天下，若可托天下。"

【语义】

将自己的生命交付给天下，就将拥有天下。

【寓意】

老子在这里揭示了一个重要的人生规律：我们将自己交付出去时，失去的是小我；将自己交付出去的程度，决定着我们伟大的程度。这个规律有两个更加具体的表现形态：第一，一个人在社会中为别人承担的责任大小，往往决定了他对社会价值的大小和在社会中地位的高低；第二，一个人将自己交付出去到什么程度，也就意味着他将拥有和被赋予的程度。

【素描】

在现实生活中，很多人的心智活动可能会犯三种严重的错误。第一种错误是：死守小我的那个角落，却梦想着拥有巨大的利益和荣誉。想想看，即使真的拥有了，躲在角落里的那个小我能装得下吗？恐怕要撑破了吧？看看那些身居高位却在为自己谋私利的人，最终不就是把自己的生命撑破了吗？第二种错误是：不想为别人承担什么，还想拥有很多。这样的人违背了"奉献与收获成正比"这一人间法则，因而在现实中活得很艰难，既没有特别知心的朋友，也没有与别人合作的重要机会。第三种错误是：以为自己做了很多事，总觉得别人对自己不公平，总想着获取更多，却看不到自己做事的同时所暴露出来的狭隘和私心。正是这份心智活动的缺陷，减损了自己的收获。很多人一直不明白这种不公平实际上就是一种高级的公平，所以心里一直愤愤不平。当然，也有不少人在生活当中领悟了老子的智慧：帮助别人就是帮助自己，要以心换心。一些伟大的人物撇家舍业，冒着巨大的风险去为众人谋幸福、谋出路，他们将自己做了最大程度的交付，也因此赢得了众多人的追随。以做企业的人为例，将自己和个人的利益交付给国家、民族、社会和众人的社会型企业家，不仅企业发展壮大了，自己也活得潇洒自在。这背后的规律不就是"将自己交付给天下，就将拥有天下"吗？

【真言】

有付出才会有收获，付出得多才能收获得多。帮人等于帮己，如果只想为自己，不想为别人，自己也不会有真正的收获。一个人若是能够做到不在乎小我，甚至做到无我，就有可能让自己的生命进入更高级的状态。

【自省】

我过去总觉得那些把自己交付出去的人不可理喻，现在看来，是自己没看懂那些高端的人生模式啊！我之所以感觉自己事业不顺、生活艰难，原来是因为死守小我，追求私利，龟缩在一个阴暗的角落里，与众多低层次的人形成了恶性的竞争，失去了进入更广阔的空间的机会。有多少人就是因为死守小我，不敢将自己交付出去，所以无法让自己的心智迅速进化，也无法让自己成为一个伟大的人，从而步入了人生的苦海啊！对此，每个人都应当引以为戒。

31. 希夷大道

【出处】

第十四章："视之不见，名曰'夷'；听之不闻，名曰'希'；搏之不得，名曰'微'。此三者不可致诘，故混而为一。"

【语义】

老子用"夷""希""微"分别概括"视之不见""听之不闻""搏之不得"，来描述大道的存在状态——那种超越了个人感官认知能力的博大和精微，也正因为如此，人们有时也称之为"希夷大道"。

【寓意】

老子提到了大道超越人的感知能力而独立存在的状态，也为人们领悟大道指出了方向：关闭个人感官和主观认知的系统——反正开着也不管什么用，可能更多的是来捣乱的——进入虚极静笃的状态，如此才能感受大道的运行。

【素描】

现实生活中的人们，不管拥有多少知识和经验，不管拥有多少智慧和能力，一生中总会遇到不可思议、出乎意料的事件。在这个世上，到底是一种什么力量隐藏着，却又一直陪着我们玩儿呢？那就是超越了我们的知识经验和感知能力的客观大道。

当然，世上有相当多的人把这种自己看不见、听不到、摸不着的力量视为鬼神，从而去膜拜鬼神，步入了人生的歧途。有人认为这种膜拜是有效果的，并以此证明确实存在着鬼神。实际上这是因为，人们的这种膜拜让自己对客观规律有了一种敬畏，又因为这种敬畏而削弱了自己主观上的自以为是，从而产生了客观上接近大道的效果。

有人利用科学家对宗教的信仰，来论证宗教中的神、主的存在，当然，不排除一些科学家在从事科学活动时，也需要一种属于自己的精神生活方式。但需要说明的是，不少著名科学家所说的神、主，更多的是对科学还没有了解清楚的客观世界美妙规律与玄妙力量的一种称呼。人们一直对爱因斯坦信仰宗教这件事津津乐道，实际上，正是敬畏和叛逆的结合促使爱因斯坦成了一名超乎寻常的科学家。叛逆的部分来自他生命最初的时期，他抗拒父母亲的世俗主义，认同个人信仰；敬畏的部分则来自他五十多岁开始信仰自然神论的时候。接触科学和数学以后，他突然放弃了犹太教信仰。他说："对宇宙中难以理解的奥秘保持绝对的谦卑，这就是我的宗教。"

现实中有相当多的人没有去寻找自己真正的信仰，而是陷入生理快感和物质享受，并为此到处奔忙。这样的人缺乏对规律的敬畏，也不肯花心思去对规律进行学习和研究，因此虽然一直忙碌，效率却很低下，或者在不同时候进行的不同行动效果会相互抵消。也许，像这样一直忙忙碌碌的人，才真正是可怜的人。

【真言】

用生命感官的能力可以维持我们一般的生存，而进入超越感官能力的高维次范畴，才能让我们拥有美好的精神生活，体会智慧的美妙。唯有信仰大道，敬畏规律，掌握大道规律，才能运用规律，找到努力的正确方向。

【自省】

是啊，若是不懂得运用规律，盲目地努力，方向就会时而正确时而错误，这不就是大部分人正在经历的人生折磨吗？

32. 无状之状

【出处】

第十四章："是谓无状之状，无物之象，是谓'惚恍'。迎之不见其首，随之不见其后。"

【语义】

"无状之状"说的是天地人间一种特殊的存在形态，它没有我们所熟悉的那种形象，但又实实在在地存在，它是一个无比巨大的连续的统一体，因而既看不见头，也看不见尾。老子是在用这样一种方式描绘大道的存在形态。

【寓意】

在现实生活中，我们用身体的感官系统辨识着一切存在。若是看不见、听不到、摸不到，我们一般就认为那不存在。在远古时期，人们在生活中会隐隐约约地感觉到一种无形的力量和其对生活的影响，可又不知道那究竟是什么力量，所以把它归为鬼神之力。原始的崇拜和后来的宗教基本上都跟这种认知状态有关。随着科学技术的发展，人们开始借助一些工具认识那些肉体感官无法触及的存在，比如细菌、病毒、电流、电磁波，等等。人们开始明白，人类肉体感官的感知能力是有局限的，不能感知的事物并不能直接断定为不存在。

【素描】

在日常生活中，我们关注的焦点几乎都在那些我们的肉体感官能够感知的事物上，比如出门坐车，去商店买商品，去菜市场买菜，我们使用和要购买的东西，都是有形的物质。人们很少关注时时刻刻存在的地球引力、宇宙射线，以及心中的念头与情绪等没有物质形态的事物，但人们已经知道，这些都是客观存在的。由此可见，每个人都活在两个世界中，一个是肉眼可见的世界，一个是感知能力触及不到的世界。这也就意味着，我们的人生有两个努力的方向：一是不断学习和增长见识，扩大自己那个可以感知的世界的边界和范围；二是开启智慧模式，通过有形世界去感知和认识那个无形的世界。有形世界也是无形世界的一部分，而且有形世界的任何一个部分都是一个全息系统，这就为我们从有形世界进入无形世界，进而了解完整的世界提供了一种可能。当一个人拥有了感觉器官无法感知的智慧、品德、思想、信仰、操守、责任等无形无状的存在，才拥有进入高维次生活的能力。

【真言】

感官能够感知的世界和不能感知的世界，这两个部分合起来构成了每一个人所生存的真实的、完整的世界。仅仅局限在能够感知的部分过活的人，往往只能生活在社会的底层；而能够最大限度地超越可感知的具备一定形态的物质，进入到"无状之状"这种精神世界的人，才能拥有广阔的人生空间。

【自省】

虽然我是肉眼凡胎，可也确知我生活在一个有很多自己看不见的物质的世界里，我们没有办法描绘这些物质的具体形状，可它们在我们的生活中却不可或缺。若是能够观察到这种没有形状的存在，并能够像操作那些有形状的事物那样去操作它们，那该多好啊！历史上的圣人们已经用他们的人生实践为现实中的我们做出了榜样，为我们指明了一条人生的光明大道。

33. 微妙玄通

【出处】

第十五章："古之善为道者，微妙玄通，深不可识。"

【语义】

为道之人的生命状态和智慧的高度，精微奇妙，深奥通达，深邃得让人捉摸不透，让很多普通人有点看不懂。

【寓意】

实际上，在现实生活中，人和人之间的相互理解并不容易，如果让普通人去看那些高人，当然就更看不懂了。为道之人最大限度地超越了世俗世界中普通人的认知、思维和生活模式，因此他们虽然看起来与普通人没什么两样，但实际上已经处在高维的世界里，能看懂低维世界中所发生的一切，而身处低维世界的人们却无法看懂他们。这里所说的高维和低维，并非人为划定的一种生命的不平等，而是完全由自己的生命修行所能进入的层次所决定的。

【素描】

大部分人都有一种本能的倾向，希望跟那些能够懂得自己的人交往。因此，我们身边聚集的往往都是跟自己同质性很强的人，而与我们差异度比较大的人往往不在我们交往的圈子里。这就是人们常说的"物以类聚，人以群分"。在这样的圈子中，人们彼此非常地类似，很容易相互理解、和谐相处，却都难以获得启发和提升创造力。因此，当一个人一直活在跟自己同质性很强的人群中时，常会无谓地消耗自己的生命，并让自己的生命停止进化。要改变这种局面，就要进入修行模式，开启双向的人生模式。

只有少数人此生能开启双向的人生模式：一是向上学习，向高处挺进，向真理靠近，这样的生命模式让人拥有一种向上、向善的无穷力量，这才是真正的生命力，一旦失去这种生命力，人生就会加速向下坠落；二是向下亲近和体恤人民，不瞧不起不如自己的人，不嫌贫爱富，因为向上所获得的智慧就是为了服务于这些人的。当然，在竞争的关系中，向上没法争，也无可争；在平行的层次上，又很容易陷入恶争；向下跟那些不如自己的人去争，那是不仗义的，也是不道德的。由于修行的维度不同，现实中的竞争，往往会出现所谓的降维打击现象，也就是高维"收割"低维的现象——处在低维的人就像韭菜一样，被高维的人一茬一茬地"收割"。

【真言】

每一个人的生活，都既需要与跟自己类似的人相处所产生的和谐与惬意，也需要与自己有差异的人给自己新的启迪。如果只跟与自己类似的人相处，往往就会失去让自己不断进步的动力。我们与人相处时应遵循以下三大法则：第一法则，与同质的人和谐相处，同时保有自己的独立空间；第二法则，主动亲近与自己有不一样想法和做法的人，他们往往会给我们带来一些启发，补充和完善我们的智慧；第三法则，同情、体谅、尊重那些不如自己的人，因为任何伟大的事业，任何伟大的人，其伟大的落脚点恰恰就是服务于普通的民众，甚至是拯救那些受苦受难的人。

【自省】

过去我真的看不懂那些有道的人，觉得他们很不可思议。学了国学之后，我能理解他们的很多做法了。原来，他们处在高维空间，早就看清楚了世间的事情，所以不会大惊小怪，有了一份淡泊和平静。如果我也能达到那样的状态，才算是真正不枉此生啊！

34. 豫兮若冬涉川

【出处】

第十五章："豫兮若冬涉川。"

【语义】

老子在此运用人们在生活中很熟悉的一种现象，来描绘悟道者的外部形态。悟道者行事慎重仔细，谨慎得如同在冬天要涉过冰川，一副战战兢兢，如临深渊，如履薄冰的样子，这就是"豫兮若冬涉川"的含义。

【寓意】

老子所描绘的悟道者的行事方式与个人形象，似乎跟许多人所想象的那种世外高人的样子完全不同。若是我们把自己置入那种情境中去想一想，也许就容易理解了——冬天我们在冰上行走时，恐怕也不能像平时走在土地上那样自在和洒脱吧！老子在这里把悟道者形容成这个样子，是在借助生活中这样一种普通的现象，来告诉大家悟道者对大道的敬畏态度。唯有敬畏大道，才是科学的人生态度。若是不了解大道的规律，胆子又很大，那就只能说他既无知又鲁莽了。

【素描】

缺乏智慧的人通常比较冲动、鲁莽，虽然可以一时展现英雄气概，赢得众人的掌声，但往往很难持久，也很难善终。孔子有一个弟子名字叫子路。子路的仗义精神十分令人敬佩，但他因为不懂得客观大道的规律，最终死得很惨，这让孔子痛苦不堪。在一般的生活情境中，如果一个人故意表现自己的勇猛无畏，他大概率还没有领悟大道的规律。过去我常听人们说"枪打出头鸟"，以为这是一种消极保守的观念，后来才明白，这也是出于对客观大道规律的敬畏啊！至于那些在战场上勇猛无畏而又打了胜仗的人，绝不仅仅是勇猛无畏这么简单，他们一定是超越了一般人的认知，了解了敌人的短处和疏忽，抓住了稍纵即逝的战机，所以最终才能够打胜仗。

【真言】

在小事上逞能的，多是小人；在大事上谨慎的，多能成就大事。做大事的人不会逞一时之勇，也不会在小事上争强好胜，更不会处处表现自己比别人聪明。能做成大事的人，必然懂得大道的规律，对自己主观的局限保持着高度的警觉，对玄妙的大道保持着敬畏。

【自省】

想想过去的自己，无知时确实很无畏；懂得多了，胆儿也就小了，也能识别和绕开很多陷阱了。是啊，人生并不是一场简单的表演，不需要刻意地张扬和炫耀，能把事情做成才算本事！小心驶得万年船；小心一点，就使得主观不至于出来作乱。除此之外，还必须勇猛地深入事情之中，这样才能了悟规律、把握规律、运用规律，把事情做好。

35. 涣然冰释

【出处】

第十五章："涣兮其若释。"

【语义】

"涣然冰释"是一种很巧妙的形容，借冰遇到热时以人的肉眼不易察觉的方式悄悄消融这种现象，来形容悟道者行事时那种静静的、不事声张的状态。后世有人将"涣然冰释"解释为用来形容人和人之间的疑虑、误会、隔阂等得以消除的状态。后人的这种说法，已经完全背离了老子的原意。

【寓意】

老子是用"涣兮其若释"来形容悟道者的处事风格——质朴、真诚、低调、自然。为什么会这样呢？因为悟道者知道，能够保持安静、平和的人才容易接近大道的规律；一旦掌握了大道的规律，就不会在形式上那般张扬，而那些在形式上过分张扬的人，往往是他们的主观在作祟。

【素描】

在现实生活中，什么样的人飞扬跋扈、到处张扬、欺软怕硬，结果却成事不足，败事有余呢？大多是素养不高，实力不够，又不能潜心学习的人。什么样的人平和谦卑、质朴厚道又能不动声色地做成大事呢？多半是悟道之人。有丰富人生经历的人都知道，有道的人质朴自然，平静安详，智慧绝不表现在脸上，实力绝不表现在暴脾气上，能耐绝不表现在欺软怕硬上。正所谓，静水流深，深藏不露，润物细无声。由此可见，悟道的人和没有悟道的人，完全是两种风格：悟道的人将任何人和事都看成是客观大道的一种呈现，因此会静心体悟，不会轻易使用自己的主观进行价值评判或者指责；而没有悟道的人，看任何事情都停留在表面现象上，判断任何事情都基于自己的主观评价标准，即使有时表现得很有正义感，也掩盖不住其对事情真相的无知状态。遇到事情急于做出评价和判断，对任何事情都很容易起情绪反应，就是典型的无道的状态。

【真言】

一个飞扬跋扈、处处张扬的人，一定是生命的能量没有寻找到正道的去处。一个行走在正道上的人，是绝不愿意因为冲动而浪费和泄露生命的能量的。这样的人，既有对弱者的慈悲，也有对强者的尊重，更有对自己的珍惜和对敌手的韬略。成大事者，必是能管控自己，让生命呈现平和状态的人。

【自省】

能够悄无声息、平平静静地把事情做成的人，才是高手啊！是啊，那些真正做大事的人怎么可能轰轰烈烈地在成事之前就让别人知道自己的真正目标呢？可是我自己做事情总喜欢轰轰烈烈，看来我还没有找到人生的真正目标，也许等找到了真正的目标，就不会再去追求形式上的那种张扬了吧！

36. 敦厚朴实

【出处】

第十五章："敦兮其若朴。"

第三十八章："是以大丈夫处其厚，不居其薄；处其实，不居其华。故去彼取此。"

【语义】

悟道的人，人品如同没有雕琢过的原木一样质朴。这是老子一贯倡导的悟道者的为人处世的风范。大丈夫立身敦厚，不居于浅薄；存心朴实，不居于虚华。

【寓意】

悟道者效法大道，质朴无华，不再追求形式上的虚华，而是让自己主导自己的心，因而不会再被外物和外形所迷惑。如此这般，才能除掉追求虚华而导致的心力的分散，沉入万事万物自身的规律中而洞悉其美妙。

【素描】

现实生活中，敦厚的人，会让人放弃疑虑与防备；朴实的人，会让人心中充满温暖；虚伪的人，会让人厌恶；装模作样的人，会让人无法接近；口是心非的人，会让人不再信任。你看，不具备老子所说的敦厚朴实这种品性的人，每说一句话，每做一件事，都会破坏自己与他人的关系，糟蹋自己人生和生命的气场，让自己贬值。这就是在空耗自己的生命，时间久了，自然就会遭众人唾弃，变得一钱不值。

【真言】

一个虚华、虚伪的人，没有下功夫去追求客观大道，也没有掌握和运用规律的实力，因此只能在形式上伪装自己，在错误的道路上愈行愈远，实际上已经变成了一个可怜的人。学道和悟道之人，懂得了通向生命巅峰的捷径就是大道，因而能够去掉那些多余的想法和动作，将自己生命的力量汇聚起来，体验人生的清爽和力量的无穷，通向高处的光明。

【自省】

忙碌起来，我也没有想过自己是否是个厚道的人。也许人生中最悲哀的一件事，就是把世俗和油滑当成了成熟，把低级的经验和简单的见识的堆砌当成了自己的成长，却把厚道朴实当成了一种低级的品质。嗨，经历几十年的人生，又有多少人能够看清楚自己的这种退化呢？

37. 虚怀若谷

【出处】

第十五章："旷兮其若谷。"

第二十八章："知其荣，守其辱，为天下谷。为天下谷，常德乃足，复归于朴。"

第四十一章："上德若谷。"

第六十六章："江海之所以能为百谷王者，以其善下之，故能为百谷王。"

【语义】

胸怀像山谷那样深而且宽广。形容一个人心胸宽广，谦虚博大。

【寓意】

大道生育万物，万物都是她的造化，她对待万物如同母亲对待自己的儿女，绝无嫌弃。领悟了大道的人，会效法大道的品性，胸怀宽广，能够容纳各种不同的人，承受各种不同的事。越是与自己已有的知识和感觉不同，越是天地大道给我们的独特启示，越是有助于我们提升自己的智慧境界。

【素描】

在现实生活中，总有心眼儿小和心眼儿大的人。心眼儿小的人，随便一点事儿就会撑破他的心，让他心神不宁，容不了人，也容不了事儿，自然就成不了事儿，也交不下朋友。心眼儿大的人，能容一般人不能容之事，能交一般人不能交之人，自然朋友遍天下。看一个人是否有智慧，就看他是否能够看到一般人厌恶的人的优点，是否能够包容一般人排斥的人，是否能够借助所有可以借助的事情来完成自己宏大的目标。有副对联说的也是类似的意思："大肚能容，容天下难容之事；开口便笑，笑世间可笑之人。"

当然，我们还必须把握好包容之心的两个方面。一是有的人能忍很多人和事，崇尚一个"忍"字，但是也要小心，能忍固然是一种难得的功夫，可若仅仅停留在能忍的地步，就浪费了自己进步的机会。因为能忍只是人获得智慧的一个过渡状态。如果没有真正懂得和理解那些让自己去忍的人和事背后的规律，只是一味地压抑自己，往往就会在某个时刻突然爆发。二是不能让包容变成纵容，否则就会造成让别人变坏的后果，一旦造成这样的局面，自己也会成为受害者。因此，包容不同的人和不同的事，一方面是在学人之长，用人之长，另一方面也是在扩大自己的心量和智慧的内涵。但如果对方有那种典型的坏的做法和品质，即使事发时能够包容，不让自己发作，但事后也要去想想，如何通过自己的智慧让对方改掉坏毛病，只有这样，才能利人利己，才符合天道的法则。

【真言】

一个人的度量，就是他的财富宝库。一个人能够真正懂得和理解的，才是自己心灵的领地。命苦的人，通常都是看起来胃口大而肚量小，吃得多而消化吸收得很少，不能悦纳不同的人和事，因而无法增加自己的财富。

【自省】

我过去以为只有那些大人物才会有虚怀若谷的品质。现在我终于明白了，我们这些不甘心做小人物的人只有先做到虚怀若谷，才有希望变成大人物。我原来以为自己爱憎分明，现在才发现，那其实是一种心胸狭隘、自以为是的表现，这就导致自己的心量和智慧无法持续地扩大和增加。我使用这种模式很多年了，浪费了多少生命啊！

38. 浊静徐清，安动徐生

【出处】

第十五章："孰能浊以静之徐清；孰能安以动之徐生？"

【语义】

戒绝主观妄想与躁动，能够静下自心，让外物从混浊变清澈；能够安住自心，静观万物悄悄地生发。

【寓意】

老子提到了自心的"静"和"安"与外物的"清"和"生"之间的关系，这是主观欲念与客观大道之间关系的另外一种表述。由此也可以看到，人心的躁动，是扰乱万物的祸源。唯有安静，才能让自己心静，才能看清万事万物的变化规律，在静悄悄的观察中捕捉到人生的机会。

【素描】

现实生活中的人，想法很多，与此状态相伴随的是人生的局面变得混浊不堪，何故？局面被自己的想法曲解，客观的局面中有了主观的扰动。人们不仅想法多，也动作频频，人生的秩序又变得混乱不堪，何故？人不懂得万物自在的秩序，又把自己的想法放在了秩序之中，让秩序里出现了一个多余的东西，如同人身上长出来的肿瘤一样。安住自心而不躁，静谧自心而不动，方有理解万物自在秩序的能力，方能感受万物自化的美妙。

人们可能觉得这种智慧非常高深，那我们就把两幅画面印到我们的心灵中。第一幅画面是：猫和猎豹在捕食猎物时，会在猎物可能出现的地方安静地等待，绝不妄动；等到猎物出现时，又会选择猎物视野的盲区，悄悄地接近，在合适的距离、合适的时机全力扑过去，一击制敌。第二幅画面是：一个伪装好的狙击手，在选择好狙击地点后，会纹丝不动地潜伏着，等待对手的出现，不管周围有什么样的干扰，都能保持安静不动，最终出人意料地一击制敌。

【真言】

一个人若能够观察到自己的念头与动作对万物秩序的干扰，就获得了人生的一份觉悟。若能安住自心，静谧不动，就有希望与大道的秩序同频，洞悉大道的秘密，节约生命的能量。能够在人生中保持这种状态的人，就会减少很多妄动，高效率地完成目标。

【自省】

实际上平时我也有类似的体会，不好处理的事儿，暂时放一放，让自己的心静一静，让事情也沉淀一下，往往就没有那么难了。但是遇到许多人追捧的事情时，我偶尔还是难免心动，看来功夫还是不到家。世上的骗子也恰恰是深谙人心的这种缺陷，因而总是能够利用一个诱惑物，调动起人心，从而让人上当。当然，伟大的人总是能够静静地观察人心，并找到人心的开关，集合人心的力量，去完成伟大的事业。

39. 虚极静笃

【出处】

第十六章："致虚极，守静笃。"

【语义】

空灵到极致，寂静到笃定。这是道家认识世界真相的核心方法论之一。

【寓意】

"致虚极"，指的是让自心空到极点，没有一丝杂念与污染，湛然空明，是把自身的主观意识彻底去掉，达到空和虚的状态，排除自身有限信息和能力的干扰，让事物的真正规律得以呈现。"守静笃"，指的是守住静的状态，保持笃定。寂然不动曰"静"，只有守住纯粹的初心，没有私念和私欲，不受外部干扰，才能接近道的真相。

【素描】

现实生活中的人们，心智可能会出现以下几种状态：一是遇事慌乱、闲时无聊；二是一直在忙碌，不敢停下来，用忙碌充填着自己内在的空虚；三是遇事不当回事，无事时安闲自在，身处红尘琐事，心在天际俯视。大部分人遇事时会一个人冥思苦想，处心积虑，但最终逃不出"智者千虑，必有一失"的困境。

在现实的人生当中，有两种极端的事件最能考验人的功夫：一是大喜，二是大悲。大喜大悲之时，人的理性最弱，最容易冲动和做蠢事。大喜之时扬扬得意，自以为是，根本听不进别人的不同意见，执着于自己狭隘的见识，从而给自己带来灾祸，这是典型的自负，这种人只能看见自己的长处，看不见自己致命的缺点。如果一个团队的领导者陷入这种状态，很可能会因为他的一个错误决策而毁掉团队所有的成就。对于每一个个体来说，这种自负的状态会让人没有可以交谈的朋友，甚至很难有长久的合作者。突发的意外或者重大的灾难，也很容易让一个人晕头转向，在这个时候要想以自己的智力去把它想明白，已经变得非常困难了。我们若是平时做人好，遇到这种重大灾难时，就会有人来帮助我们，给我们提供智力的支持，让我们从负面情绪中走出来；如果平时做人不好，遇到危难的时候没人出手相救，仅靠自己的思虑，恐怕很难找到出路。

【真言】

在天地大道面前，沉迷于思虑往往会成为我们领悟真正智慧的障碍。虚静到极致，生命就是一个接收器，能显示万事万物的规律。一个心智达到空灵状态的人，能够识别、吸纳来自四面八方的智慧，从而丰富自己智慧的内涵，提升自己的境界。

【自省】

自己没有功夫，却想追求高级的状态，真的很难做到啊！怎样才能打掉妄念，坐定自心呢？一是通过学习别人的智慧来升级自己，二是学习多方面的知识来增加自己对世界的理解，三是学习观察自己的念头并破解它们，因为所有来找我们的念头，都是我们欠的心债，若是搞不清楚，它们就会总来纠缠。一旦搞清楚了，安排好它们的去处，并能找到更高级的追求，低级的念头自动就消失了。

40. 万物并作，吾以观复

【出处】

第十六章："万物并作，吾以观复。"

【语义】

空灵寂静到极致，像一个旁观者那样，静观万事万物循环往复的图画。这是道家智慧中最具代表性的认识论。

【寓意】

万事万物自有其循环往复的运动规律，只要人的主观不捣乱，一切事物的发生与变化，都会按照固定的规律进行。人作为观众在剧场看戏，不管自己感受如何，都不能影响剧情的发展。道家智慧，如同多次观看同一个剧目，一切都没有任何悬念。对于不懂规律的人来说，这叫神奇。对于悟道的人来说，这叫平常。

【素描】

在现实生活中，我们总能见到这样的人，他们见到什么就评说什么，实际上根本不了解事情的全貌。很多人听到什么就相信什么，把经过许多人加工的信息当成真相，等到真相呈现在眼前时才知道自己的浅薄与愚昧。成熟的人，不管遇到什么样的人和事，都不会急于表态或者下结论，就如同一句电影台词所说的那样："让子弹飞一会儿。"静观一段时间，才有可能了解真相。一切事情的发展变化都会有起伏转折，用不着过于兴奋或悲伤，因为这些都是过程，并不是结果。如同看戏一样，当台上的名角还没有唱完时，一个人若是贸然鼓掌，肯定会让周围的人感到很诧异。观察一个人也同样如此，日久见人心，患难见真情，一时对你好未必是真好，一时疏远你也未必是对你有敌意，要看关键的时刻、危难的时刻、高风险的时刻，他会怎么做。很多人为人际关系而痛苦，往往就是因为看得不够长远：没遇到什么难事的时候，你好我好大家好；一旦遇到危难，平时的一些好友可能会消失不见；若是伤害到他的利益，也可能瞬间就翻脸。所以看人交友都要从长远处着眼，等到好事坏事、顺利挫折都经历之后，方能见到一个人的真面目。

【真言】

静静观察一件事情发展的全过程，才有机会了解真相。掌握了万事万物存在与变化的真相，才能保持平静。看万物是这样，看人也是如此，同患难过的人才能见到真实感情。

【自省】

不管是对事还是待人，我自己在很多时候都陷得太深，看得太浅太短，只在喜怒哀乐中起起伏伏，却忘了要以出世的心做入世的事儿！把得失成败放在人生的立体空间里去观察，才能够看清楚。此时得彼时失，此时失彼时得，得失只是一种在不同空间中的价值形态的变换。成功会为失败埋下种子，失败也会为成功开启契机。只有让自己站在高处俯视人间，才能了悟得失成败的真相！

41. 知常曰明

【出处】

第十六章："归根曰静，静曰复命。复命曰常，知常曰明。不知常，妄作凶。"

【语义】

万事万物都有自己的运动规律，这个运动规律是万事万物的表象背后的常态。这是天道的基本形态，也是人间的常理，懂得这一点才能算是明白人。这里所说的"知常"，实际上指的就是明道。

【寓意】

不管万事万物如何变化，都是遵循着其背后的规律进行的。不明白这一点，不遵循规律做事，就无法做成，甚至会给自己带来灾祸。

【素描】

世间唯一不变的就是变化，而万变不离其宗。很多人不了解变化的规律，于是面对变化就会陷入两种困局：一种是让自己跟着变化而变化，结果往往很糟糕；另一种是一味地拒绝变化，结果也不好。只有了悟变化背后那个恒常的规律，才能摆脱这两种困局。

在现实生活中，大部分人在不了解变化规律的情况下，就加入了追逐变化的队列。有的人也可能会因此赶上一个风头，因而获得了机遇。在风头当中得到利益的人往往又不懂得提前退出，因此在风头过后再次跌入低谷。庄子讲到借风练功的典故，其中提到，风来了就乘风而起，但必须要逆风而行，最终达到弃风而飞的境界。也就是说，要把处理任何事情都当成自己悟道的历练，风来了风还会走，风走之前就要练就不依赖风的能力。现实中的人们，因为不了解事物变化的规律，也就谈不上利用规律来练就自己悟道的能力，所以在得意与失意之间来回地起伏颠簸。大部分人都是盯着眼前，而那些能看到未来三步的人，就是心智超越了一般人，能够掌握整个事物发展过程中的所有环节，也就是知常而用道。

【真言】

冲动地处理眼前事物，而不知道事物变化规律的人，往往就是心灵短路了。如同下棋的人，用的是棋盘和棋盘上的棋子，算的是对方的套路，谋的是自己未来的局面，最终的胜负或者和局，都在自己的操控之中，悟道者能够把眼前的事物跟未来的相关事物连在一起进行全景式思考，这就是谋局的智慧。

【自省】

我过去总说要顺应变化，觉得自己明白了这个道理。现在看来，不知道那个恒定的规律，哪里能算得上明白呢？看来我过去说的顺应变化层次太浅，所以才会在连续不断的变化面前筋疲力尽。再想想一些忙碌不堪的朋友，一直忙着眼前重要的事情，就是不下功夫去领悟变化的规律，这种做法未来会有什么出路呢？何时是个尽头呢？我们掌握了变化的规律，才能在面对变化的时候保持有条不紊啊！

42. 太上，不知有之

【出处】

第十七章："太上，不知有之；其次，亲而誉之；其次，畏之；其次，侮之。"

【语义】

老子是在告诉人们一个很多人难以想象的领导状态——做得最好的领导者，如同大道一般无影无形，既没有赞誉，也没有畏惧和侮辱，这也是老子最推崇的领导状态。

【寓意】

看到"太上，不知有之"，很多人会有越来越强烈的一种感觉：从古至今，人们所做的似乎都与老子的教导相违背。也许，这正是许多高手对老子思想很痴迷的原因吧！有很多做事的高手，做领导时却往往手忙脚乱，很显然这是不得要领。老子的思想，恰恰为不会做领导的人打开了一扇天窗。

【素描】

当然，在现实生活中，不了解老子思想的人还是居多。在自己的思想、经验驱动下的领导者，往往喜欢事事都亲力亲为，让自己陷入具体事务而难以自拔。这样的领导者，往往没有制度管理的意识，喜欢听取所有人的请示和汇报，到处插手，把大权全部揽在自己手里，无法在制度和机制的框架内充分发挥人才的积极作用，最终只有他自己最负责，其他人都无所适从。领导者的责任是为企业确立方向与战略，选人育人，建立科学合理的管理机制。一旦方向正确、合适的人员到位、科学合理的管理机制运行起来，领导者就不要处处插手，而应该将制度作为自己手的延伸，节制个人的欲望，维护制度运行的权威。如此这般，才能让自己做该做的事，也留给别人做事的空间，而又不会失控。实际上，合乎正义的发展方向、符合行业的发展规律、顺应人心所建立的制度与机制，就是企业的大道。而能够建立和遵循企业的大道，才是领导之道。

【真言】

领导的位置如同一个展示台，领导者的优点和缺点都会被放大。领导者的任何私欲，都会让自己做出丑陋的表演。所以，在领导位置上的人，只有一个出路，就是以国际、社会、行业、企业和人性的规律作为依托，建构成企业的制度与机制体系，如此就能合于大道，不至于让自己忙乱不堪。

【自省】

二十年前，我和很多人一样，是那种忙碌的领导者，一直在追求个人的存在感，总怕自己被别人忽视，这是不是没有超越自己心底的自卑呢？十几年前，我做医院院长时，尝试着运用老子无为而治的智慧去做管理工作，发现效果好极了。两三年之后，医院里大部分日常事务都不需要我操心了，至此我才真正体会到了老子智慧的玄妙。

43. 绝圣弃智

【出处】

第十九章："绝圣弃智，民利百倍。"

【语义】

这句话通常被翻译为：抛弃聪明和智巧，人民可以得到百倍的好处。这种翻译方法，更多是出于方便普通人理解的考虑，但与老子的本意仍然有距离。老子是想告诉人们，普通人所追求的圣与智，如果脱离了人心的纯真与质朴，离开了世间一切事物的客观规律，就会给人带来危害。

【寓意】

老子的这个思想让许多人颇为费解，也对世俗人的思想造成强大的冲击。很多人学习圣人、崇拜圣人，老子看到了这种追求背后更深层的问题：人们追求圣与智，虽然看起来很高尚、很美好，但实际上这种追求是披着圣智外衣的主观欲念，更具隐蔽性和危害性。庄子说得更为直白："圣人不死，大盗不止。"这也是道家智慧中一个核心的原理，即跷跷板原理：凡是人为追求的，哪怕是美好和神圣的，也会激发起另外一个极端力量的成长。道家倡导的是"守中"的原则：人生可能偏向任何一极，但必须回望另一极，让自己的心神不离中道，形成人生的动态平衡。

【素描】

"绝圣弃智"的思想确实惊世骇俗，但这也十分符合道家思想的风格。

明白跷跷板原理后，当我们想起手中握着一根平衡杆走钢丝的人时，当我们想起人们利用跷跷板原理来完成一个高空弹跳的景象时，当我们想起古希腊名言"凡事不要过分"和儒家的"中庸之道""无过无不及"思想时，当我们想起"骄兵必败""物极必反"这样的文化格言时，当我们想起"欲左先右，欲上先下，欲前先后，舍己从人"的练拳心法时，当我们想起老子所说的"反者道之动""将欲歙之，必固张之；将欲弱之，必固强之；将欲废之，必固举之；将欲取之，必固与之""高者抑之，下者举之；有余者损之，不足者补之"时，再联想自己平时的很多追求和作为，会不会有后背发凉的感觉呢？孔子被人们视为圣人，但他很谦虚地认为自己没有达到圣人的高度，因为在孔子心目中，只有尧、舜、汤、周文王、周武王、周公才算是圣人，他很崇拜这些人。老子被很多人推崇，但他也不接受别人把他当作圣人崇拜。你看，这两大圣人都做出这样的举动，实际上是在告诉我们，人这辈子，要做个真实的人、朴实的人，这样的人其实就是道家所说的"真人"。

【真言】

惊世骇俗，意在惊醒梦中人。当你所追求的正确的东西，正在助长反面的、你所不喜欢的东西的气焰时，不应该惊醒吗？许多人追求幸福，却屡屡遭受灾祸；许多人期望一切顺利，却有无法回避的挫折；许多人期望发大财，却掉入了巨大的陷阱；许多人一直认为自己是正确的，却时常有证明他们错误的事情发生。

【自省】

我第一次听到"绝圣弃智"这个论断时，其实被吓了一跳，这简直颠覆了我过去的认识。静下心来想一想，圣贤思想不就是那根指向月亮的手指吗？如果只是盯着手指，却不去看月亮，那不就真的辜负了圣贤们的美意吗？

44. 少私寡欲

第十九章："见素抱朴，少私寡欲。"

【语义】
人要减少自己的主观思虑和个人的私欲。

【寓意】
因为自私，一心为自己，无底线地满足自己的欲望，所以跟很多自私的人产生冲突，这就是现实中一个典型的痛苦的生成原理。欲望不断地膨胀，使得人心智迷乱，错误和痛苦不断地累加，就会走向极端，形成万劫不复的危局。

【素描】
大部分人站在理性的角度，都知道自私是不好的，可在情绪的层面上，听到那种劝告人要少私寡欲的言论，心里又有些排斥和反感。大部分人遇到别人自私时，都会很鄙视；一旦自己做起事来，又会以自己的利益为中心。看起来，许多人的心中都有两种声音，朝着两个不同的方向，造成了内心的焦虑与痛苦。这样的问题如何解决呢？像老子这样的圣人，用升高自己认识维度的方法，在俯视人的自私及其结果的全景之后，有了一个重大的发现：越是自私的人，就越是难以实现自己全方位利益的最优。红尘中的人们，在欲望驱动下，凡事都要追求更多、更高、更好，然而物极必反，许多人终究被打翻在地，在回忆过去的时候才会感受到平淡生活的美好。老子有句名言："非以其无私邪？故能成其私。"就连权倾一时的秦国宰相李斯，也难逃此魔咒。据《史记·李斯列传》记载："斯出狱，与其中子俱执，顾谓其中子曰：'吾欲与若复牵黄犬俱出上蔡东门逐狡兔，岂可得乎？'遂父子相哭，而夷三族。"这就是李斯临死前对儿子说的话："我还想跟着你一起牵着黄狗，到上蔡东门那儿去打野兔子，还可以实现吗？"大才子苏东坡，才华横溢，在当时几乎无人能比，但又一生坎坷，屡屡被贬。他郁闷至极，大发感慨，遂有了千古绝唱："大江东去，浪淘尽，千古风流人物。故垒西边，人道是，三国周郎赤壁。乱石穿空，惊涛拍岸，卷起千堆雪。江山如画，一时多少豪杰。遥想公瑾当年，小乔初嫁了，雄姿英发。羽扇纶巾，谈笑间，樯橹灰飞烟灭。故国神游，多情应笑我，早生华发。人生如梦，一尊还酹江月。"

【真言】

没有追求的质朴，是一种愚钝。没有醒悟的追求，是一种高级的愚钝。对平淡生活的麻木，是一种心智的僵化。在平淡中找到乐趣，是一种幸福。在向外追求的过程中迷失心性，往往就是自寻绝路。在追求的过程中保持自律，才是人生的一种智慧。

【自省】

我以前遇到那些欲望膨胀、利欲熏心的人时，心里确实有些反感。现在我回过头来看看，自己比别人也好不到哪里去！原来我是因为自私而屏蔽了自己观察人生全景利益的能力。原来老子倡导的无私，才是真正能让人生圆满的智慧大道啊！

45. 绝学无忧

【出处】

第二十章："绝学无忧。"

第四十八章："为学日益，为道日损。"

【语义】

为道之人要抛弃世俗的智巧之学。

【寓意】

现实中人们会对哪些东西感兴趣呢？可能首属那些能够快速增加自己利益的便捷方法吧？还会有人读书是因为相信"书中自有黄金屋，书中自有颜如玉"这样的古训吗？"绝学无忧"四个字，恰恰切中了人心智障碍的要害，同时昭示着质朴真诚、无我无私进而通达到人生全方位利益的一条光明的人生道路。

【素描】

在老子与孔子的时代，学习只是少部分贵族子弟的权利。如今，绝大部分人都可以享受到学校的教育，看起来这是人类文明的重大进步，但让人疑惑的是，虽然教育正在以前所未有的速度在人间普及，人生中的问题却似乎也在同步增长。现代的教育是以科学知识的教育作为主导的，人们明白了越来越多的事情，知识与学问也越来越多，但对与每个人关联度特别高的人生、生命、生活的知识与智慧的认识深度还远远不够。

在历史上，人们努力学习、参加科举考试，是为了"升官发财，光宗耀祖"。如今的人们，恐怕就只想着"升官发财"了。可有几个人得以暴富？有几个人始终行大运呢？当很多人都在为升官发财而学习时，世间的踏实、厚道、淳朴之风必然遭到破坏，人文环境必然会被破坏，学习科学知识就变成了一种谋私的手段，而在谋私的道路上，有一些利益像诱饵一样诱惑着人们不断地追求，令人们产生各种纠结与痛苦。老子的"绝学无忧"，让我们看到了那些能走得平稳和长久的人成功的秘密。老子这样说并不是让我们不学习，而是告诉我们要学习万事万物的规律，尤其是要学习人生幸福与成功的规律。仅靠学习知识，就想拥有人生的幸福和成功，很显然是不够的。我们的人生，是要通过一件件的事来过关，来增长人品和智慧的。所以要想获得智慧，就不能仅仅依靠学习书本上的知识，而是要超越知识，领悟万事万物和人生的规律，如此这般，我们才能走上幸福与成功的人生大道。

【真言】

学习知识让我们知道事物"是什么"和事情"如何做"，而拥有智慧让我们知道如何做好、如何收获幸福，获得心灵的自由。

【自省】

刚看到"绝学无忧"这四个字时，我真怀疑这是不是老子说的。等明白了"为学日益，为道日损。损之又损，以至于无为。无为而无不为"这段话时，有一种突然被惊醒的感觉。是啊，我们平时学习是为了让自己增长知识，但要想获得智慧，就要不断地减少自己的主观欲望，这样看来，老子真是高人啊！

46. 相差无几

【出处】

第二十章："唯之与阿，相去几何？美之与恶，相去何若？"

【语义】

应诺和呵斥，相差多少？美好和丑恶，相距多远？这里是指二者距离不远，或差别不大。

【寓意】

人们的脑海中经常存在着两种对立的思想，会做出完全不同的举动。如果在乎这些纯粹由人的主观标定出来的假象，就不可能保持内心的平静，而会让自己的心情时刻处在上下颠簸之中。人世间的很多事本来就无足轻重，得到能怎样？失去又能怎样？荣誉与受辱真的能把人如何？争一个高低，真的很重要吗？实际上，时过境迁，这些没有什么区别，何必那样在意呢？然而这并非老子真义的全部，老子为我们指出的是：一旦陷入无足轻重的得失、荣辱的纠结中，心智就会变得迷乱，从而失去观照人生重大利益的机会与能力。

【素描】

一个经常因为几毛钱而跟别人争吵的人和一个敢于让利几百万元的人，肯定是两种不同的人。为几毛钱而争吵，显然是把钱看得太重了。这个数目对于我们实在是微不足道，甚至可以忽略不计。可人们为什么还会为此争吵呢？这是很多人看不见的人们自己的底层逻辑在发挥作用，这种底层逻辑往往来自童年的贫困和对小利的计较，它沉入了人们的潜意识，成为让人们意识不到但会耗费宝贵的时间、精力的一种低级程序。如果一个人能够超越这些可以忽略不计的价值和差别，就能够扩大自己的心量。我们可以扪心自问：什么样的价值可以让自己动心和生气？多大的价值可以让自己毫不犹豫地赠予或付出？这是丈量一个人心量的一种方法。我们不要看别人在没事儿的时候表现得是否大方，一定要看在遇到事情的时候，他能在什么样的价值数量上不介意、不计较，并且敢于付出。在乎微小价值的人往往会失去提升自己智慧的机会，进而失去进入人生更高价值的领域与空间的能力。这里所说的更高价值指的并不仅仅是金钱的数量更多，而是对于一个人的人生来说更为重要的、全方位的、各式各样的价值形式与体系。

【真言】

在乎小的，往往会失去大的，这是人生的机会成本。人生算法的妙处就在于：舍小得大，舍次得主，舍轻得重。

【自省】

回想起来，我过去确实对很多不该计较的事情太计较了，对最重要的事情却没有下足功夫。自从明白了这一点，我不再计较太多的小事和小利，我的纠结与痛苦悄悄地减少了，智慧的力量在悄悄地增加，似乎一切都在向更好的方向变化！

47. 如春登台

【出处】

第二十章："众人熙熙，如享太牢，如春登台。"

【语义】

"太牢"是指古代帝王、诸侯的一种祭祀形式，祭品为猪、牛、羊，相较祭品只有猪、羊的"少牢"，"太牢"的祭品是较为丰富的。"如享太牢"意指人们兴高采烈地享受美味。"如春登台"，从字面上来看是描绘人们好像生活在美好幸福的太平世界里的景象，实际上是在暗指有些人一味追求浮华而失去了质朴真诚，而后又陷入无休止的痛苦循环的景象。

【寓意】

普通人过分喜欢物质上的奢华享受和形式上的浮华热闹，并因此让自己的心浮躁不安。圣人希望人们能够明白，那些外在的虚华恰恰是扰乱人们心智的东西，不要刻意去追求，否则就会被外在的力量扰乱自己的心情。

【素描】

在城里住久了的人，到了广阔的草原，看着蓝天，骑着骏马，会有一种放松的感觉，很显然这是压抑太久之后的一种释放。一直生活在草原上的人到了繁华的都市，一方面会眼花缭乱，另一方面也可能会有些许被囚禁的感觉。

城市生活虽然在物质层面给人们提供了很多便利，但在精神层面却给人心制造了很多禁锢。所以，久居城市的人大多对一种理念有着共鸣：回归田园，回归自然。

适宜的外部环境固然能够让人得到一时的放松和排解，但在大多数时间里，人们还是在自己的内心制造着各种纠结和痛苦。这是人们具体生活的一种真实的写照，也是圣人们观察众人痛苦的一个着眼点。

现实中的人们，所面临的一个重大挑战就是很难自行安排丰富的精神生活。当人们内求不足或者没有方向而转向外求时，追求什么就会被什么所控制。实际上人类所做一切，都是在满足自己的生存需要，丰富自己的精神世界。若是一味地追求外在的物质和名利，却没有富足的精神生活，就会导致生命出现中空和失衡的状态。

【真言】

一切外求而得到的，带给人的快乐都是短暂的。一切内求而不能得到的，给人带来的痛苦都是长远的。学习圣贤智慧，把人生当成一场修行，断掉制造纠结与痛苦的愚根，从而让自己的心性变得清明而智慧，人生就能变得更加幸福。

【自省】

学习国学和圣贤智慧以后，每当我坐在书桌前，静心领会圣贤智慧、冷眼旁观自己的人生画面时，就会有一种醒悟：外求的越多，痛苦就越多；转向内求以后，精神会不断地充实和强大，心反而安静下来了。也许一切美好将因此而生，所有人都可以来试验一下。

48. 大智若愚

【出处】

第二十章："众人熙熙，如享太牢，如春登台。我独泊兮，其未兆，如婴儿之未孩；儽儽兮，若无所归。众人皆有余，而我独若遗，我愚人之心也哉，沌沌兮！俗人昭昭，我独昏昏。俗人察察，我独闷闷。澹兮其若海；飂兮若无止。众人皆有以，而我独顽似鄙。"

【语义】

那些真正有大智慧的人，在形象和言谈举止方面，在一般人看来却是很愚钝的样子。

【寓意】

老子在这里用了对比的表达方式：俗人——圣人。俗人大都以为自己是聪明的，而圣人却好像对世俗之事稀里糊涂。俗人大都以为自己看得很清楚明白，而圣人对世俗之事好像置身事外一样。可是，世俗中的人，一方面聪明着、明白着，另一方面却痛苦着、纠结着。老子用这种对比的表述告诉人们，世俗的思维不是智慧，也无法看清万事的规律。照此下去，就难逃"聪明反被聪明误""聪明着却痛苦着"这样的人生悲剧。清代文学家郑板桥历经人间苦难的磨砺之后，写出了著名的"难得糊涂"，其背后的寓意也正是"大智若愚"，只是没有郑板桥那样经历的人，很难精准地理解这句话。因为，郑板桥的"难得糊涂"就像是河流中被冲刷了几百年乃至上千年的鹅卵石，而一般人所说的"难得糊涂"，可能更像是表面长满了青苔的岩石吧。

【素描】

红尘中的人们，有几个不愿意表现自己的聪明呢？聪明的人们，又有几个能够彻底摆脱纠结与痛苦呢？看起来这又是一个人生的悖论。这到底是怎么回事呢？原来，痛苦和纠结的前因是低层次的聪明，也就是真正的愚蠢。正如老子在《道德经》第七十一章中所说的"不知知，病也"——把不知当成了知，这就是自己的心智生病了。这样说起来，逻辑上就变得合理了。为什么很多人看不透这种聪明式的愚蠢呢？那是因为他们的境界太低，无法俯视人生的全貌和本质，所以才会产生这种表面化的、片段性的、碎片式的、毫无逻辑的、自认为是聪明的认知错误。老子说"俗人昭昭，我独昏昏"，这里的昏昏之相，也是借用俗众之眼光来戏称自己的。

【真言】

如果聪明着却又一直在干让自己痛苦的事，那么这份聪明的准确叫法应该是愚蠢。如果明白着，却又一直在干糊涂的事，那么这份明白的准确叫法应该是愚痴。而真正拥有大智慧的人，在小聪明的人看来反而是愚钝的。

【自省】

我反省一下自己才发现，我以前总想着表现自己的聪明才智，害怕别人小瞧了自己，原来是因为没有超越心底的自卑呀！自从学会了以圣人的智慧为参照系，我才知道自己过去的那些思考和想法是那样低级和狭隘。当然，有了圣人智慧的指引，我的低级状态在不断地被超越，智慧也在不断地增加。看来，人的眼睛虽然能够看清很多事物，却看不清自己。

49. 唯道是从

【出处】

第二十一章："孔德之容，唯道是从。"

【语义】

具有智慧和大德的人，会让自己的主观意识和生命完全臣服于客观大道。

【寓意】

老子在这里揭示了人世间大德之人的一个重要的心智规律：明白了自己主观的有限性和对客观规律的偏离性，从而不再让自己被主观误导着与规律相对立，于是让自己全身心皈依决定世间一切的客观大道。说起来也是啊，既然谋划半天，人算不如天算，那就不算了，真心皈依大道才是人间最大的智慧。

【素描】

在我们的人生经历中，任何的想法和行动背后都有一个引领我们的力量，这不是什么鬼神，而是我们心灵底层的信念，有人把它叫作底层程序、底层逻辑。正因为如此，芸芸众生基本上可以分为两类：一类人只相信自己，这是自负；另一类人在自负中不断被打击，于是有机会觉醒并看到了自己底层逻辑的错误或者肤浅，最终愿意臣服于客观大道，这是皈依。自负的人，是将有局限的、片面的主观认识当成真理，在人生中找不到心灵家园的孤儿。皈依的人，是真正认识到了自己的主观必须臣服于客观真理，从而让自己的灵魂回家的人。自负的人，经常会遭遇客观大道不可思议或者冷酷无情的打击。实则那是客观大道对低级的人类主观的调教。皈依的人，心灵有了大道的依托，一切力量来自大道，一切思索和行动都在客观规律的轨道上，这就是走在人生的康庄大道上。

人们在认识物质性的客观事物时，一般很少对抗，但在面对自己主观之外的他人这样一种客观存在时，很多人就会陷入迷茫，以为是自己的主观在面对别人的主观，实则主观只存在于我们自己的头脑中，我们主观之外的一切——包括别人的主观，通通都属于我们要面对的客观世界，不管别人的言行令我们如何厌恶与反感，它都有自己的客观规律。如果我们用自己的主观认识代替客观规律，我们就会气恼，就会去指责别人，因而失去认识别人的主观现象背后的客观规律的机会，也就无法按照规律去做事。在现实社会中，心性通达的人在认识别人的主观时，能够意识到并放弃自己的主观偏见，并将别人的主观表现当成客观现象来对待，这就是悟道者的认知和行为模式。

【真言】

每个人的一生，都是跟着自己的思想往前走的。不幸的人跟着消极负面的思想往前走，找不到自己心灵的家园。幸福的人，看清引领自己的思想，找到大道真理的引领，让自己结束心灵的流浪。内心贫穷的人相信自己，真正幸福的人相信规律。内心贫穷的人即便拥有了财富，心灵也不得安宁；真正幸福的人，拥有了一生坚不可摧、绝不动摇的正道信仰，于是成为心灵富有之人。

【自省】

我以前根本不懂得"皈依"二字是什么意思，后来知道了原来是让自己的心灵和生命有所依附，但又觉得那是出家人的事儿，还是没有把"皈依"二字跟自己的一生联系起来。现在静下心来一想，实际上自己早就皈依了呀，只是没有皈依大道，很多时候莫名其妙地皈依到不知道什么道上去了。看来人总是要"皈依"的，只是大部分人"皈依"时走错了方向。

50. 唯恍唯惚

【出处】

第二十一章："道之为物，唯恍唯惚。"

【语义】

以人们常规的感知方式是看不清客观大道的模样的，因为大道是没有人们所熟悉的那种具体形象的。故而像大道这种极精微而无内、极宏大而无外的客观存在，在人类的肉眼视野中，自然是那种唯恍唯惚的景象。

【寓意】

大道衍生万物，又存在于万物之中，与万物是合体的，但又不等同于万物之相。悟道之难，就在于人们无法超越自己习以为常的主观感知模式。老子启迪我们，"睁着眼睛看万象，闭上眼睛观世界"，这就是哲学中"具象与抽象"联动的智慧思维模式。

【素描】

现实中的绝大部分人，是用肉眼看世界的，对于像大道这种唯恍唯惚的存在，既看不见，也不相信。我们找不到通常的那种证据来否定或者肯定大道，但是圣人们信誓旦旦地告诉我们大道是存在的。也许因为我们活在小我中，所以没法领悟圣人说的那种神秘的境界。我们平时也会谈论"小我""大我"和"无我"的问题，也都希望自己能够从小我走向大我，最终达到无我的境界。这里说的"我"，实际上就是我们自己的主观世界。"小我"说的是我们主观上的一种比较狭隘的状态：以个人利益为中心，割断了与别人利益互相促进的联系；以自我认识为中心，将自我封闭起来，失去了从外界获得智慧启迪的能力；以自我经验为中心，用过去的经验来解读现在与未来，由此失去了把自己的经验升级为智慧的机会；用自己有限的主观感知能力所获取的有限信息，来对整体和系统进行判断，于是形成了以偏概全的主观错误。由此可见，人生的痛苦来自认知的错误，而认知的错误又来自深陷"小我"的局限中而不能自拔。而达到"大我"状态的人，建立了自己和他人、主观与客观之间的有机联系，让自己的生命活在一个更广阔的空间里。这样的人已经是精英阶层了，但因为依然有"我"的存在，所以依然会有自己的局限性。而真正进入"无我"境界的人，则如同站在天际俯视众生，因为没有"我"的主观阻碍，所以能够跟宇宙大系统和万物的规律完全融为一体，心中都是客观规律与真理，达到了"天人合一"的至高状态，这样的人在中国文化中被称为"真人"或者"天人"。

现实中的大多数人，只相信自己看得到的、看得懂的，也就是在不断地印证符合自己主观认知模式库中已存信息的外物，这是对主观局限的不断强化，也是对"小我"的不断加固，最终变成了主观与心智之间的一场游戏。

"透过现象看本质，去粗取精，去伪存真"才是哲学的智慧模式，按照这个模式去做才能借助外物不断地丰富和超越自己的认知模式，持续不断地更新自我、超越自我，进入无我的境界，打开生命的智慧之门。

【真言】

心智愚钝的人，用外部熟悉的事物安慰自己落后的状态。开启了智慧的人，不断寻找能够帮助自己超越"旧我"的力量，力求让自己能够进入天人合一的境界。

【自省】

原来，只有开启了智慧，才能用心看到规律啊！现在我的心越来越静了，遇到事情不急不躁了，反而看清楚、看透彻的事情越来越多了，也许这就是生命进化的一种景象吧！

51. 委曲求全

【出处】

第二十二章："曲则全，枉则直，洼则盈，敝则新，少则得，多则惑。"

【语义】

宁愿自己受些委屈，也要顾全大局。实际上，每个人都是大局的一部分，就在局中，不是局外人。因此，委屈自己不是让自己受气，而是调整自己，使自己能够跟所处的大局中的其他人和谐相处。

【寓意】

敢于让自己受委屈的人，完成了对自己主观有限性的超越，往往能够找到通向成功的道路。他们心中锁定的是最终的目的与目标，因而能让做事过程中的形式和自我成为服务目标与目的的工具，这是一种"目的主义"（或者叫"目标主义"）的典型行为模式。正因为如此，他们能够越过途中的许多障碍，走向终极的目标。

【素描】

说到委曲求全、顾全大局，很多人觉得是牺牲了自己的利益，所以不愿意那样做。实际上，每一个人随时随地都在特定的局中，如果只顾及自己的想法、做法和目标，顽固地坚持自我，而认识不到自我的局限性，就会与这个局中的其他人的利益相冲突，自己的目标也无法有效地达成。因此，每一个人达成目标的过程，都是调整自己、超越自我的局限性并与局中的其他人达成妥协的过程。从广义上来讲，这就是委曲求全的做法，实际上，这也是完善自我，让人生圆满的历程。

人们不愿意接受"委曲求全"原则的原因大致可分为四类：一是过于自以为是，只在乎个人的想法、做法和目标，而忽视了自己所处局中的其他人；二是过于计较过程中的形式与方法，忘记了自己真正要追求的目标；三是为了实现目标而不择手段，看起来是在坚持"目的主义"，实则已经丧失了自己的名节与尊严，既伤害了别人，又让别人看透了自己，所以也增加了自己实现目标的难度，即使最终实现了目标，也已经是"金玉其外，败絮其中"，个中的心酸味道，恐怕只有独处时才能体会；四是没有真正认识到"委曲求全"实际上是对自我的超越与完善，所以处在消极被动的状态，难以消化自己的委屈，进而产生负面的影响。

【真言】

"委曲求全"是根据正义的目标对自己的管束，是正道指引下的自我节制，是对原有小我的有意识的、积极的超越。而那些任凭小我放纵肆虐的人，往往把自己的任性当成了目标，因而丧失了真正的目标。

【自省】

记得很多年前，我曾经跟别人坦白，我不怕困难，受苦受累绝无怨言，但就是受不得委屈。现在想想，自己那时太肤浅了，没有看清楚人生的大局，只顾着去维护自己的感觉了，却不知道，委屈自己是给自己调整的机会，是让自己从小我走向无我的过渡状态，是自我完善的重大机会和转折点。如果认识不到或者做不到，就无法获得长远发展，最终自己就会落后，成为孤家寡人啊！我们要调整自己，摒弃自己的狭隘，与大局完成对接，这样才能在自我超越和完善的过程中，走向圆满的未来。

52. 枉尺直寻

【出处】

第二十二章："曲则全，枉则直，洼则盈，敝则新，少则得，多则惑。"

【语义】

屈起来的只有一尺，伸直了的却有八尺。《孟子·滕文公下》中也有类似的表述："枉尺而直寻，宜若可为也。"比喻在小节上不屑一顾，最终反而得到更大的好处，说的是人生屈伸之道，枉则隐藏以自保，直则绽放以发力。

【寓意】

中国人智慧的典型特点，是根据环境和时节的变化来选择自己的行为方略。之所以有舍小的胸怀，是因为洞察到舍小方能及大的机会；之所以心甘情愿地谦卑，而不再无奈地隐忍，是因为不想在无足轻重的事情上浪费时间与精力；之所以放弃了在人前的张狂，是因为认识到了这种行为的浅薄，不想在这些形式上浪费生命的能量。正如《孟子·尽心上》所说："穷则独善其身，达则兼善天下。"

【素描】

在现实生活中，大部分人的纠结和痛苦都来自一些小事和小节，正是这种纠结和痛苦让人们失去了看清大势和人生大节的能力与高度，这就是典型的因小失大。

时常停一下，让自己安静下来，这不是拒绝前进，而是在随时修正前进的方向，避免在错误的方向上走得太远。有时让忙碌的自己暂时享受一下安闲，也并不是消极和颓废，而是让自己清理一下繁乱的心绪，在学习和自省中给灵魂充电，为灵魂升级。

世俗之人，很难理解屈伸之道的智慧。大部分人都是一直在忙碌着，一直在前进着，一直在伸展着自己的个性，却没有时间和精力去观察、完善自己的个性。更有甚者，在一些小事上证明了自己的成功之后，竟然将无枉固直的愚蠢模式视为自己的个性，将其定义为自己固有而不可改变的品性，甚至无理地要求别人接受："我的脾气就这样，改不了，请大家原谅。"当一个人固守自己并不完美的个性时，就会故步自封，想方设法地为自己有问题的思维方式辩护。由此可见，有一些人之所以愚昧，是因为他们为愚昧建立了一个不断固化的逻辑模式。

中国人自称是龙的传人，而龙的屈伸与变化可是游刃有余的。现实中在各种环境中都能生存下来的人，也许就是领悟了这种屈伸之道。中华民族之所以生生不息，能够战胜各种艰难困苦，这也是对屈伸之道的证明。

【真言】

枉直之道，是悟道者洞察外部形势后选择的行为方略，其智慧能达成两种积极的效果：一是避免自伤而达到自保的目的，二是在审时度势中把握住时机，把事情做好。

【自省】

我过去瞧不起那些善于变通的人，觉得他们骨头太软，对于他们做成的事情也瞧不上。可自己因为有副硬骨头，经常撞得遍体鳞伤。现在我终于明白了，我虽然坚持了正直的原则，却没有产生正直的结果，最终我那份坚持就变成了固执和愚蠢，真是不开窍啊！

53. 少得多惑

【出处】
第二十二章："少则得，多则惑。"

【语义】

个人欲望少了，反而收获会更多。相反，按照通常的方式得到的多了，反而会让自己陷入困惑。

【寓意】

从字面上看，似乎老子只是在提倡人们去过节俭的生活。实际上，这背后隐藏着老子的一种智慧算法。一般人只计算眼前，因而会失去未来；一般人只计算物质利益，因而会失去决定物质利益的精神利益；一般人只会为自己计算，而不追求共赢，就很容易跟别人成为对手；一般人只计算看得见的、有限的利益，因而会失去无形的、无限的利益。而老子的算法，恰恰解决了上述问题。

【素描】

现实中的人们，大多希望自己能多得一些利益。可结果怎么样呢？用一个成语表达也许更为贴切，就是"顾此失彼"，也就是"此多彼少，此得彼失"。你看，一心忙于事业的人，事业越做越大，收入越来越多，却没有了自己的生活。也疏忽了老人、爱人和孩子，家庭受到冷落。专注于个人利益的人，能够在短期内增加自己的财富，但往往会因为短视而损害个人利益中最核心的部分。一心忙碌于外部事务的人，经历与经验倒是多了，但往往又掏空了自己，因为他们没有时间给自己的思想与灵魂"充电"。如果把人们顾的"此"和失去的"彼"放在一起算一笔总账，一定是亏本的。

圣人老子正是看透了人们所处的这种困境，才给出了一种周全的算法：站在智慧的高处俯视人生的全貌，所有的放弃都是为了维护核心利益；所有的失去，都是在帮助我们去除多余的和自己无法承受的东西，一边的少正是成就另一边的多——那种与人无害的能够让人生更加周全和圆满的、在人生利益大格局中更加具有决定性的力量，如精神的富有，品德的高尚，人格的丰满，智慧的优势，健康的身体，和谐的家庭，遍布世界的朋友，等等。

老子智慧的玄妙之处，就在于突破了人间"顾此失彼"的二元对立之困境，以高维智慧俯视人生万千种生命利益之格局。明白了得失、多少之道，就能进入人生万千种利益的丰满世界，从而成为真正的富有之人。

【真言】

不要只想着自己的获得，还要想到因此产生的失去。不要过于在意一时的失去，还要想到伴随着失去而来的获得。欲念越少，收获越丰。欲念无止境，人生就是苦海。占有的越多，真正的价值就越少。若是从得失、多少等一切变幻的形态中都能有所得，人生就能更圆满。

【自省】

早些年，我看到老子"少则得，多则惑"这个思想时，皱着眉头想了半天也没想明白。渐渐地，我才一点点领悟出了这句话的真谛：减少了自己的欲望，却多得了智慧；减少了自己对小利的追求，却增加了获得大利的机会。等到我真正得到的越来越多时，心中又增加了更多的困惑。看来，要随时清空、随时放下才行啊！

54. 不见自明

【出处】

第二十二章："不自见，故明；不自是，故彰；不自伐，故有功；不自矜，故长。"

【语义】

不用刻意表现自己，每个人心中都有一杆秤。越是粉饰自己，分量反而越轻，给人的感觉越差。

【寓意】

老子在这里连续用了四个"不……故……"，这可谓是给了那些总喜欢表白自己、彰显自己、自我表功的人一记有力的棒喝。人们主观上越是为自己，就越是不利于自己。相反，让事实说话，管住自我表白、自我粉饰、自我夸耀的冲动，效果反而会更好。

【素描】

在现实生活中，很多人总是喜欢表现自己，有时表现得太过头了。这样的人往往有些长处，但总是不遗余力地抓住一切机会表现自己的这些长处，就让人有点厌烦了。心理学研究表明：内心越自卑的人，越想在众人面前证明自己的强大。用自己的奋斗和事实来证明自己的价值是没有问题的，但自以为是，自吹自擂，夸耀自己的能力，放大自己的贡献，掩盖自己的不足，就是丑陋愚蠢的行为了。这种行为不但不能彰显自己的强大，反而会引发他人的反感与敌意。

在与人相处的过程中，有两种做法很容易引起别人反感：第一种是经常向别人诉说自己对他人的恩情，有时还会抱怨别人对不起他，渐渐地，人们就看透了他的这种品性，就会疏远他，以免被他利用；第二种是总拿自己的优点与别人的缺点相比较，似乎他总在与别人的比较中高人一等，实际上，看看他以往做成过的事情，也就知道他的功力大小和水平高低了。

说到底，总是自以为是的人，还是活在自己的想法和感觉中，根本没有与别人完成真正的沟通，因此很难真正实现自我的跨越与完善。若是能够走出自我，走进众人之心，走近万物的规律，站在高处俯视整个局面中所有的人和事，就能够观察到自己所做和别人所感等各个环节的真相。

在现实中我们也不难观察到，真正的高手，不会在人前炫耀自己的实力。即使他们的实力已经有所表现并被别人歌颂和赞美，他们往往也会自谦，同时感谢帮助自己的恩人，还找出自己对标的高端事业与人物，来证明自己的渺小和微不足道，从而让人们信服和敬仰。

【真言】

自己已经有了的，就不要再去多说，免得激发别人的嫉妒。自己已经拥有优势的，就不要在人前显摆，免得让别人内心厌恶。一个人越是一味表现自己的优势，别人就越嫉妒他、厌恶他。智慧的人能够抑制表现自我的冲动，专心于自己真正的目标。

【自省】

早些年，我就是因为不惮于表现自己的浅薄和无知，才获得很多机会的，这个习惯一直保持着。现在我终于明白了，在普通小事上表现一下自己的无知，衬托一下别人的高明，在大事上不事声张，扎实地、悄悄地去做，别把做大事的过程提前曝光，方能安安静静、平平稳稳地达成目标。如果有了一点成绩就去炫耀，就会给自己制造很多麻烦，也会因为分心而让自己无法做好大事！

55. 唯不争，天下莫能与之争

【出处】

第二十二章："夫唯不争，故天下莫能与之争。"

【语义】

只有停止在低层面上、无关大局的俗事上与众人的竞争，才可以让自己有足够的智慧达到普通人无法与你竞争的境界。

【寓意】

许多人难以理解老子不争的思想，将其视为消极、保守、落后的思想。在对老子思想有类似评价的人中，不乏一些在其他领域很有成就的大家。由此可见，老子的思想高深而玄妙，不是智商高、经验丰富、学术造诣深就能够读懂的。老子看到了世俗中许多人都在低级层面上为了没有重大价值的事情而耗费心力，甚至因此与别人发生重大冲突，违背了自己真正的利益与追求。老子不争的思想，正是给人们打开了一扇天窗，让人们去俯视人生，看清眼前之小和未来之大，看清重小而失大的人间常态，看清人生价值中的大小轻重运行的全局画面，从而将自己定位在高维的境界，获取人生全面的价值。

【素描】

现实中的人，都在忙什么呢？估计都在为自己的利益竞争吧！争到了多少？又失去了多少呢？是得到的多，还是失去的多呢？尽管人们一心为了自己的幸福与成功而奋斗，却一直难以摆脱痛苦的纠缠，其核心原因之一就是，人们是在为了微小的价值与别人竞争。为了眼前和未来人生中可有可无的利益，不惜亲人翻脸，朋友断交，甚至闹上法庭。这样的悲剧一幕幕上演，从古至今构成了一部特别长的连续剧。很可惜，这是一部悲剧。大部分人都会因此而痛苦，但又找不到解决的办法。

觉悟了的人，会在那些无关轻重的俗事与可有可无的细小利益上让着别人，不会浪费自己的精力与体力。因为他们知道，为了琐事而计较，注定是损失大于收益。他们能站在更高的视角来观察人间的闹剧，而他们所完成的人生布局，是一般人无法想象的，根本无法与他们竞争。

由此可见，老子的"夫唯不争，故天下莫能与之争"这一智慧论断，是让人们摆脱诸多困境、实现人生价值的妙法。

【真言】

人生有三种比较典型的状态：第一种状态是恶争，如同一群小狗争夺一根没有肉的骨头，大家都弄得遍体鳞伤，没有胜者；第二种状态是不争，离开险境，脱离没有意义的争斗——能离开险境方能步入佳境，能脱离没意义方能有意义，这本身就是生命的重要收获和升级；第三种状态是不可争，慧门打开，无我奉献，知人知心，价值入命，再无对手，无人可争。

【自省】

坦白地说，倒退几十年，我在自以为很聪明的那个人生阶段，总觉得老子这个不争的思想很消极，又觉得"天下莫能与之争"很虚幻。经过多年的学习和修行，我渐渐地明白了，老子的智慧真的能将人们救出苦海。那些事事计较，处处都要争先的人，最终能争到什么呢？关键是，这种低级模式会带来重大损失：一旦陷入恶争，就没有机会进入不争和不可争的境界了啊！

56. 希言自然

【出处】

第十四章："听之不闻，名曰'希'。"

第二十三章："希言自然。"

第四十一章："大音希声。"

【语义】

通常的解释是，少说话才是符合大道规律的。换一种说法就是，大道宏大蓬勃，却听不到声音。也以此暗指悟道的人应该遵循大道的模式，杜绝主观和人为发出太多的声音，因为不管对自己还是对他人，人为主观发出的声音往往是背离大道的。

【寓意】

老子深悟大道无言之特性，以此来劝诫人们要少说话，这和我们在日常生活中常说的"祸从口出"也十分吻合。整部《道德经》就是围绕着人的主观和客观大道之间的关系这一主线来展开论述的，用老子的思想智慧来判断，主观活跃性越强，离客观大道就越远，而喜欢说话恰恰是人的主观比较活跃的一种典型状态。

【素描】

在现实生活中，我们是不是忙不迭地表达自己的想法、表现自己的聪明呢？很多人会觉得那些能言善辩的人是比较聪明的，实际上，这是个误判。与不善言辞的人相比，能言善辩的人似乎在表现自己和影响别人方面有很大优势。这种表现自己的方式过多地消耗了他们的精力，往往会导致他们的行动力变弱，时间一久，就会露出"嘴把式"的真面目，也就是说得很好做得很差，说得很多做得很少。这样的人，一旦被人看透，就不讨人喜欢了。况且，言多必失，一旦说的话产生了负面作用，就会无意间为自己埋下前进路上的"地雷"。孔子在《论语》中也持类似的观点："巧言令色，鲜矣仁。"老子在《道德经》第八十一章中说得更为明确："善者不辩，辩者不善。"

【真言】

说话时先说别人的长处、功德、恩情和对自己的帮助，再说自己做得不周到的地方和对自己的反省，是对大道的恭敬；遇到自己不同意或者反对的意见与做法，主动询问与请教，是在向真理接近。

【自省】

据说英国女王伊丽莎白为人谨慎，她的座右铭就是"明察无言"，也不知女王是否读过《道德经》。我小的时候，我父亲教育我说："你不说话没人会把你当哑巴卖了。"那个时候，我并不明白这句话的深意，长大后还向父亲请教，父亲又延伸了一下这个思想："长辈说的话，你是没有办法全部理解的，因为你与长辈的人生经历、社会经验都不相同。"我又接着问："难道我只能在那儿傻傻地坐着听吗？"父亲笑了笑，接着说："你可以请教你不懂的，但不要把你认为懂的说出来，因为你以为自己听懂的，可能根本不是真明白。"听了父亲的话，我似乎才知道了自己的分量和角色。当然，道理虽然明白了，但多言的毛病还是持续了很长时间，直到过了四十岁才有所改观。

57. 飘风不终朝，骤雨不终日

【出处】

第二十三章："故飘风不终朝，骤雨不终日。"

第二十四章："企者不立；跨者不行。"

【语义】

来势急骤而猛烈的风雨，往往不会持续很长时间。意思是，天地万物的一切现象，包括人类的行为，越是看起来很猛烈的，越是难以持久。

【寓意】

老子通过一种大家都熟悉的自然现象，来告诉人们世间的一个基本规律：那些急剧而猛烈的力量都难以持久，若是不懂得节制，终将因耗尽能量而走向衰败。明白了这一道理，便知人间的大事需要分步骤谋划；当前的问题是过去一点点积累下来的，所以要一步步解决。尤其是在感觉自己很有能力也很负责任的时候，千万不要把所有问题都抓在自己手里，要遵循规律，对问题进行分化和分解，与相关方共同解决。这才是化解困局的智慧之道，也是一种为人处世的智慧。

【素描】

在现实生活中，我们多么希望好事能够长久，坏事快点过去，而且永远不要再来。可这往往只是一种期望，好像老天爷总是不遂人愿。有一次我在现场听一位专家的讲座，专家问："大家是不是都期望自己的孩子是天才？"大部分人都举起了手。专家又问："你们想不想一夜暴富？"又有很多人举起了手。紧接着，专家分析了天才孩子容易夭折或者成年之后反而表现不如常人的现象，然后又问："你们还希望自己的孩子是天才吗？"这次没有人举手了。专家又举了一些一夜暴富的人几年之后命运很不好的例子，然后又问："你们还希望自己一夜暴富吗？"现场突然变得很安静，没有人举手。

暴红者暴毙，暴富者暴衰，长得快的内虚，拔苗不能助长，早聪易夭折，升快易摔残。老子用这些现象告诉我们，人类做事，只要有主观因素的加速推动，就很容易产生负面效果。如果没有相应的扎实基础，却追求跨越式发展，往往都会事倍功半。因为，在主观欲望的驱使下，高速度地达成某种状态或者结果，一方面违背了事物本身的节奏，另一方面也让自己的欲望越来越膨胀，这两股力量合流时，就会造成悲惨的结局。即使主观上再着急，也不能脱离事物本身的规律，要尊重规律的节奏，既不人为加速，也不无故拖延。现实生活中那些急性子的人，往往错误地认为加快速度就是提高效率，他们觉得自己很聪明、很负责任，也让别人感觉他们很能干。实则是，部分的冒进，往往会带来全局性的失衡。

【真言】

上得快，下得快；来得快，去得快；爬得快，摔得惨；力度大，伤害大；耍威猛，树敌多；激情高，难持久；形式热闹，结果苍白。

【自省】

每一个人人生中重大的价值和资本，都是自己一步步做出来的，只有做扎实了自己，才能行走得稳健。不信这个道理，而一味向外追求的人，即便得到了很多，也可能守不住。在这方面，我个人没有什么值得骄傲和炫耀的，因此只能一步步地把事情做好。有一些急躁又不听劝说的朋友，很多年来也没做成什么像样的事；个别做成了事还依然急躁的人，在不久的将来就会遭遇挫折。

好事来了，不用过于高兴，因为它会过去；不好的事来了，也不用过于悲伤，因为它也会过去。慢一点，稳一点，扎实一点，人生处处都会有精彩。若是心急火燎的，看起来速度很快，但是没有把事做得很扎实、很漂亮，这样的人生也会过去，而且会过得很快，岂不是让人很失望？

58. 企者不立，跨者不行

【出处】

第二十四章："企者不立；跨者不行。"

【语义】

踮起脚跟反而无法长久稳定地站立，迈开大步反而不能远行。

【寓意】

老子通过这样一种生活现象，告诉人们一个重要规律：那种急于求成的做法根本无法持久。很明显，老子是在提醒人们不能急于求成，而是要踏踏实实地做人做事，这样才能走得稳定和长久。

【素描】

在现实生活中，我们总希望能快点儿实现自己的目标，可是一个目标实现了，会有一个更具诱惑性的目标等着我们。于是，我们就废寝忘食、夜以继日地去实现一个又一个目标。至于我们的生活，我们的身体，我们的家庭，我们能力的提升，通通都顾不上了。那我们到底为了什么呢？实现目标是很重要，但是这样做能持久吗？

生活经验告诉我们，生命这根弦儿不能绷得太紧，也不能绷得太久，否则很容易崩断。大家可能也经常听说一些人因为无休止地奔忙而生病，甚至英年早逝。我也经常看到一些企业家精神时常处在恍惚状态，他们会不断地看手机，或者不断地接打电话，总是处在忙碌状态。这些辛苦的人，什么时候才能休息呢？有人可能会说，晚上休息呗。可是他们当中相当多的人晚上也是睡不着觉的。也许到了手机没有信号，也没有网络的地方，才不得不休息。或者有的人生病住了院，没法办公了，只能躺在病床上休息——当然可能脑子也没闲着，一直在想他认为重要的事。如果一个企业的领导者总是这样心神不宁，他能做出理性周全的决策吗？能把企业做好吗？也许还没有把企业做好，自己的身体就垮了吧！

很多人都明白一个道理：越是好车，越是要定期去保养。人这部机器也是很高级的，但很多人没有时间去保养，只要不出毛病就一直往前开，直到开不动了才停下。嗨，处于这种状态的人，是不是已经出了毛病呢？

相反，一些大企业家总是笑呵呵的，做事也总是有条不紊，企业有那么多的事情，但他们依然能够悠闲自在。这两种不同的状态，也许正是体现了会做领导和不会做领导的区别吧！

【真言】

最先到达终点的，往往并不是开始跑得快的人，而是随着有规律的节奏时快时慢的人。冲动急躁，表现欲强，急于求成的人，往往是跑在前面蹚"地雷"的。

【自省】

急躁只能坏事，早点静下心来，稳扎稳打，踏实地做好每一件事，也许这就是拥有健康人生最快速的方式。

人的一生，对于性子急的人来说要慢一点，百年时光足以施展人生的理想；对于浑浑噩噩度日的人来说，可能就要早一点醒来了，否则百年时光也只是一瞬。

59. 余食赘形

第二十四章："其在道也，曰：余食赘形。"

【语义】
余食，即剩饭；赘，即多余。比喻遭人讨厌的多余无用的东西。

【寓意】
老子在说什么呢？他是在提醒现实中那些"自见者""自是者""自伐者""自矜者"等急于求成和刻意表现自己的人，心里的急于求成和行为上刻意表现自己的做法，都是违背大道规律的，对于实现自己的预期目标来说，实在是多余的。因为，主观上的毛病越多，就越是违背规律，就越是让人讨厌，自己的智力就会越低，人脉、气场都会遭到破坏，结果，自己就会越来越贬值。

【素描】
如果你看到体重严重超标的人见到食物如饿狼一般狼吞虎咽的样子，你会觉得是他的身体需要食物吗？这样的人是不是如同着了魔一样？你再看那些身体不好的人，一天之内见到的人和事，总有一些会让他们生气，每生一次气都会让他们的健康状况恶化一次，时间久了就会生出大病来。在家里养一只宠物，也许会让自己有些快乐，干吗那么努力地去养病呢？

这到底是什么地方出了问题呢？就是他们的主观出了问题。我们知道人生中有两个十分残酷的规律。第一个规律是，你心中的肮脏，在你的人生中一定会呈现出丑陋，你心中的美好，也会变成人生中的美好；第二个规律是，在人生中，正负相减等于无穷负，也就是功过无法相抵，往往一项重大的过错就会让人毁掉生命，身败名裂，全家遭殃，三代不兴。

说到底，很多人的人生处于严重的营养结构失衡状态。人们在精神营养匮乏、智慧不足的时候，往往都会拼命地追求名利，当名利远远超出生命的需求时，又反衬出精神的匮乏。在这种此消彼长的态势中，没有人能够幸存。这个原理实际上也非常简单，就像我们熟悉的社会中的物质文明和精神文明两个文明问题，两手都要抓，两手都要硬，以物质文明来促进精神文明的发展，精神文明的发展又反作用于物质文明的发展。这就是我们每个人的人生健康之路。

每个公司都有一本账，还会进行月度、季度、年度盘点。实际上我们的人生也是如此，看看哪个方面多了，再看看哪个方面少了。如果看到某个方面多时，能够看到另外一个方面的匮乏，就犹如开了天眼。若是能够去积极地补充自己所匮乏的东西，尤其是精神方面的，就可能找到自己人生的平衡，执掌自己未来的命运。如果没有做盘点，也不知道自己人生整个格局中已经失衡的那些部分，依然一股脑儿地增加自己已经富裕的部分，或者越富裕就越是觉得匮乏，这样就可能一条道走到黑，直至走进死胡同。

做企业和做老板要挣钱，但绝不能只挣钱。如果不能平衡自身的物质欲望和精神追求，不能带领团队在实现理想和个人成长方面有所发展，就会让自己的生命和人生不堪重负，自己的心情和生活就会失衡，若是失衡了还继续玩命地努力，那就失去了作为一个领袖引领自己和他人走向健康平安人生的能力。若是因为一些小事的成功让自己开始自满和傲慢，或者因为一些大事的成功让自己狂妄到自以为无所不能，那就如同心灵上长出了肿瘤一样的坏东西，会要你的命。身为一个老板或者领导，自我清醒可是必备的职业能力啊！

不要片面地追求人生中的某种利益，要时刻想想自己人生利益的布局是否平衡，别用自己的努力去制造人生失衡或者倾覆的悲剧。尤其要小心的是：别因为自己有点能耐，有点优势，有点成绩，有点地位，有点财富，就让自己的主观再去放大自我的感觉，那基本上就是培养人生癌细胞的过程了。让我们给自己写个座右铭：顺时走逆，逆时走顺；得到失去，失去得到；自动平衡，补足短板，一生无忧。

【自省】

我过去总以为自己并不是什么高官，也不是亿万富翁，应该不会出现那种特别典型的失衡状态，但这是个假象。我曾经一味地追求越来越多的知识，还以为知识就是智慧，等到知识多了，自己就出现了一些毛病：喜欢显摆自己，喜欢跟别人辩论，但没有真正为别人做出过什么有价值的事；一心忙于工作，却不懂得生活；一心提升自己的能力，却不知道如何提升自己的德行。最终，自己拥有的知识貌似多了，而具有的品行价值在渐渐减少；但对自己匮乏的却不敢直视，甚至还会去粉饰，强词夺理地为自己辩解。好在我这辈子与圣人结缘，把圣人的思想融入了自己的生命中，这才渐渐地明白了这些道理。也许这就是最大的人生收获吧！

60. 周行不殆

【出处】
第二十五章："有物混成，先天地生。寂兮寥兮，独立不改，周行而不殆，可以为天下母。"

【语义】
形容大道的循环往复，永不停息。

【寓意】
老子是在描述大道存在与运行的方式。人类既是大道的产物，也是大道运行的载体，生死皆在大道之中，一切都遵循着循环往复的规律。

【素描】
当我们在日常生活中看到黑夜与白天周而复始地交替时，已经不再感到奇怪。对于一年四季的轮替，我们似乎也习以为常，不会太在意。有些人年纪大了，却有了孩子气，似乎人生又回到了一个类似的原点。

大道运行的规律，就是周而复始，循环往复，形成了一个周圆的系统。我们的人生也一样，也是在画圈儿，只有把这个圈儿画圆了，似乎才是成功。比如我们说话的时候，要让自己讲的道理听起来很有逻辑，这叫自圆其说；我们做出承诺，然后去兑现，这是一种圆满；我们有一个美好的目标，最终实现了这个目标，这叫作圆梦……生而无愧，死而无憾，也许就是人生最大的圆满吧！上述这些事儿，若是做得不圆满，我们往往就会纠结和痛苦。

很多人在很多事儿上，往往并不是那么如意。这到底是为什么呢？原来，人们很容易犯三种典型的错误：一是过于相信自己的想法与力量，却不知在我们之外还有一种巨大的力量支配着我们；二是期望已有的美好事物能保持不变，内心对丑恶的事物有非常强烈的排斥感，不愿意接受，可又很难改变，于是在美好和丑恶之间就很难把圈画圆；三是做事虎头蛇尾，或者以自己的知识、经验和能力，没有办法贯通全过程，所以很多事儿最终半途而废，或者不了了之，草草收场。说到底，很多人忙碌了很久，也没有搞清楚人生这样一个出路和退路、前行与回路的圆满路线。搞不清楚这个圆满路线，却要一条道走到黑，当然会受到规律的惩罚。

大道并不是我们的身外之物，人就在大道之中，人也是大道的产物；大道就在生命之中，人生就是大道的呈现与实践。只是很多人忙起来的时候，就会忘记这些，让人生中的琐事搞得自己心绪不宁，甚至心烦意乱。老子在《道德经》第三十三章中说："不失其所者久，死而不亡者寿。""不失其所"说的是人心不失道，方能长久。"死而不亡"说的是若能悟道，就与道同在，道不亡，生命亦不亡。《中庸》里也说了同样的道理："道也者，不可须臾离也，可离非道也。"

【真言】

人生难得圆满。能找到出路是智慧，能找到退路可保平安，能对出路与退路同时做出安排，你就是人间的高手。只有出路，没有退路的人就是赌徒。能够前行是生命力，能找到回路是智慧力，生命力加智慧力就是人生的圆满。

【自省】

我读《道德经》时间久了，就越来越相信老子、相信大道，因为离开大道真是太可怕了！若是忙忙碌碌地做了很多事，却不知道画圆的那个轨道，事情总是做得不圆满，那不就是在不断地给自己制造问题吗？大部分人都在忙着解决问题，但问题不见减少，甚至有的时候还在不断地增加。由此看来，离开了大道的规律，我们的一切忙碌都是对生命的践踏。说到这里，我对孔子说过的"朝闻道，夕死可矣"这句话有了更深刻的认识，离开了道，我们又能做什么呢？

61. 道法自然

【出处】

第二十五章："人法地，地法天，天法道，道法自然。"

【语义】

大道以天然自在为法则，自由而不受外力约束。

【寓意】

很多人非常看重自己的想法，却不知人的任何想法和做法都受制于客观规律。客观世界自有其存续与运行的法则，而不被人的主观意志所左右。人们若是不明白这一点，就会以自己主观有限的力量与客观规律对抗，自然就会痛苦不堪；人们若是看透了这一点，就会主动地皈依客观大道，潜心领悟客观规律，心悦诚服地遵循规律，如此这般，人生还有什么忧虑呢？一些学道的朋友有时会感到困惑：道不是最大的吗？怎么道还要法自然呢？实际上这并不难理解，因为我们平时所说的道是人说出来的，还不是那个自在的真道，而那个真道就是自然，而自然的真意就是"万事万物自己的规律，自然自然，自在，然也"，这也是我们在说道的时候万万不可离开的大道的真相与本质。

【素描】

在每个人的人生当中，都存在着两种力量，二者一直在较量着：一是客观大道的规律，二是人的主观想法。跟着客观大道规律走的人已经开悟，跟着自己主观的想法走的人还在迷茫。

在现实当中，每个人都有很多想法，却很少有人能够观察到这两种力量的较量与纠缠，很多人即使主观上受挫，依然不知反省。这就是我们所说的痴迷不悟。

归结起来，现实中的人，想法和做法的产生，背后主要有两种动力。一种是在欲望的驱动下，凭借自己有限的经验和知识，产生出对无限客观世界的有限认识。当人们没有认识到主观的这种局限性，并自以为是时，就会产生主观想法与客观规律的抗衡，这是一种愚蠢。另一种是客观规律自身的属性在人们的主观中呈现，这时候大脑就如同一个显示器，人们的主观会呈现为平静、谦卑和顺应，这是一种智慧。愚蠢就是法自己的主观，智慧则是法道、法自然。

很多很想做事的人，在主观上都是很强大的。可略显诡异的是，同样是主观上强大，有的人成功了，有的人却失败了。这到底是为什么呢？原来，失败的人，主观上的强大所表现的都是自以为是，在不明白大道规律的情况下总是喜欢自我表演，或者强力地去违背规律，结果当然会失败。还有一种看似主观很强大的人，他们实际上超越了很多人主观上的懦弱，克服了很多人情绪上的负面因素，勇敢地走进了事物的规律中，让自己的主观与客观规律相合，于是成了成功者。很多人没有看清楚这样两种看起来很相似本质却不相同的主观的强大，只是学习成功者主观强大的表面，却不知道他们主观强大背后那合于大道的本质！

当然，对于梦想着长久和持续的成功者来说，最具挑战性的就是能否在一次次的成功后，总能把控住自己的主观，避免其膨胀，让自己始终与客观大道同频，在变化的万象中始终不离大道。若能做到，就会成为终极的成功者。这就是道法自然的美妙吧！

【真言】

自以为是，使用的能量来自小我，对抗的是客观规律，开启的是愚蠢的频道，结局是遭受挫折和灾难；谦卑顺应，使用的能量来自客观大道，故能借力于客观规律，开启的是智慧的频道，结局是事事顺畅和圆满。

【自省】

我以前看到别人犯错，也知道别人犯错的原因，但不会吸取他们的教训，更谈不上调整自己心智和人生的模式。等我明白了一些老子的智慧，就有一点被敲醒的感觉，渐渐地降服了自己的主观，最终臣服于客观规律大道，又进一步懂得了心中连道这个意念也不能带着，如此才能够用最干净的心，去领悟一切存在的规律，在万千变化中始终不被表象所迷惑，始终跟随大道的频率。即使取得了一些小小的验证，我们也要时刻管控自己的主观，遇事不挑不拣，不悲不喜，始终与大道同频，这才是真正的平安之道啊！

62. 重为轻根，静为躁君

【出处】

第二十六章："重为轻根，静为躁君。"

【语义】

厚重是轻率的根本，静定是躁动的主宰。用"重"和"根"比喻大道和客观规律，用"轻"和"躁"来说明人的主观状态，再用"静"来表述悟道合道的主观状态，说明客观是主观的主宰，唯有保持安静，合道悟道，才能克服主观上无效甚至制造负面效果的躁动。

【寓意】

人在这个世界上，是主人，还是客人呢？老子提出，面对客观大道，人应该取"客"的定位，老子在《道德经》第六十九章中说"吾不敢为主而为客"。也就是说，人在面对客观大道时不可以任性，就如同我们在朋友家做客时，不能像在自己家里那样随意。面对规律，要有敬畏之心，要摆正自己的位置。否则，若是搞错了位置，轻则倾斜，重则倾覆。在认知维度上，重为轻根，人应该知道自己的主观必须以客观规律为依准；在行动维度上，要让自己保持内在的虚静，如此这般，才能让行动符合大道的规律。

【素描】

人们大多听说过国之重器、国之重臣之类的说法，国之重器指的是对一个国家十分重要的东西，国之重臣指的则是对国家十分重要的人。国之重臣往往是可以长期屹立不倒的，主要是因为他们能力突出、品德厚重、智慧周全，能够在任何情况下稳住自己，而且能挽救各种危局。这样的人，就像"不倒翁"一样，重心很低，虽然会摇晃，但不会倾倒。

现实中那些得意一时，没过多久就倾倒的人，往往都是在得意的时候就已经失去了重心，整个人变得轻飘飘的，总是得意扬扬的，表现出一副胸有成竹、什么也不怕的样子，似乎对一切都有十分的把握。可正是这种自以为是，让他们频频步入雷区，最终被炸得粉身碎骨。衡量一个人的生命是轻贱还是稳重，有三个非常重要的标准：第一，看一个人会被什么样的力量撼动；第二，看一个人在世事动荡中是否能够不倒；第三，看一个人是否貌似倒下，却又总能摇摇晃晃地重新站起来。如果一个人总是因日常琐事而动荡不安，这个人的生命就是轻贱的；反之，就是稳重的。如果一个人被生活中常见的事情打倒了，从此一蹶不振，这个人的生命就是轻贱的；反之，就是沉稳的。如果一个人被外界的力量打倒了，从此走向了穷途末路，毫无疑问，这个人的生命也是轻贱的；反之，若是一个人在沉重的生活打击中一次次倒下，但又总是不屈地一次次站起来，这个人的生命无疑是厚重而神奇的。

当然，沉稳厚重的生命往往不是天生的，而是在生活中历练出来的。大部分人在不谙世事时遇到一些小的成功或者挫折，就容易变得轻飘飘或者摇摇晃晃。

那些轻飘飘又喜欢表现自己的人往往内心隐藏着自卑，所以才会故意表现出一副自负的样子，一是给自己壮胆儿，二是吓唬那些胆小的人。但他们这样做的结果是令自己出丑、受损、贬值，这样的现象在生活中是普遍存在的。而真正自信的人是稳重而低调的，没有那些虚张声势的动作，因为他们重在成事，重在结果，让结果说话。

【真言】

不跟随大道规律，着急冲动，失去自我的重心，让自己失控，就是自取灭亡。敬畏大道，保持自我虚静，跟随大道的规律，平静沉稳，方能成就人生。

【自省】

成就越大的人越不容易放下自己。但人若是把自己看得太重，就会失去生命的重心，最终在风雨飘摇中倒在地上，真可谓是"英雄可歌又可泣"啊！成就大的人尚且如此，作为普通人或者小人物，若是失去了厚道和真诚，做事时又急于求成，失去了节奏，违背了规律，人也变得不踏实、不稳重，这样走下去会有什么样的前途呢？

63. 燕处超然

【出处】

第二十六章："虽有荣观，燕处超然。"

【语义】

悟道的人，即便身处华丽的生活，也能够超然世外，不为其所动，也不会为其所俘虏，不会沉溺其中。

【寓意】

世俗中的人，大多追求奢华的生活，让身心深陷其中，被外物或者外境所主宰。有不少觉者曾经身处荣华富贵，却毅然选择了清贫的修行生活。不管身处什么样的环境，不管富有还是贫穷，总有人被外部环境所奴役，但他们内心也总有一种声音告诉他们要摆脱奴役，获得心灵的自在。你看，人心中这两种力量、两种声音，真是让人纠结呀！那些不明道的人，极容易被自己的主观念头和外物外境所奴役，得到了很多东西，却迷失了自己。

【素描】

我每次读到《道德经》第二十六章这句话时，都会想到《红楼梦》中刘姥姥进大观园的情景。刘姥姥这个角色其实代表了我们大部分人，当我们看到别人荣华富贵的生活时，往往会两眼冒光，充满羡慕和向往，内心突然间失去平静。

在现实生活中，很多人在全身心地追求外在物质、地位、名誉等人生资源，同时让自己失去了尊严和智慧。尤其是一些需要经常在镜头面前展现自己的人物，在他们的内心当中，只有对荣观的追求，却很难保持对这些外在荣观的超然。当然，也有一些德高望重的人，看破了这些外在的荣观，因而能够保持超然的状态，让自己的心态不再失衡，那份稳重和庄严赢得了许多人的尊敬。

老子的智慧告诉我们，一个人如果被外在的东西牵着走，到了不要尊严、不要人格的地步，甚至连命都不要了，那追求的东西即使到了手又给谁呢？如果得到了荣誉和金钱，却没有了人格尊严，这样就能过上高贵的生活吗？恐怕正常的日子都过不上吧！由此可见，人一旦被外在的东西主宰了生命，即使外在的荣誉和金钱方面达到了很富有的地步，也会在精神和灵魂上失去自己。外在的东西永远不能标定人的本质，相反，它们极有可能会扭曲或者亵渎人的本质。对外在的荣观的追求，很容易让人迷失自我。看看现实中那些表面上光鲜亮丽的人，我们若是知道他们内心的苦楚和付出的沉重代价，恐怕就不会再那般羡慕，也不会把他们当作人生的样板来崇拜了。这就是大道的智慧，若是离开了大道，就必然落入"越追越穷，越有越困，越思越苦"的人生陷阱。

圣人们之所以能够用智慧教化众人，就在于他们能够在大道规律中观察众生，并运用规律的智慧，引领众人走出泥潭。

【真言】

一个人过分地追求什么，什么就会成为他的主人。一个人过分在乎什么，就会被什么统治。人最悲哀的命运，就是成为外物的奴隶；人生中最大的欺骗，就是用外在的华丽来装饰自己苍白甚至丑陋的灵魂。唯有让心灵从错误的泥潭里获得解脱，成为自己精神的主人，才能摆脱被外物奴役的人生困境。与万物背后的大道建立连接，在大道中保持精神的自主，方可得到心灵的自由。

【自省】

记得小的时候，有一次我跟着父亲到一户比较富裕的人家去，见到了人家家里很多新鲜的东西，不由自主地表现出了好奇和喜欢，甚至很想据为己有。但是，我很快就遇到了父亲严厉的目光，突然知道自己可能做错了。回到家里，我就受到了父亲的训斥，也知道了对别人家里那些新鲜的东西过分喜欢是一种没有教养的表现。随着见识越来越多，我的心也渐渐地趋于平静了，能够旁观红尘中的这些物件了，甚至还经常把自己手里的别人喜欢的东西送给别人，也能够借这些东西来观察自己，把自己和外在的表现区分开，又能够将自己的心与大道相连接，于是这个世界和自己的人生就都悄悄地改变了。

64. 善行无迹

【出处】

第二十七章："善行无辙迹；善言无瑕谪；善数不用筹策；善闭无关楗
而不可开；善结无绳约而不可解。"

【语义】

善于行走的，不留下轨迹。

【寓意】

善行、善言、善数、善闭和善结，讲了人间五事，其中的"善"说的
是依据大道的客观规律而形成的智慧状态。老子以此来告诉人们，明白万
事万物的客观规律，就能轻轻松松地把事情做得很好。不明规律的努力是
愚蠢的，善用规律的行动是智慧的。违背规律的奋斗是劳苦的，顺应规律
的工作才是快乐的。

【素描】

世间真正的高手只对那些一般人做不了或者做不到的事情感兴趣，而
且做好了也不留个人的痕迹，做起事来那么轻巧，而且做得无可挑剔，真
是不可思议。若是你觉得简单，自己去做做看，就会发现高手们做的那些
看起来很简单的事情，是一般人很难模仿的。内行人都知道这是有功夫的
人才能做到的，而任何功夫背后都有它独到的规律。所以，高人也只不过
是比一般人更了解事物的规律而已。

现实中也有的人，不管走到哪里，总想留下一点痕迹，在旅游景点留下一些涂鸦，恐怕就是最典型的一种表现了。当然我们也在一些重要的场所看到有些捐了些钱的人，把自己的名字刻到石碑上，或者拍照以此作为炫耀和宣传的资本。这还能算是善行吗？人们可能会说，这就是作秀和自我炒作啊！如此这般留下痕迹，虽然出了些力或者掏了些钱，似乎比一般的人强一点，但这算得上是什么境界吗？

看来，人生真的是一场修行，就是修理自己主观上自以为是的认识，改变不合道的错误，让自己的心与大道同频，成事不留名，助人不图报，让自己的生命和人生与大道合一。很多人之所以做好事要刻意留下痕迹，恐怕是因为他们没有把做好事当成修行，也不懂得积阴德，没有把修行当成自己人生的功课，只是一味地按照自己主观的想法去做事，等到做错了或者效果不好时，既不知道躬身自省，也不去修正自己的错误，甚至还可能去粉饰自己的错误，或者继续一味地为自己美好的愿望与动机辩护。如此下去，错误的主观就会不断地被加强，离大道就会越来越远。说到这里，我想起了孔子最得意的弟子颜回的一种美德，就是"不贰过"，这实在太了不起了。我又想起了孔子的一个老朋友，就是卫国的大夫蘧伯玉，他直到晚年还在坚持每天反思自己的过失，改正自己的错误，实在让人敬佩啊！

【真言】

懂得规律好做事，悟得大道做好事，借助大道成大事，不离大道不出事。只要做对了，就一定是轻松的；只要做错了，就一定是痛苦的。合于道，事情就能做得轻巧，而且效果会很好。背离了道，事情就会做得很辛苦，效果也会很糟糕。

【自省】

我以往做成事时，总是喜欢跟别人说一说，显摆一下自己那点所谓的成就。等到后来我见识多了，才发现自己那点小成就根本不算什么，更像是井底之蛙见到的那片天。于是，我再也不会在意自己的那点成绩了，因为长了见识后知道了自己的渺小——发现了真正的大，才知道什么是小。随着自己不断地成长，我发现自己做的很多事情实在是太渺小了，根本不值得一提。

做成重要而有价值的事，又不当回事，做个无名英雄，来无影去无踪，像个江湖上的侠客一样，也是很美妙的啊！把自己那点事儿特别当回事儿的肯定是个小人物，像一只井底的青蛙，不跳出自我，是看不见自己的可笑的。只有从小我中跳出来，才能放下自己，获得飞速成长，这种成长有时会让人有一种在时空中飘游的感觉。你说这不美妙吗？

65. 善救无弃

第二十七章："是以圣人常善救人，故无弃人；常善救物，故无弃物。是谓袭明。"

【语义】

悟道的圣人，懂得人与物的规律，故能善用人而让人各扬其长，故能善用物而让物各有其用。

【寓意】

老子把"万物皆有其用，万人皆有其长，万事皆有其解"这种智慧称为"袭明"。圣人因为懂得人和物的规律，总能做到人尽其才，所以没有被遗弃的人；总是善于做到物尽其用，所以没有被废弃的物品。这也是在告诉人们，如果不懂得人和物的规律，人间将无人、无物可用。对于人来说，不能善用，谓之人才浪费；对于物来说，不能尽用，谓之资源浪费。当人与物皆处在浪费状态时，也就是匮乏和贫穷的时刻。想想看，如果一个人能看出所有的人和事以及天地间所有的物件对人生的价值，这不就是万有的状态吗？这不就是无缺的状态吗？

【素描】

现实中的人们，基本上可以分成三类，这三类人有三种不同的命运。第一类人不喜欢的、排斥的、厌恶的人和事实在太多，脸上很少有欢快的表情，好像他们是被扔到这个世界上来的。可想而知，这样的人活得很痛苦。第二类人有一些喜欢的事物，也有很多不喜欢的事物。他们通常对一个事物的喜欢不会持续很久，对一个事物的厌恶却持续时间很长。第三类人总是能够看到现实中各种各样的人、各种各样的物的特殊的功用，所以他们总是能够善待各种人、各种物，而不是仅仅看自己是否喜欢，以及是否对自己有用。

现实中做管理工作的人或者经营公司的人可以说总是在选择人，也总是在淘汰人。对于这种现象，很多人已经司空见惯，或者见怪不怪了。静下心来想一想，也许就会发现这个过程中的错误：虽然我们没有办法保证每次做出的选择都正确，但一旦出现选择了却又要淘汰的人，有没有反思一下自己的疏忽呢？这里所说的责任不是选择人的责任，而是自己选择之后是否尽到了培养他们成长的责任。当然也包括领导建设制度机制和文化的责任，以便让人们有规矩、有路线可循，这样做起事情来才能顺畅。如果领导没有尽到这些责任，却对那些没有做好的人进行训斥、惩罚或者淘汰，这是不是把自己的责任推给弱者来承担了呢？如果具备圣人的智慧，既然选择了，就一定会尽到自己的责任，任何人都有合适的用处，任何人都可以转变和拯救，也就没有人会被轻易地淘汰了。有多少企业的领导者意识到了这点呢？企业也好，领导者或者管理者也好，所要成就的一切事业，最核心的使命和指标就是帮助人成长，是造就人、成就人。我们都知道有这样一句话："救人一命，胜造七级浮屠。"说的就是在人世间只有救人才是所有人生活动中最高的成就。企业领导者如果能够救人，能够帮助每个人成长，不就是企业最大的功德和成就吗？当然我们也知道：人好了，事情就好了；人发展了，人成长了，事业也就发展了。

历史上能够成就大业的人，皆是善用人者，也是善救人者。那些成就不了大业的人，皆输在无法识人、用人和育人上。没有智慧的人看到的都是别人的短处和缺点，就是没有想到自己对别人的责任。在没有大智慧的人眼里，即使看到了别人的长处，也只是会加以利用，而不会去促进和帮助对方成长，因此在利用价值消失之后，就会将其抛弃。这就有点儿没有人性了，自然也是没有人道的！每个企业都有很多考核指标，有没有老板想过，把每年帮助了多少人、挽救了多少人、成就了多少人作为首要的核心指标来考核呢？每一个做管理工作的人，能不能用这样的指标来衡量一下自己呢？

【真言】

当前事，扬长避短。人生事，扬长补短。用人之长，补人之短。能用人长时，人人是干将。看人之短时，人人是废材。用长护短，终将一事无成。选人、用人、育人，通过工作帮助人全面地成长，才是一个悟道者最重要的使命。

【自省】

在有能力的领导者眼中，什么人都能用，什么东西都可用，没有废人和废品，这真是把人生经济学用到了极致啊！他们能够帮助人全面成长，这才是真正实现了人生的价值啊！当我们遇到一些领导者自己没有尽到责任，却要把别人淘汰时，心中是不是很难受呢？当然，如果我们自己就是领导者或者管理者，因为功力有限，没有真正帮助到别人，却将自己没有尽到责任的后果让别人承担时，心中是不是会很愧疚呢？能够反思自己的错误，进而努力提升自己的功夫，也是一种成长和觉醒。

66. 师资要妙

【出处】

第二十七章："故善人者，不善人之师；不善人者，善人之资。不贵其师，不爱其资，虽智大迷，是谓要妙。"

【语义】

为了方便记忆，我们可以把老子的这段话总结为四个字：师资要妙。"师资"这个词，很多人可能都听说过。但若问起这个词的含意，可能很多人会将其等同于教师。老子在这里为"师资"这个词赋予了清晰的内涵：所谓"师"，就是学习的榜样；所谓"资"，就是可供借鉴的典型。孔子在《论语》中也表达了类似的思想："三人行，必有我师焉。择其善者而从之，其不善者而改之。"

【寓意】

善人是不善人的老师；不善人是善人的借鉴。不尊重自己的老师，不善于借鉴他人的经验，虽然自以为聪明，其实是大大的糊涂。这就是世间最精深微妙的道理。

老子提出了悟道的人的一种重要的智慧：能够学人长，克己短，还能够控制自以为聪明的毛病。如果既不学习别人的长处，也不借鉴别人的经验，还自以为很聪明，生命的能量系统就出现了问题，这自然就会令人陷入迷惑和迷茫。人们的命运之所以不同，很重要的一个原因就是人的生命能量系统不同，明白了这一点，就可以有针对性地完善自己的生命能量系统。

【素描】

现实中的每个人，几乎每时每刻都在变化着，纵观各种人的变化就可以发现，有的人在不断地变好，有的人在不断地变坏，似乎发展的方向完全不同，这到底是因为什么呢？原来是人的学习模式和学习力的问题：本来还不错的人，因为不善于学习别人的长处和借鉴别人的教训，轻则停止成长，重则长处停滞，短处却在发展；也有一种与此相反的人，本来很普通、很平凡，但因为走上了学习别人的长处，借鉴别人的短处，并让自己的长处不断增加，短处不断减少的人生精进之路，从而脱颖而出，甚至出类拔萃。再极端一点的人，虽然劣迹斑斑，但因为向往正义，在某一个时刻突然顿悟，"放下屠刀立地成佛"，走上了一条光明的人生道路，被称为"浪子回头金不换"。

既然每个人每天都在变化着，普通人会每天问自己从别人那里学到了什么优点，又借鉴到了什么教训吗？既然每个人每天都在变化着，有多少人会问自己今天比昨天进步了多少，与昨天相比，又发现和改正了什么样的错误？

一些遭遇过挫折的朋友曾经跟我谈起他们的经历，基本上分成两种情况：一种是不断地责怪别人或者外界，另一种是懂得反思自己的错误。不断责怪别人或者外界的人，是找不到自己的错误的，他们未来还会重复自己的错误。而懂得反思自己错误的人呢？那就要看反思的质量如何了，如果反思得很肤浅、很笼统或者反思了也没有真正的改变，在未来继续犯错的可能性也是很大的。

人的智慧来源于哪里？是不是看书？看书固然重要，但更为重要的就是两个字——总结，不仅要总结自己的经验教训，还要总结别人的经验教训。现实中一些人的成功或者失败，都与他们对自身和他人的经验教训的总结能力有着非常直接的关系。若是能够连续不断地总结自身和他人的经验教训，就能够为我们赢得未来新的起点。

【真言】

学习力是一个人的核心竞争力，决定着他人生的方向和命运。人人是老师，处处是课堂，事事是教材，时时是考试，学习无止境，终生做学生。世间最神奇的力量，就是超级的学习力和学习之后的超越力。

【自省】

我们羡慕比自己优秀的人，却没有认真地去向他们学习。我们厌恶那些差劲的人，却没有看看自己身上是不是也有他们的那些毛病。看来，即使遇到了"师""资"，也很少有人能够很好地运用，基本上全浪费了。为何不把上面这两种不同类型的能量都吸收到自己的生命中来呢？坦率地说，我自己本来一无所有，活到现在，身上的优点基本上都是从别人那里学来的，而且我还在不断地学习。通过学习，我拥有了改正自己过错的勇气，也从改错过程中尝到了甜头，因为改错也让自己的心越来越阳光和干净了，优点在增加，缺点在减少，生命的状态肯定就变得越来越美妙了呀！

67. 天下神器，不可为执

第二十九章："天下神器，不可为也，不可执也。为者败之，执者失之。"

【语义】

"天下神器"，当然是指大道。人不能只依靠自己有限的主观去人为改变，要顺应大道之规；否则，很容易因为主观的局限和背离大道而走向失败。

【寓意】

老子反复提醒人们的一个道理就是：不要太相信、太固守自己的想法，而是要随时随地顺应规律。大道无处不在。静心悟道，处处是门，顺应规律就是出路。

【素描】

在现实生活中，很多时候我们想得再周全，在事情发展的过程中也会发生意料之外的事情，这种情况被戏称为"撞鬼"。人们之所以这样称呼，是因为不知道撞见了什么。"鬼"在哪里呢？"鬼"就在我们的心中，就是我们自以为是的念头，就是在情况变化之后我们那依然固我的思维惯性，就是一种愚钝。心中有了这样的"鬼"，行动时必然会遇到大道的阻挡，大道如同钟馗，是来打"鬼"的，是来调教我们内心的念头和惯性的。实际上，我们遭受的挫折就是大道规律对我们人生的拯救，就是大道规律对我们的开导。很多人不明白这个道理，自己也不学道、不悟道，心中只守着自己过去的念头和想法，心中就生了"内鬼"，于是在外部就会撞上大道。如果明白了这个真相，我们就能够在挫折中获得认识大道和走出自我与大道合一的机会。

中国文化一直在告诉我们这样一些重要的词汇，如回头、放下、觉醒、贯通、合一，等等。中国文化的核心精髓，就是让我们觉察自我主观的局限性，能够与外界客观事物规律相联通，这就是道家的思维与智慧。知道了自己的想法，还必须能够跟别人的想法完成统一，若是无法统一，还要返回来调整自己，这就是儒家的思维与智慧。通过修行消除自己的一切妄念，穿破肉眼所见的一切幻象，生命就会自然与万物恢复联通的状态，这就是禅宗的思维与智慧。说起打仗，知己知彼，知天知地，知定知变，就可以无往而不胜，这就是兵家的思维与智慧。知人所求，知人所惧，建立规矩，让每个人的欲求和个性归于集体的精神契约，让每个人在共同的契约中得自己所得，在清晰的契约与规矩中远离自己的恐惧与迷茫，让每个人主观上的任性和不确定性服从于自己参与的集体契约，并在一次次的成败实践中体会契约的精神，这就是法家的思维与智慧。你看，中华文化各门各派的思想，都是在说要打破主观的固化，去完成与外界的对接，从而实现贯通和联通的状态。可以说，只要是自己单方面的主观想法与念头，就会与外界和客观规律产生冲突，这是人的痛苦与挫败产生的根源。唯有让自己的主观想法合于客观规律，让自己的主观与他人的客观以及自然的客观规律形成集体的契约，人心才能走向成熟，社会才能长治久安。

【真言】

大道即是天下神器。离开大道，一味地相信自己，在不明规律的情况下盲目行动，这无疑是自取灭亡。

【自省】

人往往在不懂得大道规律的时候觉得自己很厉害，一次次撞了南墙也不知道去反省自己的主观错误，受了一次次的挫折，也不知道那是大道的调理。懂得了大道规律之后再反观自己的过去才会发现，原来主观很小，客观却很大，让主观顺从客观，就是悟道。想想自己的过去，越是不懂得规律的时候，胆子就越大；等到知道的规律多了，胆子却变小了。从形式上看，好像自己变得懦弱了。从本质上看，那是畏惧于客观大道的规律，进而懂得了去顺应万事万物万人的规律，做事情反而更加顺畅，也许这就是一种觉醒和成长吧！

68. 去甚去泰

【出处】

第二十九章："是以圣人去甚，去奢，去泰。"

【语义】

去掉那些极端的、过度的和过分的，也指做人做事要懂得做减法。王弼注："除其所以迷，去其所以惑，故心不乱而物性自得之也。"

【寓意】

老子是在告诉人们，只要追求主观上的极端、生活的奢侈和过度的个人利益，就一定会给自己带来灾祸。通常人们喜欢好上加好、一切顺利或者自己占有的越多越好，但这种个人欲望恰恰是导致灾难的心理动力。因为只要追求得过分、过度，就会走向反面。违背规律的这种愿望恰恰是祸端的开始。正所谓："螳螂捕蝉，黄雀在后。"违背规律的人忙碌得像螳螂捕蝉一样，最终的结局往往由那个像黄雀一样的大道来决定。

【素描】

现实的人生，往往有三种状态："过分""不及""恰如其分"。"过分"是指过分较真儿、过分计较、过分热情，这都是个人主观性过强的表现，这样的做法往往会搞得对方不舒服，彼此关系也往往会很尴尬。"不及"则是指做事不够认真、对人不够热情，表现的是一个人精神低落或者状态不佳的样子，做人做事欠些力道和温度，事也做了，但又没有做到位。"恰如其分"属于最佳状态，事情做得恰如其分，在效果上恰到好处。老子教导人们去甚、去奢、去泰，也就是去掉极端，去掉过分，从而回到恰如其分的状态。孔子倡导中庸，讲究不偏不倚，讲究中和，警惕过犹不及。圣人们所说的这些思想，概括起来就是告诉我们，去掉主观上过强、过弱的两个极端，使自己主观的状态能够跟客观事物的规律相吻合，也就是达到"中道"这样的状态。

忙碌的人生犹如这样一幅图画：因为过分地投入一件事，而忽视了其他的事；因为过分地追求一个目标，而让其他与人生相关联的目标处在无法顾及的状态。处于颓废状态的人则对任何人和事都既缺乏热情，也缺乏力道。很显然，这两种极端的状态都会让一个人的生活、事业与人生的格局呈现失衡的状态。

真正的人生智慧是专心投入做事时也能兼顾人生格局中其他的要素，换句话说就是，人应该专注的不是一个点，而是一个格局。若是被问到一个点与一个格局到底哪个更大、更重要，相信每个人都会给出正确的答案。过分追求某一个点上的利益，往往会失去整体和全局的利益。

由此可见，小心两个极端，小心在某个点上过分地追求，专注整个格局，保持格局中各要素的和谐发展，才能创造最优、最大的价值。

【真言】

固守自己而忽视外部的存在，是一种痴迷。一味追求外在而忽视内在，是一种庸俗和愚蠢。凡是过分地追求某个方面的人，一定会在相反的方面留下巨大的缺失。凡是只关注某个点而忽视整个格局的人，要么事倍功半，要么得不偿失，甚至还可能失去格局的平衡。

【自省】

平时我总在给自己做加法，加得越来越多，加不动了，或者加出毛病了，才想起给自己做减法。原来，越加越差，越差越多，越多越坏，越减越好啊！即使是好事儿，也逃不掉物极必反的规律，凡是过分了的都会走向反面！唯有关注整个人生格局，追求人生格局的利益最优，才最符合人生的利益。有的时候自己做喜欢做的事，就像一个小孩子很专注地玩游戏一样，会忘记其他的。孩子这样做还有情可原，但成年人做事如果使用的也是孩子的模式，那就只能说明心还没有长大。

69. 天道好还

【出处】

第三十章："以道佐人主者，不以兵强天下，其事好还。"

【语义】

天道：天理、规律。好：常常会。还：回报别人。指天可主持公道，善恶终有报应。

【寓意】

老子借用国家用兵的事例，来说明不要恃强凌弱，不要在自己强势时就张狂无度。强势时，把身段放低点；得意时，心态谦卑点。这就是一个悟道的人所具有的自我平衡能力。如果一个人处在弱势，还有什么资格去高调、去狂傲呢？懂得了这个道理，按照天道平衡规律做事，就一定会受到规律的奖赏。否则，也会受到天道平衡规律的强制平衡，此时，就可能发生人间灾难了。在这里老子也是在提醒那些给君王或者领导者做谋士的人，要以天道的原则来出谋划策，不要激发君王或者领导者穷兵黩武、恃强凌弱的那种霸道气概，在保证自己实力的前提下，要以德服人，不要轻启杀戮。

【素描】

中国历史上有一个非常著名的典故，是关于道教全真道祖师丘处机的故事。在丘处机74岁的那一年，他审时度势，应元太祖成吉思汗之请，于元太祖十五年（公元1220年）正月，率弟子十八人从莱州出发，于元太祖十七年（公元1222年）到达西域大雪山，行程万余里，来到大蒙古国统治的燕京，并入驻玉虚观。《元史·释老·丘处机》称："太祖时方西征，日事攻战。处机每言，欲一天下者，必在乎不嗜杀人。及问为治之方，则对以敬天爱民为本。问长生久视之道，则告以清心寡欲为要。"元太祖待之甚厚，尊其为神仙。请准东归时，元太祖赐以虎符、玺书，命其掌管天下道教。这就是历史上有名的"一言止杀"。丘处机凭借自己的智慧，制止了成吉思汗屠城，拯救了几十万人的生命。因此大功德，丘处机扬名海外，成了名人，永载史册。

再来说说我们的现实生活。几乎所有的人都会有一种非常强烈的念头，要靠自己的能力和意志去获取有利于自己的东西。尤其是自己在某些方面拥有优势时，就会产生那种过于自信的自负状态，以为别人不如自己，以为自己能够胜于别人，如此就能让最后的结果有利于自己。实际上，这已经让自己的主观处于一种不正常的状态。照此下去，自己的强势就会制造出越来越多的对立，直至因为失去人心而让形势逆转，将自己的一手好牌打得稀烂。

因此，世界上的强国、大国，人间的强者，组织中的领导者，都要让自己保持一种"制强"的自我节制之理性，以免因为违背事物和人心之道，而将自己推向反面的境地。

你若过于强大，人们就会心生畏惧；你若过于弱小，人们就会不尊重你；你若过于猖狂，人们就会远离你，甚至私下结盟；你若谦卑友善，人们就会亲近你。这就是天道的平衡法则。普通人总是想着战胜别人，当自己十分强大时，就更是会藐视别人，这个时候人就处在非常危险的自负状态。在弱势时能够持续地自强，在强势时能够持续地自制，就能够战胜自己，这才是世间真正的强者。

【真言】

懂得了强与弱、我与他、舍与得、眼前与未来、内在精神与外在命运的因果法则，才能算是心智开化的人，才有能力掌控整个格局的平衡。小心自己强势时的失控，保持"制强"的自我理性。臣服规律不是懦弱，而是成熟。

【自省】

一个人做人做事犹如在田里播种，"种瓜得瓜，种豆得豆"，好人好自己，坏人坏自己，一切全在自己人生这本账上。我们要保持理性与科学精神，避免让自己陷入主观上懦弱或者过分张狂的极端状态，就是人生的理性与科学精神。

70. 有果而已

【出处】

第三十章:"善有果而已,不敢以取强。果而勿矜,果而勿伐,果而勿骄,果而不得已,果而勿强。"

【语义】

做事达到目的,有了预期结果就适可而止,不能太过分。

【寓意】

老子一再劝告人们,要适可而止,不要过分。

【素描】

现实中的人们,在想法与做法上与老子的劝告往往恰恰相反,有的人总是得理不饶人,见好不知收,仗势欺人,恃强凌弱,好像不把事情推向反面就绝不罢休。这就是人类的一种失控状态:只图自己一时痛快,不管后续负面结果。这是一种十分典型的、极低级的心智状态,会将自己推向灾难,也会给别人带来苦难。

"见好就收,适可而止,适时进退",这是中国人的一种智慧,无论在官场还是股市,无论是做人还是做事,都非常适用。

孔子带着学生到鲁桓公庙朝拜时,看到神庙里有一种盛水的器皿,名字叫"欹器"。这种器皿用支架吊着,里边没有水时它是倾斜的,当向里面注水时它就会逐渐转正,到一半的时候,它就会直立起来,继续向里注水,近满时它就会突然翻转倾覆。这样一个看起来简单却又很神奇的物件，展示了中华文化中重要的九字箴言："虚则欹，中则正，满则覆。"

【真言】

得理且饶人，见好就要收，达到了基本目的就不要再追求过分的结果。

【自省】

我终于发现，很多人似乎命中都有"赌性"：好了还想更好，却等来了不好；不好了又急于翻盘，结果越来越糟。由此看来，美好的秩序和糟糕局面的转机，不是来自主观意念的坚持与推动，而是由我们的主观是否合于客观事物的规律决定的。多年前，一位老者曾经告诉过我这样一句话："如果一个人知道见好就收，人生就会减少很多的灾难。""见好就收"看起来是很普通的一句话，实际上是一个人约束自我的欲望、遵循客观规律的至高智慧。

71. 物壮则老

【出处】

第三十章："物壮则老，是谓不道，不道早已。"

【语义】

任何一样东西发展壮大到极致时，就会走向反面。

【寓意】

老子是以用兵为例，说明用兵的人要适可而止，不要自恃强大而用兵无度。历史上，一味穷兵黩武的朝代最终几乎都耗尽了自己。推而广之，是否懂得自我节制，是否能够同时拥有谦卑和自我超越的能力，是否能够真正地尊重对手和弱者，是否内心拥有伟大而慈悲的情怀，是决定一个人最终命运的关键。自我节制，自动突破，主动升级，既不推动某个状态达到极致而走向衰败，也不因畏惧物极必反而停滞不前，而是主动升级换代，在更高的状态下张扬活力——一个人若能在自己的生命中运行这样的程序，就是与道同在。

【素描】

现实中的人们，往往都是一味地追求自己的强势，却看不到事物如此发展将会出现的下一个衰败的画面：身处强势时，继续按照固有的模式努力加强，事情往往就会走向反面。正所谓"物极必反"。沉迷于一个兴盛的极端状态的人，根本不知道自己正在将事物或者形势推向反面。

从每个人的生命成长历程来看，当人长到最为强壮时，也就开始进入拐弯儿的生命阶段——从强壮走向衰老。也正因为如此，人们总是感慨，真的不想长大，因为一旦长大了，也就开始衰老了。在生活中，开车的人都知道，一辆车跑得再快，也需要及时刹车，否则，速度就是灾难。人也如同一辆车，光是追求强大而没有自我约束，就会加快灭亡的速度。在长跑中，一直领跑的人未必是第一个到达终点的，而后面跟跑的人却往往是更有智慧的。

一个人或者一个组织有可能持续强大吗？有可能的，圣人们已经把这样一个智慧的法门告诉了我们：居安思危，随时清零，自我突破，连续超越；戒骄戒躁，谦虚谨慎，永不自满，勇猛精进。说到这里，我们可能更加清楚了，老子所说的"物壮则老"，实际上是指我们的心停止了进步，因而把自己引入了退化的轨道。大部分领导者会不断地夸耀自己，试图培养员工对公司的自豪感和信心。可我们认真想一想就会知道，真正的信心是来自这样的自我夸耀吗？实质上，信心来自领先的实力和连续不断的自我突破。

了解了这一规律，我们就不难找到真正的出路。我们追求人生和事业的极致，当人生出现那种极致的状态时，又须引入人生中两股重要的力量：一是危机意识，在对手、敌人或者自己的自满等负面力量开始发作或者增长时，积极、主动、认真地打败这种力量，从而保持成长的动力；二是突破意识，为自己设定更高级的目标，或者找到更高的对标对象，避免自己迷失目标。如此这般，就能够在更高的目标指引下，让自己在新的状态和新的阶段中，不断地焕发生命活力。

【真言】

守住中道，不求过分，鼎盛时主动收敛，弱势时主动奋发。即使做不到先知先觉，一旦发现趋势不对，能够主动回撤，也是一种聪明和智慧。有一颗不断自我突破、蜕变、进化的心灵，不断地设定更高级的目标，方能给予自己持续前进的动力。

【自省】

多少人梦想着能够持续强大呀！可又有多少人能够连续不断地自我突破呢？当我们看到越来越多人从成功走向衰败的历程之后，渐渐地就会明白一个很残酷的道理：成功有多大，失败的力量就有多大。也正因为如此，一些很成功的人将"如临深渊，如履薄冰"作为自己的座右铭。原来，这一切靠的都是自己心的功夫啊！

72. 唯兵不祥

【出处】

第三十一章："夫唯兵者，不祥之器，物或恶之，故有道者不处。"

【语义】

好用兵是不吉利的，即好战非祥事。

【寓意】

在老子所处的年代，战乱频仍，生灵涂炭。杀敌一千，自损八百，整个社会陷入战乱之后，社会生产力和人们的生活都会受到极大的破坏。君王们为了扩大地盘、争夺王位或者自保，将社会财富极大地投入到战争中，消耗了百姓的生活资源，让人们无法正常生活。正是出于这样一种考虑，老子主张反战、慎战。

【素描】

国际上的战争，何时停止过？一些鼓吹自己文明先进的列强，却到处抢夺资源，侵略其他国家，让世界烽烟四起。纵观人类历史，穷兵黩武终究会耗尽国力，失去民心，野蛮可以逞强一时，但终究会走向衰落。

从古至今，历代王朝或者国家的衰败，多是因为好战。国家如此，个人也如此。那些喜欢争雄斗狠的人，总是喜欢挑起事端，用自己的强大压榨或者欺侮弱者。他们为什么不走正道？难道他们不知道这种生命模式会导致两败俱伤或者自取灭亡吗？当一个人一味地去攻击别人而不集中精力加强自身的建设时，当一个人总想去战胜别人而不想与别人友好相处时，当一个人总是欣赏自己而诋毁别人时，虽然使用的不是枪炮，但也是好战分子，最终也会走向穷途末路。

出路在何处呢？主要有四条：一是潜心发展自己，使自己强大，唯有自我强大了，才有和平与平安；二是与人分享发展的机会，在自我发展优先和拥有优势的前提下，建立广泛的、指向发展的共同体，以共同发展来替代相互倾轧；三是倡导一种和平与发展的思想与文化，争取与越来越多的人形成互帮互助、共同发展的共同理念；四是慎战，牺牲局部和眼前的一些微小利益，不断为自己赢得战略发展的空间、时间和机遇，若是遇到忍无可忍的挑战或者挑衅，也要选择代价最小的方式去回击。

【真言】

君子自强而善待别人，小人逞强而攻击别人。君子内心坚守良知而欣赏别人，小人内心恐惧而诋毁别人。智慧的强者永远在超越自己，愚昧的强者永远在欺压别人。

【自省】

我过去总想让自己强大，当我强大以后，似乎麻烦也增加了不少。现在我终于明白，一旦强大又没有自我节制，总是到处树敌，一定会给自己和他人带来麻烦和灾难。如能隐而不露，节制自我，就能让自己平静、平安地走向光明的未来！

73. 胜而不美

【出处】

第三十一章："胜而不美，而美之者，是乐杀人。夫乐杀人者，则不可得志于天下矣。"

【语义】

即使不得不用兵而取胜，也不要得意，更不要欢喜于杀人，因为这是天道法则所不允许的。

【寓意】

老子看到了他所处的那个时代中人们的贪婪，也看到了战争中胜利者的狂欢与兴奋，实在不忍心再去看战争中的生灵涂炭、饿殍遍地，因而真诚地劝说人们，要以爱护生命为本，莫要以伤害生命为乐，否则，是不可能真正拥有天下的，因为乐于杀戮是违背天道的。

【素描】

这些年来总听人们说企业要有狼性精神，是啊，企业之间的竞争是十分残酷的，没有坚韧不拔的斗志，是无法在持续不断的竞争中生存下来的。企业具有的狼性，是创业者不可战胜的斗志，是长期自强不息的意志，是近乎偏执的自我超越，是常备不懈的危机意识。但是，勇猛顽强的狼性精神不应是企业的全部本质，企业还应拥有比狼性更高的人性和人道。人类可以向自然中的一切学习，但绝对不能丢掉了人性和人道，这是人类自身的底线。

对待战争也应如此。在战争中取得胜利的一方，会赢得人们的欢呼。而那些亲历战争的人，心情则往往有些复杂，因为在他们身边牺牲的那些战友，如同重锤一次次敲击他们的灵魂与人性，即使胜利了，也难以平复战友的牺牲带给他们的哀伤。而且，庆祝胜利的人们，往往忽略了那些牺牲者的家属此时的哀伤。因此，也许胜利之后最应该首先举行的活动，就是纪念和缅怀那些在战争中牺牲的烈士。

对于一个人或者一个组织来说，到了年底，即便全年的任务完成得还不错，最应该做的事情也不是庆祝，而是研究对手的长处和自己的短处，让自己对现状有个清醒的认识，明确未来行动的方向，制订新的行动计划。忽略了这一点的人或组织，在新的一年中是难以取得更好的成绩的。

【真言】

追求胜利是必要的，但胜利不仅仅是战胜别人，更不是对别人肉体的消灭，唯有能够战胜自己的人，才是真正的强者。

【自省】

我本来以为，胜利了高兴，失败了哀伤，这不挺正常的吗？现在我终于懂了，不管是胜利还是失败，只要顺着这种感觉走下去，就会越走越极端，不知前边就有个"物极必反"等着呢！原来人就是这样走上绝路的啊！"骄兵必败，哀兵必胜"，能否懂得这一规律的深刻含义，是一个人、一个组织乃至一个国家能否持续发展的关键。

74. 吉事尚左

【出处】

【出处】

第三十一章："吉事尚左，凶事尚右。偏将军居左，上将军居右，言以丧礼处之。杀人之众，以悲哀泣之，战胜以丧礼处之。"

【语义】

吉庆的事情以左边为上。在中国文化中，左为上为吉，右为下为凶。人们行礼时，是右手握拳，再用左手从外面包住右拳。大部分人都习惯用右手做事，坏事也是用右手来做的，因此用左手包住右拳，就是友好的表示。结合其出处，这个词语是在提醒我们：人生中，既要有追求，也要有把控自己的能力。

【寓意】

吉庆的事情以左边为上，凶丧的事情以右边为上，偏将军居于左边，上将军居于右边。这就是说要以丧礼仪式来处理用兵打仗的事情。战争中杀人众多，要用哀痛的心情去对待，打了胜仗，也要以丧礼的仪式去对待战死的人。

老子在此处排布了一个很好的组合阵列：吉—左—偏将军；凶—右—上将军。在这个阵列中，位高权重的上将军实际上处在"凶位"。开始争战就难免要杀人，一旦死人就会结下难以化解的仇怨。因此，必须有一种力量，来管制人们的"好战"。否则，一旦开战，杀人上瘾，就必然导致兽性大发，这是法西斯主义的典型特征。故而，老子建议人们："杀人之众，以悲哀泣之；战胜，以丧礼处之。"

【素描】

在日常生活中，父母教育孩子的时候，往往也会相互配合，一个唱红脸，一个唱黑脸，并且红脸和黑脸的角色会适当变换：慈母也要有严格的管教，严父也要有温柔的关怀。在企业管理中，既要有严格的制度管理，也要有企业文化和人文关怀。对一个成熟而全面的管理者来说，对部下的管理也必须"严格地要求、耐心地辅导、温情地关怀"三个方面相互配合，这样才能产生相辅相成的效果。

只是我们要特别小心，在每一个人的内心深处都隐藏着一种极其危险的程序：不愿受委屈，不甘受侮辱；能够战胜别人，让自己成为胜者，会让自己非常欣喜。这似乎是人之常情，也没有多少人认为这样想、这样做有什么错误。而这正是老子所看到的人类最危险的力量所在。故而，老子既提倡"委曲求全"，以牺牲微小利益来换取更大的战略价值；又提倡以悲哀处胜利，避免自己被胜利冲昏了头脑。纵观人类历史，总有一些人失去了把控自己的能力，忘记了大道规律，穷凶极恶，敢冒天下之大不韪。反观圣人老子，其思想的境界，似乎是独自一人站在人类集体欲望的对面，善言而厉色，是那般孤独和伟岸。

【真言】

人类的进化，就是对自我欲望的节制。放纵自己的欲望，就是人类的退化。在地球上没有其他动物可以毁灭人类，但人类一旦沦落成动物，就会毁灭自己。幸福而平安的人生，不仅需要"认识你自己"，还必须"管理你自己"！一辆可用的车，既要有油门儿也要有刹车，二者缺一不可。若是只踩油门儿，从来不用刹车，这样的车就是一口移动的棺材。人生也是如此啊！

【自省】

　　这回我明白左右手的关系了，欲望必须受到自己的管控，若是两手都去做事，一定会手忙脚乱。到这个份儿上，哪里还有手与脚的区别？若是连手也变成脚了，人不就成四条腿的动物了吗？想想过去自己情绪失控时的表现，真的如同野兽一样。一个人既要有冲劲，有旺盛的斗志，也要有理性，有管控自己欲望的能力，这样才能避免犯下严重的错误，创造出幸福美好的人生。

75. 知止不殆

【出处】

第三十二章："知止可以不殆。"

【语义】

懂得适可而止就不会遇到危险。

【寓意】

生命就在一张一弛之间，张弛有度就是健康的生命。人生的智慧就在进退之间，只进不退走的就是绝路。生命又是一动一静，不能总是动，要适时主动地让自己停下来、静下来，修复自己，反观自己，提升自己，改善自己的状态，这样才能够达到事半功倍的效果。

【素描】

开车的人都知道，车需要定期维修保养，否则难保不坏到路上，或者因为故障而失控。开车时遇到前方拐弯儿时，要提前踩刹车，降低车速，这样才能保证安全。

现实中忙碌的人们，在主观欲念的驱使下，会不停地前进，玩命地奋斗，很少有人懂得主动停下来维修自己，给自己充电，给自己升级。只有当自然界发生重大的灾难，自己身患重大疾病，至亲重病或者去世等较为极端的意外状况发生时，忙碌的人们才会暂时停下来。

但是，即使是在这种被迫停下来的时候，身体停下了，心却还在靠着惯性向前走。如此，人心与身体就不同频、不同步了，这就构成了内心的纠结和行为上的彷徨。我们的生命不也像一辆车一样吗？我们知道维修保养自己的爱车，却不肯停下来修复、升级自己的生命，难道我们的生命还不如一辆车有价值吗？

有专家说，人生就是一条起伏不断的正弦曲线，上坡时踩油门加速，到达顶点时就要准备踩刹车，一旦进入下坡，就要踩着刹车前进。这就是两种不同形势下的前进方式。老子所说的"知止不殆"，不是简单的停步不前，而是根据人生不同时期、不同阶段、不同的前进方式来选择是踩油门还是踩刹车，要时刻警惕，不要在上坡时踩刹车，也不要在下坡时踩油门，否则就很危险了。在人生中，行为上停止时，心理智慧上要前进，这是为了给未来新的状态储备足够的心理能量，也是为了让自己为未来新的状态做好变化的准备。

纵观历史上一些有大成就者，他们在行动中使用着前期的储备，在挫折或者主动退避中，又在为未来发展积蓄着能量。他们往往都是汲取了失败者的教训。那些失败者之所以失败，往往就是因为他们缺乏专门的反思自己、调整自己和为未来积蓄能量的时间与机会。

动，是生命力！止，是理性！学，是升级！静，是修复！退，是积蓄！离开了哪一点，我们的生命和人生都可能在不正常的状态下走向灾难的深渊！

中华文化已经将人生的智慧做了非常精练的总结：人在得意时，要注意止傲；人在失意时，要注意止损；人在受宠时，要注意止喜；人在争执时，要注意止怒；人在狂喜时，要注意止语……

【真言】

世上的高人总在努力把控着自己的进退，智慧的人总给自己留下安闲的时光，成功者在进退中把持着节奏，从而让自己走向辉煌的终点。智者与愚者的一个重要区别，就是智者懂得主动停止，并修复和升级自己；而愚者总是被外部灾难强制停下，但又如困兽般躁动不安。

【自省】

很多人很多年没有多大进步，基本上都是原地踏步或者重复着过去，甚至有的人愚昧到为自己一直重复过去还能活着而自豪。这跟自我淘汰有本质上的区别吗？对此，一些人心中还很不服气："我10年前是这个行业的开拓者！"这又能说明什么呢？他们的心一直活在过去，但身体又活在现在，他们的观念和做法听起来都是正确的，但对于当前的形势来说，已经落后。停下来不是原地不动，而是给自己的灵魂一点空间和时间，让自己完成升级，然后继续前行。如果能够一边做事，一边反观和提升自己，当然就更好了。但对于大部分忙碌的人来说，时常让自己停下来，等一等自己的灵魂，总是有益的！

76. 自知之明

第三十三章："知人者智。自知者明。"

【语义】

一个人若是能真正地认清自己，正确认识自己的长处与短处，就能进入明白的状态。

【寓意】

人的眼睛都是向外看的，即使是对着镜子，看到的也往往都是自己的表面。很多人评说别人时头头是道，却对自己几乎一无所知。自负的人，总是盲目夸大自己的长处。自卑的人，总是紧盯着自己的弱点。有谁能够客观地看清自己呢？有谁能够看清自己后勇于面对自己的短处呢？有谁有足够的勇气改正自己的缺点呢？实际上，看清了自己，才会拥有客观、公正地看待别人的能力，才具备了正确行动的基础。

【素描】

据说古希腊特尔斐的阿波罗神庙门楣上刻着一句箴言："认识你自己。"不难想象，能够刻在神庙门楣上的话，一定是非常重要的思想，具有普遍性和长期性的功能与作用。这句话和中国人常说的"人贵有自知之明"是完全符合的。为什么这两大文明都特别强调自知的能力呢？纵观现实就会发现，人们把很多精力用在了认识外界的人和事物上，那人们是在用什么认识外部的世界呢？实际上，大多数人是在凭借自己已有的知识和经验，用一套自己都说不清楚的方法来看这个世界，这样能看清楚什么呢？

我们是什么样的人，我们就能看到什么样的世界，也就能拥有什么样的人生。随着我们对自己认识的清晰度和完善自己的程度的提升，我们的人生景象就会不断改善。大道无处不在，我们自己就是大道的一种显现，将自己作为研究人生和世间大道的典型样本，就是最方便、最经济的研究方法。看清了自己，也就有可能看清别人和自己人生的真相。

我们都知道，用一盆脏水是洗不干净脏衣服的。当然，脏水、脏衣服是用肉眼很容易观察到的，但我们内心的缺陷和肮脏是无法用肉眼看清的，这正是升级人生智慧的难点，也恰恰是真正的突破点所在。可想而知，当我们自己的状态存在问题时，就会不由自主地把自己内在的状态投射到外部事物上，这种投射只是一种心理现象，根本不是对外界事物客观、理性的认知，因此也不会产生正确的结果。

当我们缺乏自知之明，深陷自己的主观所设置的这种迷幻的陷阱中时，就会错误地以为自己心里投射出的就是世界的真相。实际上，这就是偏见、成见等主观荒谬产生的原因。只有消除自己内心的偏见和成见，不再到处给外界事物和人"贴标签""扣帽子"，能够接收万事万物和他人真相的信息，我们才有可能成为智慧的人。

【真言】

以万物为镜，回头反观自身，看清自己主观制造外部幻象的内在原理，进而摒除偏见和成见，进入无我、无念、无欲的高级境界，方能看清自身和外部世界的真相。一个能将自己和自己内在活动作为客观对象进行观察的人，才有可能达到自知之明的境界。明了了自己，也就懂得了世界、他人和人生！

【自省】

过去我不知道怎样才能看清楚自己，即使别人帮我看，我自己也不敢看。即使别人直言不讳地指出我的问题，我往往也会进行自我辩护，或者在表面上认同，内心却抵触着，就如同用手捂着自己身上的痛处，拒绝看医生。很显然，这会让病变得越来越严重。学了圣人的智慧，我才有了观察和面对自己的勇气，也懂得了研究自己、反观自己、改正自己的错误。渐渐地，我从万千事物和芸芸众生那里吸纳智慧的能力增强了，面对自己的错误和内心肮脏的勇气增强了，并开始不断地改正错误、学习、进步，从而进入不断增值的人生轨道中。

77. 自胜者强

【出处】

第三十三章："胜人者有力，自胜者强。"

【语义】

战胜别人不是真正的强大，能够打败自己的弱点并让自己持续进步的人才是世间真正的强者。

【寓意】

世俗中的人，总以为战胜别人才能证明自己的能力、尊严。实际上，当人们面对比自己弱的人时，战胜了对方就能证明自己是强者吗？面对比自己强的人时，难道不应该首先去学习对方吗？人的生命力若是用错了地方，整个生命就变得混乱不堪，就会像无头苍蝇一样到处乱撞而找不到出路。

【素描】

在人类的现实生活中，有很多让一般人看起来很诡异的现象：弱者总是想着战胜别人，可也只能战胜比自己更弱的人，若是此时产生了虚幻的强大感，那就是自我欺骗了。而真正的高手，总是在大部分人面前示弱，根本不跟你争高低，因为他知道很多人不敢面对的一个规律——人在世上只有一个敌人，那就是自己！唯有战胜自己，才能成为真正的强者！因此，他锁定了自己人生的方向——终生与自己作战，战胜自己低级狭隘的主观，与大道合一！

当我们反观现实时就会发现，如果一个人对别人满怀敌意，总在想方设法战胜别人，别人成为他敌人的可能性就会大幅度增加。我们人生中的很多敌人，其实都是由自己的主观首先想象和定义，并用自己的行动促成和养成的。很多时候，被敌人四面围困的危局正是我们自己亲手造成的，因为我们一直在培养敌人、增加敌人的数量。一味地按照自己的习惯想事、做事，即使偶尔做一点反省，也往往改变不了自己的本质，把心思都用在如何战胜别人上了，反而无力去完善自己了，这可能是很多人最对不起自己的地方。

现实中的芸芸众生，都处在一个特殊的坐标系中：悲惨的人自我欺骗着，在弱者那里获得了虚幻的自我胜利感。这听起来有点可笑，但这样做的人不在少数。可笑的人总是在拿自己的长处与别人的短处相比，总是在不顾别人感受的情况下喋喋不休地彰显着自己所谓的长处和成绩。卓越的人总是在寻找比自己卓越的人，高手总是在寻找高手过招，他们唯一感兴趣的就是：下一个行动是否能够让自己进步，促进自己成长。

一个能够持续战胜自我的人，就是天下无敌的人——因为天下的人，要么是他学习的榜样，要么是他帮扶的对象，要么是为他提供各种各样能量的朋友，要么是用自己的生命写就反面教材帮他觉醒的"特殊老师"，这样的人怎么会有敌人呢？

【真言】

在弱者身上获得的胜利感，一定会在真正的强者那里失去。喋喋不休、彰显自己的长处和成绩的人，一定看不见自己的短处，一定会让自己的短处持续地放大。真正卓越的人始终在关注着自己的成长，成长才是生命和人生的硬道理。

【自省】

我越学越觉得自己过去荒唐得可笑，自己功夫不行，却老是想战胜别人。原来高人都是在持续不断地战胜自己，始终都在找比自己更高的人，他们不断地增加着自己的同盟军，让自己成为各种人的朋友，所以才会天下无敌呀！

78. 死而不亡

【出处】

第三十三章："不失其所者久。死而不亡者寿。"

【语义】

死后不被遗忘叫长寿。指的是人的肉体消亡之后，精神却可以长存。

【寓意】

对于"死而不亡"，很多人觉得难以理解。实际上，生命有两个部分——灵魂与肉体，灵魂支配着肉体。人生百年后，肉体消亡了，灵魂去了哪里呢？有人说灵魂不死，会寻找其他的肉体继续寄居。也有人说，高尚的灵魂会变成一种精神的高级能量，与天地同在，并被现实中的人们不断地吸纳和弘扬。这是一个伟大的生命存世的基本形态。

【素描】

生与死是人类永恒的话题。不管是科学、哲学，还是迷信或者宗教，都始终关注着与人类生死有关的问题。

从古至今，人们一直梦想着长生不死，几乎所有的人都乐生而惧死。但十分怪异的是，人类文明经历了几千年，大多数人却依然没有把"如何生"和"如何死"这两件极其重要的事情搞明白。如同诗人臧克家所感慨的那样："有的人活着，他已经死了；有的人死了，他还活着。"

在现实生活中，许多人的想法和做法都让人困惑不解，他们不仅不懂得珍惜生命，还会主动加速自己的死亡。这就构成了人生中最核心的一个悖论：既想长生，又主动加速死亡。看看那些忙碌得顾不上自己的身体健康的人，看看那些因为一点小事就生气的人，看看那些把一次不愉快变成仇恨的人，看看那些把现实中很多人和事都变成不愉快的对象的人，不都是在加速自己的死亡吗？一想起来，就真的让人心痛啊！

道家的智慧，超越了红尘中很多人的认知高度，以两个观点为典型："视死如归"和"死而不亡"。每一个人的生命都来自大道的造化，也是大道在人间的显现，合于道者，与大道同在。生与死，只是与大道同在的不同显现方式而已。悟道的人珍惜生命，让自己的生命合于道，而不是放纵自己的主观欲望去背离道。悟道的人不惧死亡，因为生死只是生命的不同形态，不管怎么变化都在道中，还能到哪里去呢？故而，生是舞台上的表演，死是这个舞台上的谢幕，又是另外一种生命形态表演的开始。你终究还是你，每时每刻你所造化的一切，无论是美好还是丑陋，都会始终伴随着你并呈现在你未来的生命形态中。

毫无疑问，古代的圣人，就是他们所提出的"视死如归"和"死而不亡"这一思想的经典代表。

【真言】

将生命交给欲望的人，必将糟蹋自己的现在，粉碎自己的未来。让生命合于大道的人，此生点亮自己，未来照亮世界。

【自省】

我这个俗人过去只是知道人死如灯灭，老子所说的"死而不亡者寿"突然给我打开了一扇天窗，似乎有一缕光照进了我的心里。我真正对生死之事有所体会，还是在我的亲人去世的那些时刻，我恍惚中感觉他们进入了另外一个世界，一下子就看不到他们了。也许是思念之情使然吧，我会经常想起亲人的恩情和他们对我的嘱托与教导，也经常会在与朋友们聊天的时候谈起他们。渐渐地，我又感觉他们好像没有离开我，我会经常与他们对话，这构成了我个人精神生活中的一个非常重要的部分。学习圣贤智慧，时常感觉自己就像圣人身边的一个小书童，聆听着圣人们的教导，他们的音容笑貌时常都会在脑海中浮现，自己像是生活在一个奇妙的世界中。

79. 不大成大

【出处】
第三十四章："以其终不自为大，故能成其大。"

【语义】
那些不自大的，才能成为伟大的。

【寓意】

如果我们把人的欲望模式和大道的模式进行比较，就不难发现，人类的欲望模式简直就像智慧短路的状态一样：人越是自高自大，越是让自己日益渺小；越是工于心计，越是算错账；越是刻意为之，结果越是糟糕。相反，那些谦卑低调又能够让自己合于大道的人，事情反而做得越来越顺利，人格和事业也变得日益伟大。

【素描】

人类与宇宙大道相比，渺小得如同一粒微尘。古希腊的斯多葛学派认为，宇宙是一个统一的整体，存在着一种支配万物的普遍法则，即"自然法"，有时又称它为"逻各斯""世界理性""上帝"或"命运"，这种普遍法则，作为自然的必然性渗透和弥漫于宇宙万物之中，它是宇宙秩序的创造者、主宰者。这一学派的人认为，人是宇宙的一部分，同样要受这种普遍法则的支配，它也是人类行为的最高准则。古希腊哲学家芝诺指出："自然法是神圣的，拥有命令人正确行动和禁止人错误行动的力量。"自然法不仅是支配自然的普遍法则，也是支配社会的普遍法则，因此，自然法便从自然领域导入了社会政治领域。

人类对自然法的认识，是人类文明的一个重要的高度，是人类认识自然和自身的一种重要的精神成果，是人类从自我主观走进自然世界并与其成为一体的一种重要的智慧法门。

古希腊的自然法，呼应了东方世界哲人们所提出来的大道的思想，神奇而玄妙。这些哲人都在告诉我们，人类很渺小，自高自大是愚蠢的，唯有领悟人类来之归之的自然世界之规律，才有可能领悟到人类的本质。

古希腊另一位哲学家普罗塔哥拉，也是智者派的主要代表人物，提出了与斯多葛学派相反的观点，即"人是万物的尺度"这个著名命题。这种说法虽然十分迎合渺小的人类自大的需求，但在哲学上并没有成为主流，他个人也落得个流浪的结局。

在现实生活中，我们也时常能够看到一些很有趣的现象：越是伟大的人，越是谦卑平和；越是内心猥琐的人，越是处处刻意彰显自己的存在。我学了《道德经》才知道，伟大的人都是有道之人，他们遵循着天地人间大道的规律行动，他们越是放低自己，人们就越是往高抬他们。猥琐的人，本质上就是无道之人，他们违拗大道去做人做事，结果，越是刻意彰显自己的存在，越是容易被人看穿其背后的虚弱，越是被人瞧不起。当然，他们也许会得到人们表面上的赞赏，只是他们看不穿这一点。试想，若是不改变这种模式，持续地自高自大，岂不就是愚昧透顶了？

【真言】

无道之人，自己抬自己，结果让人讨厌。有道的人，心中装着别人，懂得别人，体谅别人，欣赏别人，于是别人就转过来拥戴他。

【自省】

当我在《道德经》中读到这一段时，有一种豁然开朗的感觉。那些正在办大事儿的人，哪有工夫在俗人面前表现自己的强大呢！把在别人面前吹牛和表演的工夫用来提升自己，这才是正经事儿啊！

80. 执大象，天下往

【出处】

第三十五章："执大象，天下往。"

【语义】

悟道的人，心中持守着大道正念行走于天下，是大道行者。此处所说的大象，是老子对无形无相的大道的显性表述。也就是说，老子所说的大象，可以从主观上理解为大道。

【寓意】

修行者心中要守着正念，而这个正念就是让自己的主观与大道相合。在修行禅定的状态，人的心中可以没有任何念头。但在日常生活的修行中，必须持守正念，以此作为人生所有思维与行动的准则与方向。如此这般，才能让自己的主观不至于背离大道，才能因为合于道而得到大道的助力。

【素描】

某个国家一位享有国师级荣誉的中华文化爱好者，在接待中国企业家访问时，用自制的一种毛笔，写了一幅字送给中国的企业家。初看起来，他写出来的字笔画非常粗糙，但注目品味的时候，却能够从字形中感受到大道的质朴。这位中华文化爱好者写的就是"执大象，天下往"六个字。一位国外的中华文化爱好者，竟然能够给中国企业家题写这六个字，真是让人心生感慨，也由此可见老子的思想在国际上的影响。

有一次，我跟一对企业家夫妻讨论他们家孩子的事情。这对夫妻总是用自己的标准要求孩子，但孩子听不进去，搞得全家人都很烦恼。这对夫妻手中拿着什么在跟孩子交流呢？当然拿着的是他们自己的念头，而不是"执大象"。他们在跟朋友交往时，总能替对方考虑，但面对自己的孩子时，就只会谈论自己的想法和要求。如果孩子不听话，他们就会很生气。经过一番讨论，他们明白了，不顾及孩子的感受，把自己的想法强加给孩子是一种很自私的行为，这样做不仅效果很差，孩子也很难受。后来，他们把孩子当成朋友，学会了跟孩子讨论和商量，当自己没有办法时，知道求助于孩子的老师和他们为孩子请的辅导老师，效果就非常好，孩子学习进步了，家庭关系也改善了。

比较能干的人往往主观上也很强势。对于能干的人，尤其是做领导的人的强势状态，不能一概而论，要做具体的分析。有的领导者无论什么时候对别人都很霸道，从不认真听取别人的意见，只要求别人服从他，这样的做法肯定会降低人们的积极性与责任心，甚至可能导致离心离德的局面。也有的领导者在众人面前、在面对困难和危机时表现得很强势，但能够与大家进行协商，也能够主动听取反对意见，更能够对个体进行人文关怀。很显然，这就是把强势和柔情、自信和尊重他人做了最好的结合。

在我们平时的生活当中，每个人都是用某种念头来思考和驱动自己的行动的，当我们理解了老子的思想，就会有能力来审视自己的这个念头，就可以看清楚，用纯粹个人的念头是无法与别人真正地对接和沟通的，既然跟别人沟通不了，那就是无道。明白此理的人，就会调整自己，找到跟别人对接和沟通的方法。

【真言】

一个人命运背后那个神奇的力量，就是内心深处驱动人思考和行动的念头。而这个念头是欲望性的还是大道性的，是符合规律的还是仅仅属于个人愿望，这将决定最后的效果和结局。

【自省】

原来高人们都是跟着大道走天下的。我过去这么多年一直凭借自己的想法去闯荡天下，并不懂道，因此才到处碰壁，即使做成了一些事，也造成了一些负面的效果。自从学了《道德经》，我就开始悄悄地改变自己，并取得了一些成效：在自己很冲动时，话到了嘴边能够停住了；对于说出去的指责和抱怨别人的话，知道后悔和道歉了；对别人做的事和说的话，能够顺着去往前延伸了，不再总是唱反调，总要表现自己的与众不同了。于是乎，家庭关系和谐了，与朋友相处得融洽了，遇到事情不顺利时也知道拐弯儿了，结果呢？当然，效果好极了！

81. 淡而无味

【出处】

第三十五章："道之出口，淡乎其无味。"

【语义】

"淡而无味"指菜肴清淡无味，亦形容说话、写文章内容平淡，没有趣味。但老子在此所指的是超越人的肉体器官感知的大道规律的"味道"，或者是悟道者对大道的感觉。

【寓意】

大道是无形无状、无色无味的，因此无法用我们的肉体感觉器官去感知。相反，当我们能够"致虚极，守静笃"和"塞其兑，闭其门，挫其锐，解其纷，和其光，同其尘"，并达到"玄同"境界，去领悟现象背后的本质和人生中正在呈现的一个个画面时，方能体会大道的存在与运行。大道没有引人注目的方式，当然也尝不出什么味道，却悄悄地决定着一切。

【素描】

现实中大部分人所喜欢的生活，基本上都处在生理欲望模式的驱动之下。人们喜欢美味佳肴，喜欢绚丽的色彩，喜欢美妙的音乐，总之喜欢这些感官上的享受。这也算是人之常情，但问题是有不少人长期沉迷其中。我曾经见过很多朋友，现在跟十年前一样，把大量的时间和精力都花在吃喝玩乐上，说起进步和修行，他们当面不反对，但过后依然故我。对于这样的朋友，我减少了与他们相聚的时间，因为精神的频道不一样，我个人的功力又不足以把他们提升到更高的境界，只能顺其自然了。

现实生活中，也有一部分人开始觉醒，也许是在那种生理感官生活模式下感到了厌倦或者空虚，他们开始学道修道，开启了一个高端的大道模式，行为低调、顺应规律、服务众人、精神充实、脾气柔和、待人真诚，过着简单平淡的生活。结果他们事业越来越顺利了，身体越来越健康了，家庭越来越幸福了。很显然，人克服了自己的躁气以后，就会越来越清醒，再看自己的生活和事业画面时，就会越来越清晰。

很显然，现实中大部分人还在使用生理欲望模式，只有一小部分幸运者进入了修行模式，让自己的生命进入高维空间，俯视人生万象。实际上大部分人都想让自己的精神充实，让自己摆脱外物的奴役，并在人生中有所成就，只是很多时候没有机缘，自己也不容易找到方法。因为进入修行模式是需要有人引领的，就像职业选手需要教练一样。

【真言】

人生有两种模式：一种是生理欲望模式，也是大众模式；另一种是修行模式，是人间极奢模式。在人间极奢模式下，人将摆脱低级的生理欲望，在大道力量的加持下，破解人间的痛苦，灵魂高大而健壮，人生阳光而潇洒。选择什么样的人生模式，是所有人人生中最为重要的问题。

【自省】

我有时在外面吃饭，看着满桌子的山珍海味，真是喜欢，但是吃完了一抹嘴儿，很快就忘了自己吃了些什么。过去这些年我大部分时间都是这样过来的。我每当闲下来有些无聊的时候，就会玩手机，找不到真正属于自己的精神生活。学习《道德经》以后，我进入了修行模式，我的生命也在悄悄地改变，面对过去喜欢吃的山珍海味，再也没有了那种如饥似渴的感觉，有时夹起一片生菜叶放进嘴里，慢慢地嚼着，竟然发现它很好吃，过去却没有这种感觉。当然，让我最着迷的还是学习和修行，以及帮助有缘的人改变过去的轨道，看到朋友们变得健康、幸福，自己也觉得活得很有价值。这是不是就是人生的味道呢？不酸不甜，但很美妙！

82. 欲夺固与

第三十六章："将欲歙之，必固张之；将欲弱之，必固强之；将欲废之，必固举之；将欲取之，必固与之，是谓微明。"

【语义】

大道的法则，如同一种调理生命的力量，要剥夺时，必先给予。这就要看一个人是否懂得珍惜，是否能够承受。

【寓意】

老子是在描绘大道在人间的运行方式，好像是在逗人玩，又像是在调教人。明白了的人，就知道要按照大道的方式主动调理自己，而不会逆道而行。而那些不明白的人，得到了不知珍惜，还会无限度地去追求更多，于是大道就会剥夺那些不属于他的东西，这样的人就会成为大道恢复和保持平衡的牺牲品。

【素描】

在人生中经历磨难比较多的人，时常会遇到这样的情况：很多事情，往往事先想得很好，但过程中会遇到很多意想不到的情况，就像有人精心策划的阴谋；但了解了全部的真相后，又会发现，并没有哪一个人事先策划这一切。这样的现象让很多人困惑不解，有些人把这种困惑转化成了对相关人的怨恨，但这能解决什么问题呢？

那些一心按照自己的主观愿望想事的人，一旦在行动中遇到一些自己想象之外的客观事件，尤其是当某些事件的发生跟某些人有联系时，就很容易把它想象成是人为的阴谋。实际上，这是大道的客观规律在调理那些不按规律做事的人。

将这一情景展开观察，一切就会变得非常明了：热情奔放但又不会拿捏分寸的人，多半会显得过于开放而有失庄重；一味前行但不懂得踩刹车的人，一直在努力拼搏却不知道及时地静心和充电，这样下去，努力得来的成绩和荣誉也会成为毁灭自己的力量。一个聪明、努力的人抓住了机会，大概率能够成就一番事业，但如果因此而得意张狂，以为自己可以掌控一切，就会在某个时刻把自己的事业毁掉。搞清楚了这些大道的原理便知道，哪里有什么阴谋啊，甚至连阳谋都算不上，因为这是摆在面上的客观规律，没有什么秘密可言。

关键是，你能按照大道的规律主动约束自己、平衡自己吗？

【真言】

人生没有阴谋，悟道者借助道力主动调理自己，于是就能够成就自己。而沉迷于自己的主观和欲望的人，就是与规律对抗的人，就是人生阴谋的玩家。自身若是没有功力，得到了就是灾难，这就是所谓的"拿不住，受不起"；得不到时，就会更加焦虑，智慧就会进一步下降，人生就如同在沼泽中挣扎——越挣扎陷得越深。所谓的修行悟道，就是获得与规律握手和对话的能力。

【自省】

原来我们得到的很多好处都是考验啊！我想想自己的过去，一份真诚加一份努力就会有一份成就，但取得了一些成就之后就会长毛病，就会自满，就会骄狂，就会自以为是，就会肆无忌惮地去指责别人或者伤害别人，最终发现，正是自己的毛病制造了自己未来的灾难。我过去听人说，老子的思想是阴谋学，这真是冤枉老子了，老子把这一切都告诉我们了，这怎么能算是阴谋呢？老子只是把人生现象背后的规律告诉我们而已呀！

83. 柔弱胜刚强

【出处】

第三十六章："柔弱胜刚强。"

第七十八章："天下莫柔弱于水，而攻坚强者莫之能胜，以其无以易之。弱之胜强，柔之胜刚，天下莫不知，莫能行。"

【语义】

世间那些看起来柔弱的力量最终反而能够战胜那些貌似刚强的力量。

【寓意】

老子思想的逻辑模式似乎总是跟俗人相反，但静下心来想想，似乎又都是现实中的真实场景。也许，这就是圣人的高明之处吧，他总能看到一般人看不到的现象背后的本质与规律。通常来讲，那些低调行事、知道适时进退的人，能够安保自身。相反，那些一味地表现自己的刚强和强大的人，总是坚持不了多久就垮掉了。由此可见，要想长久，就要悠着点，力不可以用尽，事不可以做绝。

【素描】

在现实生活中，我们经常会面对"一种道理，两种结果"的尴尬局面。大部分人认为，人生需要坚强，遇到困难时要刚强，而那些拥有懦弱、软弱、脆弱等负面性的品质的人是会被批评的。可是，现实中又有很多柔弱胜刚强的事例：很刚强的男人害怕女人的眼泪，霸道的父母在生病的孩子面前也会柔情似水，不可一世的男人往往拜倒在女人的石榴裙下。相比较而言，女人和孩子是柔弱的，但刚强的男人在他们面前却如同一个缴械投降的俘虏。从寿命平均值来说，肌肉发达的男人通常活不过柔弱的女人。这到底是为什么呢？我们到底应该刚强，还是应该柔弱呢？实际上，这些现象共同昭示了一个真理：自我主观的强大往往会令人远离客观的大道，自我主观的柔弱往往会令人离大道较近。也就是说，人生的差距就是与大道的距离的不同所造成的。现实生活中刚强易折、懦弱难成，实际上都是人的主观走向两个极端的错误表现。如果刚强是顺应大道的，就能够成事。如果软弱是背离大道的，就一定会误事。

用老子的思想来分析人间的困境，我们就会发现，表面刚强的人，往往都是自我和主观都很强势的人。他们貌似强大，但往往会违背人心和事物的客观规律；他们能做成一些事情，但会树敌很多，伤害自己，牺牲家庭。他们只要对自我和主观的那种强势缺乏觉察，就一定会在自己未来的人生中遇到客观规律的强力打击，极有可能会一败涂地，甚至可能丧失生命。

女性的平均寿命比男性长，这是女性的生理和心理的柔弱给自己带来的特殊礼物，也正是因为这份柔弱，让她们不会把自己的主观推向极端。当然，柔弱不能仅仅是忍受，而是知道退让和拐弯儿；柔弱更不能表现为心胸狭隘，不能在各种各样自己不喜欢的人和事上固执，而是要长智慧，能够体谅别人、理解与自己不同的人、原谅别人的过失，这样才能让自己的心灵获得宁静。很多女性生的病，往往都跟无法强力对抗，又无法消化客观对象这种心理状态有关。因此，尽管女性平均寿命比男性长，但唯有真正修行的人，才能活得健康、快乐和长久。

实际上，柔弱与刚强也是生命的一阴一阳，在现实中人们表现出的一味地刚强太普遍，因而老子强调柔弱，倡导人们将柔弱与刚强进行有机的结合。如果一个人过分自信，蔑视众人和规律，那就变成了自负。如果一个人的刚强战胜了自己心中的畏惧，又能够冷静地体悟事物的规律，就必然会增长智慧。如果一个人的刚强是站在大道一方，就既能战胜自己心中的恐惧，又能用柔弱的方式吸纳不同的意见，在现实层面上能够合于人心之道，最终能够合于客观规律之道，这就是人间的高手了。看看现实中那些真正的高手，他们往往在用柔弱谦和的方式做着符合人道与天道的事情，最终用事实证明了自己的高明，事后还能继续保持谦和，于是能够平静、平安地走向辉煌的未来。

【真言】

若想让自己真正强大，就要弱化自己的主观，唯有合道才能胜利。不断强化自己的主观的人，一定会变得日益虚弱，因为这样离大道规律越来越远。若是在一两次证明自己高明之后就开始傲慢和自满，必定会走向穷途末路。一步光明是聪明，步步光明才是智慧。

【自省】

过去我总以为强大到让人害怕，就能够征服别人。到后来才明白，那哪里是征服别人啊，是自己给自己制造了更多的敌人啊！学了《道德经》，我渐渐地让自己内外两个方面和谐起来了，一方面学习不止、勇猛精进、奋斗不息，另一方面，不会再因为自己的进步而生出傲慢，也懂得了待人和气，说话温柔，理解别人。于是乎，我与别人对抗的现象大幅度减少了，身体内的对立和撕扯状况也日益减弱，家庭的氛围越来越温馨，事业也越做越顺利。我慢慢体会到了老子智慧的更深一层韵味：强大不强硬，柔弱不懦弱，事事合于道，人生真奇妙。

84. 鱼不可脱于渊

【出处】

第三十六章："鱼不可脱于渊。"

【语义】

在水中悠然自得的鱼，一旦离开了水，就会陷入绝境。

【寓意】

众所周知，鱼离开水就会死去。因此，再厉害、再强壮的鱼，也不能狂妄地离开水到岸上去显摆自己。每一个生命都有自己的生存环境，任何生存方式都离不开万事万物的规律。融于大道，才是生命的活路。

【素描】

我当年学习《中庸》，看到"道也者，不可须臾离也，可离非道也"这句话时，反复看了几遍，也很难理解其中的真意。通过学习和修行，我渐渐地体悟到，我们的生命和我们做的一切都被大道包围着，就如同鱼的四面八方都是水。鱼在水中就能够悠然自得地活着，若是离开水跳到岸上，就活不长了。人类不也一样吗？既然大道无处不在，时时处处都包围着我们，也支撑着我们，赋予我们能量，若是我们离开了大道，违背了规律，去狂妄地做事，自然就会受到大道规律的惩罚。《中庸》中的这句话让我对老子所说的"鱼不可脱于渊"有了新的领悟：鱼不可脱于渊，人不能离开道。

反观人类的现实，我们也会发现，以为自己很强大，总是违背规律的人，持续一段时间之后，就像从水里跳到岸上的鱼一样，臭了，或者变成了鱼干。而那些在稳步发展的人，即使在别人眼里成了名人，也会过着像隐士一样的生活。也许这就是对虚名的超越，这就是人生的长久之道吧！

世间真正的高人，活得就像普通人，过的就是普通人的日子。而那些风光又张狂的人，就是在用几年的显赫来耗尽他们生命全部的能量，能量用完了，他们就会在人们的视野中消失。规律是客观存在的，遵循规律的人生是光明的！

【真言】

张狂到忘乎所以，就叫作死。脱离正常的生态，就是险境。进入修道模式后，一切遭遇和境况就都是修行的资源，都是自己成长的能量。任何一个人，即使在现实中成为名人或者高人，也无法超越规律。功夫到达极致的人，绝不会张牙舞爪，看起来反而平凡得像一个普通人一样。

【自省】

我们只要看看自己的过去，再看看那些取得成就后开始变质的人，就不难发现：人一旦长了点能耐，往往就会跟着长点儿毛病；一旦名气大了，脾气就会跟着变大；一旦受人追捧，就会忘乎所以。到了这个时候，就像是一条鱼，开始跳上岸去表演了，结果也就不言而喻了。很多时候，我们光顾着看别人的笑话，实际上自己也在步别人的后尘。等我们自己到了别人的那种位置，也可能在名利、成群粉丝的追逐和耀眼的镁光灯照射下迷失自己，于是成为下一个牺牲品。实际上，大部分人在现实中取得的那点成就能算什么呢？人这辈子，难的是始终做个正常的人，最难的是在有了一些小成就之后，还仍然能够做个正常的人。正如古希腊哲学家亚里士多德所说，对上级谦恭是本分，对平级谦虚是和善，对下级谦逊是高贵，对所有的人谦逊是安全。别忘了初心，别忘了尊重所有人，别丢掉自己的真诚和质朴，别像一条傻鱼那样离开水跳到岸上去表演。

85. 国之利器不可以示人

【出处】
第三十六章："国之利器不可以示人。"

【语义】
治国的法宝不能轻易出示给别人。

【寓意】

国家真正的实力，不要轻易地暴露。将国之利器告诉天下人，天下人就会感到畏惧，但人心是没法镇服的。个人也是如此，即使有实力，也不要自高自大，人再大也大不过天，也大不过道。若是不能把控自己，必然遭到大道的调理与平衡，到那时可能就要自取其辱了。

【素描】

当一个国家或者个人拥有强劲的实力时，不可轻易地暴露。原因有三：第一，实力的效用之一在于突然性，一旦暴露，就会失去这种突然性的价值；第二，一旦暴露了实力，就会让对手模仿和防备，直接削弱这种实力最终的效用；第三，暴露了真正的实力，会让对手嫉恨，会让弱者畏惧，会激发对手的联合，导致最终力量格局的反转。正因为如此，各个国家都在展示自己的真正实力方面持保守策略。

对于个人来说，即使自己在某个方面比别人有优势，也不要迫不及待地展示自己的优势。你若是在人群中显露了自己的优势，人们会有三种不同的反应：你的亲人会为你的优势而骄傲和自豪，但如果将此延伸为对亲人的傲慢，也会遭遇冷漠和厌恶；你的同事、同学或者其他可比较的人，很难真心欣赏你的优势，他们也许会说一些赞赏的话，但心中生出的往往是嫉妒；距离你比较远的人，往往会觉得你跟他们不是一类人，你的优势与他们没什么关系。当然，你若是遇到爱才、惜才的长辈与领导，也可能会得到格外的赏识。明白了这些道理，明智的人就会隐藏自己真正的实力，尽量在非原则的问题上与大部分人趋同，即使做出了一些成绩，也会低调隐身，或者反过来赞赏别人，或者把自己的成就都归功于别人，或者主观放大自己存在的问题，甚至拿自己的一些细小错误来做别人优点的陪衬。如此这般，就可以消除别人的嫉妒和忌恨，帮助别人平衡他们的感觉，让他们放弃敌意。这就是隐藏与平衡的智慧。

不管是出于对自己的主动管控，还是对别人感觉的平衡，藏智、藏富、藏力、藏宝，等等，对于维持和谐的人际关系与正常的自我状态都是十分必要的。要亲近与你不同的人，用你的力量悄悄地去帮助他们，保护他们的自尊心和脆弱；最根本的，是要破除自己的强大对别人的有害性，将其转化为对别人的有益性，这才是人间正道，才是真正的强者风范。

【真言】

实力强大了要隐藏，事实显现了要自弱。强者的出路在于超越自己的强大，放下自己的强大。没有内在强大的所谓外在强大，往往都是于人于己有害的灾难性的力量。若是不能自我把持，强大就会成为那柄害人害己的双刃剑。虚张声势地自高自大，往往只是迷惑了自己，使自己成为别人笑话的对象。

【自省】

我想起自己年轻的时候，没什么了不起的能耐，却总是喜欢自我表现。时间一长，有欣赏我的人，但嫉妒我、厌恶我的人更多。面对这种情况，我常常用但丁的那句名言来宽慰自己："走自己的路，让别人说去吧！"进入修行模式以后，我才渐渐地明白，喜欢表现自我的人，内心深处都藏着自己看不见的自卑。我之前其实是在用但丁的话为自己的缺点做掩饰，因为我根本达不到那种奉献自己、为人类探索真理的崇高境界。很多人都有一个很大的本事，那就是为自己的愚昧和愚蠢寻找一大堆的理由和借口，看来我也不例外。想到此，我觉得人在很多时候真是有点可笑，也许人就是在不断地被别人笑话的过程中成长的吧！也许到了敢于自己笑话自己的时候，才是真正长大了吧！

86. 不欲以静，天下自正

【出处】
第三十七章："不欲以静，天下将自正。"

【语义】

世间的一切，都会在放弃个人主观欲望的安静之中，自然领悟和领略大道决定的自动秩序的状态。也可理解为"万事万物没有贪欲之心，天下便能自然而然地达到稳定和安宁"。

【寓意】

君王们总想用自己的力量安定天下，当这种想法与自然、社会、人心大道规律相违背时，就会成为扰乱天下秩序的一种破坏性的力量。反之，能够以自然、社会、人心大道为依准，以上善若水的智慧为依托，消除个人的私欲，消灭个人主观的干扰，克服自己的躁动，才是安定天下的妙法。

【素描】

世间的人们平时总有太多的想法与做法，概括起来，人们的行为可以分成三种模式。第一种模式是打着美好的旗号，干着损人利己的勾当，等到结果一次次呈现出来时，其内心的真实想法也就昭然若揭了。第二种模式，从其主观愿望上来说，是真心利他的；可因其内在智慧不够，不了解客观事物和他人的心灵规律，做起事情来往往用愚昧的模式去强制别人，结果自然就不会好。与他相处的人们一方面能理解他的善意，另一方面也为他那种强加于人的方式而感到痛苦。他自己内心也满是困惑：为什么自己满满的善意不能结出善果呢？因为他善意的主观过于强烈，自然就无法与人心规律接通，也找不到相关事物本身的规律，在本质上变成了一种蛮干。这种类型的人在现实中普遍存在，他们内心的焦虑不是来自邪恶的纠缠，而是来自对善良的愿望不能导致善良结果的疑惑。第三种模式是悟道者的模式。悟道者遵行天道法则，利而不害，领悟上善若水的智慧真谛而有善法，故而能够与人心接通，与事物本身的规律接通，最终就能结出预期的善果。

上面所说的前两种模式，站在红尘的角度来看，一正一邪，但结果都是比较糟糕的。第三种模式所揭示的悟道者的智慧，首先是以真诚纯正的善意为前提，又以与客观事物和人心规律接通为基础，由此生出来的智慧方法，在形式上可能会表现为嬉笑怒骂，亦正亦邪，但这一切变化的方式，实质上都是指向最终善果的善法。

由此可见，大部分忽视大道规律的人，不管是正是邪，不管如何费尽心机，结果都是既乱了自己，也害了别人。不管是治国安邦，还是合作交友，或是家庭生活，智慧的模式都是一样的。甚至也可以这样说，悟道者的模式，是通用于人世间各种活动和生活形态的！

【真言】

自私与邪恶，伪装得再好，最终也会露出马脚。善良加愚昧，付出再多努力，结果也事与愿违。把善意和强制别人的方式叠加在一起，更是一种难以识别的愚蠢和恶。唯有善良、纯正加智慧，才能让人生走向光明。

【自省】

我相信，因为在成长过程中所受的教育，自己大恶的根已经除掉了。在大学期间，我跟随老师做了几年的司法鉴定，见到了太多聪明人犯罪后的惨相，那种景象已经深深地印在了我的脑海中。但是，我不得不承认，自己小恶的根还是没有消除干净。在这些年中，第一种模式还是时常有些躁动，第二种模式中的现象还是经常发生。可喜的是，随着修行的不断深入，第三种模式中的景象出现得越来越多，我也尝到了越来越多修行的甜头。这种经历和不断变化的结果也再次证明，人生就是一场修行，一场持续不断地修理自己，完成自己生命进化的历程。

87. 先道后德

【出处】

第三十八章："故失道而后德，失德而后仁，失仁而后义，失义而后礼。"

【语义】

道家所言道德，是人间的真道德，是"先道而后德"，而一旦脱离或者失去大道这个本根，所坚守和践行的那无根的德、仁、义、礼，就只能是无源之水、无本之木了。

【寓意】

人人都有追求，我们心中都有我们相信的一些道理或者信条，怕的是我们把错误的东西当成了正确的去相信和坚持。离开了大道本根，去追求德、仁、义、礼，就如没有源头的水，没有根的树木。

【素描】

人们都熟悉两个成语："无源之水"和"无本之木"。也许，这两个成语正好可以用来形容现实中普遍存在的道德状况。我们经常听到人们指责别人缺德，但会有人主动说自己缺德吗？似乎人们更多的是用道德来评价别人，而不是约束自己。

现实中的人生，很多时候都呈现为一种滑稽的悖论状态：为了个人的欲望不断地努力追求外部的目标，谁能够身居高位或者拥有财富，似乎谁就是令人羡慕的成功者。可是，这些成功者又特别容易栽跟头，这到底是什么地方出了问题呢？

人们普遍将努力和勤奋作为美德来赞美，甚至还片面地引用"天道酬勤"来自我激励，却忘了还有"厚德载物"的古训。人在处心积虑地为自己谋取成功时，在辛苦操劳为自己谋取财富时，在不惜付出人格代价为自己谋取位置时，根本不管什么道义，还有什么德行可言呢？这种因为无道而获取的东西或者功名，又用什么来驾驭呢？

当自己的私利没有被触及时，大部分人还是能够保持一种有道德的样子。一旦自身利益受到损害，平时的那份道德就会被摧毁，亲人、朋友就可能会变成敌人、仇人。

悟道的人，心中有一把大道的天剑，坚守着"利而不害"的天道信条，又有上善若水通万物和人心的大道智慧，故能成事成人。不管遇到什么样的伤害，他们都能够坚守天道的信条，不会再给自己制造更多的伤害，这也算是人生中利益最圆满的智慧与行为模式了吧！

【真言】

根深蒂固，方能枝繁叶茂。舍本求末，如同竹篮打水。

【自省】

我终于明白了，好多总在强调道德的人，自己却没有真正的道德之源。我过去说别人缺德的时候多，审视自己是否缺德的时候少，最终发现，稍不留意自己也会缺德。有了这份觉醒和觉察，就能够及时改变自己缺德的状态，于是德行就走向越来越圆满的境界。当然，不缺德并不代表道德高尚。随着修行的深入，那种神圣而高尚的道德给了我越来越多的美好的感觉，如同天际的一盏明灯，一直照着我前进的道路。于是我不再左右摇摆，开始对正道信念坚定不移。这是人生中一次重大的觉醒，它让我走在一条光明的大道上，迎接光明的未来。

88. 忠信之薄

【出处】

第三十八章："夫礼者，忠信之薄，而乱之首。"

【语义】

失道之礼为忠信不足（或缺失）。

【寓意】

失道之后的礼，实质上已沦落成表面的虚伪，是忠信不足的表现，是祸乱的开端。在"道—德—仁—义—礼"这个序列中，"礼"是末端。如果失去了大道之根，最后只剩下表面上的"礼"，忠信也已经衰微了，社会的动乱也就开始了。

老子所演绎的道德逻辑是"道—德—仁—义—礼"这样的顺序，如果肢解了这个道德逻辑，无道之德还是真德吗？无德之仁还是真仁吗？无仁之义还是真义吗？到了道德仁义全部丢失的地步，那所谓的礼除了表面的虚伪，还能有什么真正的道义吗？据《春秋左传》记载，春秋后期的社会高层处于礼崩乐坏的状态，周天子已经处于无道的状态，他自己率先不遵守维系社会秩序的周礼，引发诸侯国公然挑战周天子的权力。同样，诸侯国内的那些家臣也敢于弑君篡权。后人总结说："春秋之中，弑君三十六，亡国五十二！"真正懂礼的人，非忠不守，非信不为。但当时从上到下，道德尽失，哪里还有什么忠信可言啊！

在现实生活中，最危险的人，就是那种心中极端自私，但外在言语和礼貌又特别周到的人。因为语言和行为等形式上的礼貌与周到特别容易迷惑别人，普通人特别容易上当。所以在历史给我们的教训中，有一条特别醒目：心存邪念，但能忍一般人不能承受之侮辱，对别人好到让人动心，甚至不要尊严地为别人服务的人，多是极端阴险狡诈之徒，其表现出来的行为往往具有诛心的力道。由此可见，无道之人心术不正，而外在表现好得几近完美，真是极端危险的人物。

从古至今，大至一个国家，小至一个组织，高层的昏庸无道、骄奢淫逸，往往都是整体道德崩塌的起因。历史上被推翻的王朝，几乎都遵循着这样一个模式。当今的世界，似乎也没有太大的变化，那些昏庸无道的领导者终将被赶下台。即使在一个组织中，如果一个领导者任人唯亲，不纳善言，生活糜烂，也必将丧失人心。

在民间，无道的状态也有相当的普遍性。无道而自恃有德的人，往往在关键利益受到触动时翻脸。无道无德而又倡导仁义的人，往往在细枝末节上很善于自我表演。至于那些对任何人都赔笑脸，看着对方的脸色，百般殷勤和献媚的人，也绝对不能深交，因为一般人根本看不到他们笑脸背后的丑陋与阴险。善良的人，若不能由道识心，轻信别人表面上的热情和花言巧语，往往就会变成阴险之人的猎物。

【真言】

无道之人，一切都是虚伪的，既出卖自己，也伤害别人。

有道之人，坚信天道无处不在，坚信因果不虚，绝不放纵自己，绝不自作聪明，真心助人不求报，体谅别人不求同，做好自己不流俗，与世俗同流但绝不合污。

【自省】

老子真是把事情看透了，有一些人表面上好好的，温文尔雅，礼貌有加，可内心却非常阴险，这就是"金玉其外，败絮其中"吧？我们年轻的时候听到这些道理，会觉得是故事，等经历的人间冷暖多了，就会发现这都是活生生的现实。谁能始终如一地以真示人？谁能毫不动摇地以诚待人？谁能帮助别人而无索取之心？大概唯有悟道者吧！

89. 处实去华

【出处】

第三十八章："是以大丈夫处其厚，不居其薄；处其实，不居其华。"

【语义】

去掉那些虚华的表演，坚守质朴实在的人性。

【寓意】

"大丈夫"指的就是有道的大君子，对应的就是小人。大丈夫的人生选择是：厚道朴实，绝无虚华，绝不虚伪，坚持原则不妥协，行事灵活有方法。

【素描】

在现实生活中，我们很容易看到两种不同的生命状态：人在比较幼稚时，往往总是追求形式上和表面的虚华，而心性真正成熟以后，反而表现得真实质朴，也不会刻意使用外在的形式来伪装自己。

大部分人都会经历从幼稚到成熟的生命历程。当然，也会有一些人长期停留在幼稚而自作聪明的状态。孩子的幼稚通常是不会被责怪的，反而会被认为是一种可爱的表现。随着成长，人会渐渐不再幼稚，越来越成熟。而真正的成熟，不是经历和经验的简单积累，也不是心存邪念状态下的老谋深算，更不是厌倦虚伪表演之时的疲倦和冷漠，而是看透一切，淡泊名利，去掉伪装，变得真诚而质朴。当然，外在形象的朴素，并不等于内在的厚道，外在朴素而内心虚伪的人也不在少数。老子所说的大丈夫，实际上就是修道、悟道之人，若是内心不悟道，外在的朴素与虚华，都可能是虚伪狡诈的伪装。

老人们经常说："老老实实做人，踏踏实实做事。"成了名人也要老老实实地做人，做成了事也要继续踏踏实实地做事。这是一个朴素而深刻的人生道理。

【真言】

悟道者厚道朴实，能做到原则性与灵活性的统一。无道者为人虚伪，只有表面的灵活而没有内心的原则。世间没有无缘无故的爱，也没有无缘无故的恨。凡是把爱当成工具去谋私利的，都会因为亵渎爱而付出代价。凡是找出各种理由去憎恨、怨恨别人的，此念一起就已经让自己走上了不归路。

【自省】

想想过去的这些年，我美好的感受都来自对自己和他人的真诚朴实，那些痛苦和尴尬都来自特意装出来的对别人的热情和周到。有一段时间，我觉得刻意装出热情的样子实在太累，于是减少了与他人的交往，在必要的交往中保持真诚和朴实。当然，我也曾因为这种真诚和质朴遇到过欺骗和陷阱，但回想起来，每一次吃亏都促进了自己的成长。走过了这样一个人生的历程，再看看周围许多的生命，犹如看到自己的过去，让我生出颇多的感慨。曾经有好朋友问我为何会遇到那么多的贵人，我一时也答不上来，后来渐渐地想明白了，也许就是因为我恪守着做人的真诚和质朴，比别人少了一些心眼，少了一些算计吧。

90. 得一以清

【出处】

第三十九章："天得一以清；地得一以宁；神得一以灵；谷得一以盈；万物得一以生；侯王得一以为天下正。"

【语义】

"得一"是核心，即是合道悟道，天得道则清明。

【寓意】

老子在此列举了天地人间最强大力量的代表——天、地、神、谷、万物、侯王。即使是这些强大到极致的力量，也唯有与道合一，方能呈现出清、宁、灵、盈、生、正的美好局面。若是不能与道合一，天将恐裂，地将恐废，神将恐歇，谷将恐竭，万物将恐灭，侯王将恐蹶。由此可见，天地人间，不管是事，还是物或者人，不管强大到什么程度，若是背道而行，都将凄惨无比。

【素描】

老子用天地人间六个巨大的力量来说明合道的重要性，它们之所以强大，就是因为合于大道。既然这些如此强大的力量都由大道来决定，既然强大都是因为合于道，那么，我们这些普通人还有什么自大的资本与资格呢？

我们都很向往清、宁、灵、盈、生、正的美好状态，也十分畏惧裂、废、歇、竭、灭、蹶的恐怖景象。可是，又有几人能够达到前者那美好的状态呢？纵观历史和现实，我们认为十分恐怖的景象，非但没有办法完全规避，反而在人间频频上演。尤其让人悲叹的是，貌似善良的、追求美好的人们，也难有清、宁、灵、盈、生、正的美好状态。而那么多自以为聪明的高智商的人，也难逃裂、废、歇、竭、灭、蹶的恐怖景象。而且，从古至今，多少痴迷的人前赴后继，蔑视大道并与大道抗衡。结果，轻则鼻青脸肿，重则粉身碎骨。

当然，也有不少人在恐惧中寻求解脱之法，请高人算命，到庙里烧香拜佛，以为高人能够为其指条明路、活路，以为只要跪拜心中的神灵，就可以得到护佑，但自己内在的贼心依然不死，作恶多端的贼手依然在伸。为什么会这样呢？就是因为他们不懂天地人间最大的力量是天道，是人心，是规律，这就是人间的痴迷者之所以迷茫的原因啊！可惜，很多学富五车的学者、各行各业的专业人士就是不懂人生正道。这真是虽然做事很专业，在做人方面却不上道啊，正应了百姓们常常念叨的那句话："光明正道偏不走，地狱无门自来投。"

圣人们早就给人们指出了明路、活路，那就是对天地大道满怀敬畏，立志奉献，服务众生，认错，改过，行善，积德。如果有人觉得自己已经很了不起了，那就想想天、地、神、谷、万物、侯王吧，连这么强大的力量都不敢逆道而行，人类又有什么资格去悖逆天道呢？如果还不明白，那就想想，历史上叱咤风云的枭雄，为何少有人能够善终呢？

【真言】

与大道对抗，如同以卵击石。只有合道，才能强大。

【自省】

在过去的人生中，我用的多是自己已有的知识、经验与小聪明，因此有了这样一些表现：对于肉眼看不见的天道，只是偶尔说说，遇到事时就忘到一边去了；看到别人出事时，也会生出很多感慨，过后就又忘到脑后去了；经历了一系列的挫折和打击之后，往往还认为是别人的错，是别人对自己不公，或是别人的心眼太坏；对于自己无意间伤人的责任或者头脑发昏时做的错事，甚至兽性发作时所种下的恶因，是没有勇气承担、承认和改正的……庆幸的是，自从三十年前开始学道，我的生命中就多了一种强大的力量，我渐渐地在自己心中建立了人生正道的智慧模式。后来，不管遇到什么情况，我都能止恶，都能继续行善。我的切身体会就是，学习圣人的智慧，不断地修理自己，才有希望修出美好的人生。

91. 贵以贱为本，高以下为基

【出处】

第三十九章："故贵以贱为本，高以下为基。"

【语义】

当权者或者高贵者，在自己已经身处高贵之位时，要坚定地守住内心的谦卑，善待弱者。处于高位者，把自己放低，与人民群众打成一片，方能不失生命之根基。

【寓意】

老子在此提出的是一个天地人间的基本规律：两极合一即是道。中华文化中所说的"天人合一""阴阳和合"，指的都是两极的贯通与融合。再高的建筑物，也要靠地基支撑。建筑物的高度，要与地基的深度和牢固程度相配。再强大的王者，也需要人民的拥护。与人民亲近的程度、服务于人民的程度决定着王者地位稳固的程度。若是违背这一规律，身居高位时得意扬扬，自视清高，从而疏远支撑自己的底层人民，就会被人民所抛弃。急于求成，就会无心夯实基础，进而因为基础薄弱而让上层建筑坍塌。所谓的人生智慧，就是不管处在哪一极，都要主动地向着另外一极去融合。强大时要恪守慈悲和谦卑，弱小时要立大志且自强不息，这样就能让自己不管处在什么状态，都能和另外一极的状态达成平衡。由此可见，当一个人从自己所处的一极主动向着另外一极靠拢和融合时，就是合道的。

【素描】

世间的人们无不追求富贵与高位，似乎这才是人生成功的标志。但是对私欲的追求往往会令人陷入顾此失彼的尴尬状态。由此不难理解，红尘中的成功者为什么往往是昙花一现。那些不仅能够取得成功，还能守住成功的高人，一定是懂得并践行"贵以贱为本，高以下为基"这一法则的人。

在历史上，中华文化就发展出了关于王者的高端文化，侯王们也在接受这种高端教育，又发展出了自己独有的道性文化，这就是高下和贵贱的联通。这是很典型的运用文化的力量来把控自己心性的方向，主动平衡自己生命状态的智慧。

很多人在没有取得成就时还能保持谦虚低调的状态，一旦取得了成就或者出了名，就变得飞扬跋扈、自我膨胀，自以为高贵，却脱离了普通群众，失去了自己维持高位的根基，开始走向穷途末路。这是因为他们心中无道，没有能力随时平衡自己的状态。

我们常用"失败是成功之母"这句话来鼓励别人，但实际上有多少人能够从失败走向成功呢？而"成功是失败之父"这句话，却好像在很多人身上得到了应验。

当我们顺利或者得意时，看看我们自己的心态和状态，是在向上飘还是向下沉？我们可以把这一点当作观察自己和衡量生命贵贱的一个重要标准。如果生命浅薄而卑贱，就会因为些许的成就和名气而让自己向上飘，从而让自己的心智迷失，也就是不知道自己是谁或者在干什么；如果生命深厚而高贵，就会随着成就和名气的上升，而让自己的心态和姿态向着相反的方向发展，从而生出同等当量的谦卑、谦虚和平和，让心灵的力道足以与向上的那种态势保持平衡。这就是中华文化中的平安之法。

【真言】

偏于一极是极端，极端膨胀酿灾难；向着反极去融合，无极方能保平安。

【自省】

没什么能耐时嫌弃自己，有了一点小本事又瞧不起别人，若是能耐再大一点、位置再高一点，就开始哼哼唧唧的，不会好好说话了……当我看到别人身上这些让人讨厌的做法时，才猛然醒悟，惊出了一身冷汗：其实我也是这样的，我以前怎么没有意识到呢？我怎么会这样的一点能力和荣誉都承受不起呢？难道有了能力只是用来显摆自己的吗？难道做了个小官就是为了耀武扬威的吗？读懂了老子的思想以后，我也终于懂得了圣人们、高人们、伟人们为何以贱为本，为何有那种慈悲的博大情怀，渐渐地找回了初心和做人的本色，懂得了保持质朴，懂得了善待所有的人，懂得了感恩一切人，懂得了勤奋地工作，懂得了去报恩，懂得了帮助别人是自己的责任……我回到了做人的正确轨道上。

92. 至誉无誉

【出处】
第三十九章："故至誉无誉。是故不欲琭琭如玉，珞珞如石。"

【语义】

世间极致的荣誉，就是合于道的真诚质朴，是立于世间的服务于民众的情怀，是抛弃个人小名小利的觉醒，是恪守初心和回归质朴的觉悟。而最高的荣誉是无须称誉赞美的，不要求琭琭晶莹像宝玉，而宁愿珞珞坚硬像山石。

【寓意】

老子的"至誉无誉"，描写的是悟道者的状态。悟了道的人，就会放弃许多个人的名利，立志服务于民众，心甘情愿地奉献，而无须赞美。悟道就是一个人心性的自我超越，之所以能够如此，是因为他们的人生追求已经达到了巅峰，他们有了个人的高端的心智：人民是我的人民，国家是我的国家，世界是我的世界，我是人民的公仆，我是捍卫国家利益的战士，我是维护世界的天使。有如此人生定位的人，还会去刻意追求那些世俗的荣誉吗？当然不会。因为，荣誉是人类自己制造出来的主观之相，也是很多俗人所追求的，但已经悟了道、确立了自己和人间与世界关系的人，也就是成为获得人间最高荣誉的人，怎么会介意那些世俗的东西呢？在生活中就是这样，当你成了富翁，可能就不在乎小钱了；当你十分在乎小钱的时候，就多半成不了富翁。《庄子·至乐》中也说："至乐无乐，至誉无誉。"不贪享世俗的快乐，超越肉体的感官，让精神与大道合一，让个人与众人合一，让自我与天地融通，如此才会有真正的快乐啊！道家的修行者，不贪享世俗的荣誉，让自己的精神超越世间人为的那些假象，让自己回归大道，此生能够服务于人民与国家，造福人类，合于天地万物成为真人，这才是至高无上的荣誉啊！

【素描】

在现实生活中，大部分人认为追求荣誉是比较正面的，没有什么错误。关于荣誉这个问题，我们可以从以下两个方面来进行讨论。

第一个方面，荣誉纯粹是人类主观的产物，荣誉获得者的评选也是人为操作的。关键是，荣誉不可能人人都有，只有优秀的人才会获得。从理论上来讲，这似乎也没有什么毛病。但是，有很多人千方百计地去追求某项荣誉，这就带着很明显的个人功利心，甚至其中也掺杂了一些主观的因素和背后私密的、见不得光的操作。因此，评选一次荣誉获得者，往往只是一个群体中的极少数人受到了激励，而大部分人会认为跟自己没有什么关系。有一小部分人会觉得自己有资格获得荣誉，但落选的人会更多。落选的人往往会愤愤不平，还会有一群人对落选者表示同情甚至为其抱不平，而那些获得荣誉的人，有的又像做了亏心事一样，不敢在人群中表现自己的荣誉感。几乎每一次评选，都会引起一部分人的躁动，也总会有一些人内心因此而受伤。你看，一件从理论上来说很正确的事情，在现实中却造成了很不好的效果，这就是人为的东西、不合道的操作给人带来的伤害。在这个问题上，很多组织都没有做出很好的设计，也没有取得最优的效果。

第二个方面，很多人追求人为的荣誉，却不知道悟道也是一种荣誉。人一旦悟道，就再也不会追求那些人为的荣誉。道家文化的核心精髓，就是超越主观和人为的东西，让自己的生命回归客观大道，将与大道同在当作生命的最高荣誉与人生的最高境界。道家倡导的人生境界，以朴实、朴素为最美，故有"朴素而天下莫能与之争美"之说。道家文化倡导人的精神的自由，强调要摆脱外在奴役，故有"举世誉之而不加劝，举世非之而不加沮"之风骨。

当然，在现实的组织中设计一套荣誉体系是必要的，毕竟有很多人是没有办法进入学道、修道行列的。如果一个荣誉的标准很客观、很具体，操作上公开透明，这样得出来的结果就能够服众，对众人也有激励作用。若是将荣誉设计成多个连续的体系，让每个人都能因为自己取得的成绩和进步获得相应的荣誉，没有指标的限制，让每个追求进步的人都行走在宽频宽带的道路上，就能够实现全员激励。在这样的制度设计中，学习别人和帮助别人都会给自己加分，嫉妒别人就会成为没用的操作，拒绝进步就会给自己减分，就是自甘堕落。这样，就能让每个人将德行和能力都作为自己追求的目标。如此这般，也许就能够形成共同进步的美好局面。

当一个人不知道世间最高的荣誉是什么时，就会在世俗的那些名利上十分计较。当一个人的灵魂与大道连接在一起时，就会超越世俗的名利。

【真言】

追求人为的东西——虚伪；追求庸俗的东西——平庸；追求外部的虚假——迷失；追求神圣的目标——高尚；追求悟道的真性——道行。

【自省】

我想起自己过去获得的很多荣誉，也想起了很多人一次次被捉弄的经历和愤怒。有一些人为了避免被伤害，干脆选择了退出，不再参与那如闹剧一般的表演。也有一些人已经认识到，人间的荣誉如同稻草人，只能迷惑贪吃的鸟儿，可是一旦遇到评选荣誉之类的事情，自己还是会成为贪吃的鸟儿，过去的明白根本敌不过荣誉的诱惑。在我自己研究企业管理的过程中，曾在几个企业中尝试进行了全方位宽频激励的制度设计，结果人心一下子就被激活了。我个人也跟随着这种洪流走了几十年，做圣贤的学生，追求悟道的境界，超越世俗的诱惑，做灵魂自由的人。

93. 反者道之动，弱者道之用

【出处】

第四十章："反者道之动，弱者道之用。"

【语义】

任何事物的运动、发展和变化，背后都有一些彼此相反的力量在驱动着，如内外、强弱、上下、贵贱、有无，等等。某一种力量强大了，就会激发与其相反的力量的反制和矫正。

【寓意】

老子真是洞察世间天机的圣者，他发现了两极、正反的交互作用，这也是大道的典型运作方式。如果人们的头脑中也始终运行着这种正反相互作用的模式，万事万物的规律也就昭然若揭了。

【素描】

古人早就教导过我们："人无远虑，必有近忧。"可谁能够想到、看到那些还没有发生的事呢？

我们可以问一问自己：我们在别人面前是喜欢表现自己的强大，还是表现自己的柔弱呢？我们是喜欢那些赞同我们意见的人，还是喜欢那些跟我们持不同意见的人呢？我们都追求幸福，可为何总遇到不求自来的灾祸呢？我们都追求成功，可又为何经常遭遇挫败呢？大家可能注意到了，我们的灾难和痛苦往往都来自我们想象不到的人和事，我们的功夫往往都是跟着强大的对手或敌人练出来的。

老子指出了普通人思维的局限性：人们总是会被事物表面的特性所吸引，却看不到其背后隐藏着的另外一种反制的力量，一种力量耗尽时，往往就是反制的力量最强大的时候，此时，一切极容易出现翻转。这其实是一种大道的规律，当我们倾心于某种力量时，也在促成其背后反制力量的成长，两种力量此消彼长，循环往复，形成了万事万物永恒的循环运动和生生不息的现象。能够弱化个人当下的意志，随时洞察反制力量的人，就能够将正反两种力量合在一起运用，从而避免遭受反制。

【真言】

遇事看反面，小心别主观。遇挫悟道律，莫要长脾气。正反合一用，处处有道气。能用反者，则能够胜敌！

【自省】

我听说，世间的天才和高手都有一种特别的思维方式，那就是逆向思维。想来，他们都是拥有老子的智慧吧！我过去经常只是揪住一头而不管其他，结果顾此失彼，搞得自己很狼狈。过去我喜欢与跟自己意见一致的人、跟自己投脾气的人交往，却看不到他们在其他方面的表现如何。后来我遇事不再急躁了，也听得进不同的意见了，渐渐体会到了反面力量的巨大作用，也懂得了正反两个方面的力量共同决定最终的结局的道理，考虑事情也就更加周全了。

94. 无中生有

【出处】
【出处】
第四十章："天下万物生于有，有生于无。"

【语义】
在现实生活中，这个词语指把没有说成有，凭空捏造的现象，也会用在军事谋略中。但在《道德经》中，这一词语的语义是："有"这种存在是由"无"生出来的。

【寓意】
老子的这一思想，是在描述万事万物生成的基本规律：万事万物之"有"来自"无"，又终将归于"无"，"有"与"无"相互依存，相互变化。宇宙的原点是空无的状态，但其中又蕴藏着生出一切的力量。在现实生活中，肉眼能够看到的事物，往往是由肉眼看不到的力量决定的。这种看不见的力量推动着一切有形的事物的运动与变化。一个人看不见的精神决定着他能看得见的行为。正是无形的力量决定着一切有形的事物的发展与变化，重视无形的力量，掌握无形的规律，恰恰是一个人智慧的表现。

【素描】
人们熟悉的《三十六计》中的第七计，说的就是"无中生有"，原文为："诳也，非诳也，实其所诳也。少阴，太阴，太阳。"中国古代军事家尉缭子把老子的辩证思想运用到军事上，进一步分析虚无与实有的关系，让无中生有这一哲学智慧在军事上发挥的作用达到了登峰造极的地步。"无中生有"又是中国哲学的典型命题。活在肉体感知和生理欲望驱动模式下的人，往往"重有"而"轻无"，运用自己有限的知识、经验和能力，去追求对物质的占有。但因为无形智慧与德行的薄弱，这一过程变得十分艰难。强劲的欲望使人唯利是图、不择手段，甚至铤而走险。有人将这种看重物质利益的倾向归为唯物主义，不管这样做是有意还是无知，这错得已经十分离谱了，因为唯物主义是对世界本源的认识，而不是现实生活中的物质主义。

纵观历史和现实，我们就会发现一个非常重要的规律：这个世界不需要人类为它做什么，人类所做的一切都是为了自己的生存和彰显自己的人生价值。也就是说，人所做的事都是工具与手段，都要服务于人的成长。当人的智慧和德行优先于所做的事时，人生就处于可以掌控的状态。当人的智慧和德行这种内在无形的力量弱于外部的责任感和追求目标之力，人生就会出现力不从心甚至失控的局面。以有限的智慧与德行追求无限的物质即是匮乏，以无限的智慧与德行主宰有限的物质才是真正的富足。这就是人生中非常鲜活的"无中生有"和"有无相生"的大道原理。

【真言】

心中有大事的人，不会计较小事；心中无大事的人，小事就是大事；内心邪恶的人，没事儿也要找事儿；忙于奔波的人，是在用有限的智慧追求无限的物质。

【自省】

人生几十年，有几个人能够活明白呢？很多人之所以辛苦，就是因为他们内在的那种无形的力量，已经弱于外部的责任感和追求目标之力，若是不赶紧补救和调整，就有可能一生狼狈不堪！我自己又何尝不是如此呢？

内在的智慧和德行处于优先发展和主宰行动的地位，所做的事情能够服务于自己内在智慧和德行的提高——若是能保持这样的人生态势，此生就能更从容一些吧。

95. 上士闻道，勤而行之

【出处】

第四十一章："上士闻道，勤而行之；中士闻道，若存若亡；下士闻道，大笑之。"

【语义】

真正有道缘的上等根器之人，一旦闻道，就会专心修道，不会中断。

【寓意】

老子在这里讲了修道的三种典型状态：上等根器的人，闻道即开始持续不懈地修行，"道也者，不可须臾离也，可离非道也"；中等根器的人，虽然也向往大道的美妙，但缺乏持续修行的定力，处在时断时续的状态；下等根器的人，对修行则不屑一顾，甚至嘲笑修道的人。

孔子说过一句话，非常知名，叫"朝闻道，夕死可矣"。孔子把闻道看得如此之重，一生都在修行悟道的路上。悟道如此之重要，一旦有了机缘，怎么可能轻易地放弃呢？

【素描】

现实中的人们，没有不向往美好的，也没有不追求智慧的。可是，很多人不知道美好和智慧是什么样子，所以遇到美好和智慧时也不认得，总是与美好和智慧擦肩而过。

大部分人的心智模式其实是这样的：思想一直穿梭在过去与未来之间，

时而怀念过去，时而展望未来，进步和停滞同时存在；甚至有少数人已经关闭了灵性之门，放弃了对进步的追求。在大多数人看来，他们是可笑的，但他们也在嘲笑其他人，这让他们显得更加可笑。

积少成多，积小成大，老子告诉我们，千里之行，始于足下，若是连第一步都迈不出去，或者总是只迈了一步，就不再往前走，那么再美好的目标也是难以实现的。如果能够闻道后勤而行之，时时都在积累，事事都在上升，人生才能更加光明。

【真言】

不开窍的人，会到处寻找机会，自己却不具备抓住机会的能力与德行；智慧的人，会把当下面临的事情变成机会，把自己所拥有的东西、所做的事情都当作点滴的积累，在积累中不断获得成长。

【自省】

我从上大学开始，就疯狂地学习知识，因为我相信知识就是力量。在学习过程中我渐渐地发现，虽然学习了很多知识，我人生中的很多问题却仍没有得到解决。后来我才知道，是因为我没有认真地去践行，没有把头脑中的知识变成行动。从老子的"上士闻道，勤而行之"这句话中，我摸到了一些门道，体会到了由知到行、知行合一的神奇的成效，才理解了人们常说的"人生就是一场修行"这句话的真意。"做人要做上品，做事要成精品，在事情的精品中体现做人的上品"这句话就成了我的座右铭。

96. 明道若昧

【出处】

第四十一章："明道若昧；进道若退；夷道若纇；上德若谷；大白若辱；广德若不足；建德若偷；质真若渝。"

【语义】

光明的道，看起来却像是灰暗的。当人达到了"明道"这种高度时，表面上的精明就会渐渐退去，变得成熟、老练、谦卑、平和、自信。

【寓意】

"明道若昧"和后面相连的多个表述，都是在告诉人们：修道中的进化和平时我们学习中的进步，在感受和表现上，都是恰恰以相反的形式与面貌呈现的。很多人平时的学习，是在没有对头脑中的知识进行整理的状态下，又装进了很多新的知识，虽然知识总量在不断地增加，但处理知识的智慧程序并没有升级，于是头脑就陷入一种更加复杂的紊乱状态。往一个大染缸里倒一瓶纯净水，是无法明显地改善缸中水的质量的。同理，仅靠一般知识总量的增加，是无法改变大脑思维的质量的。

修行悟道就是一种升级人的智慧模式的方式，老子在这段表述中用多个"若"字连接了"道心"和"道貌"两个不同的世界，"若"字后面所出现的景象，就是悟道者新的自我形象。

【素描】

大多数人年轻的时候都处在一种上进和自卑并存的状态，想尽办法来证明自己精明强干，这无可厚非。但是这种状态不应持续得太久。若是一直锋芒毕露，不顾及周围人的感受，就很容易被讨厌、被孤立，并让自己产生负面的力量。在这一点上，许多人都付出过沉重的代价。一个人若能给人一种成熟、沉稳、可靠的感觉，也能够给人一种信心。这样的人自然能够照顾各种各样的人不同的感觉，团结各种各样的人，也能够包容不同个性的人。这是一种对自己个性的超越，也是一种能力与智慧。

如此说来，如果一个人过了三四十岁，还依然锋芒毕露，甚至盛气凌人，以自我为中心而不顾及别人的感受，总是抓住机会显摆自己而不会欣赏别人，总是抓住别人的弱点和缺点不放而不会帮助别人提高，遇到事情时总是很冲动，甚至经常乱发脾气，这样的心智状态很显然已经与他的年龄不相符了，他没有表现出他的年龄该有的智慧与德行，这就是幼稚，是自我进化速度太慢，他的生活和事业会遭遇很多麻烦和坎坷。

【真言】

没有悟道的人，大多会表现出自大与张狂。悟道的人，则往往让别人觉得舒服。

【自省】

我年轻的时候，害怕被别人瞧不起，确实喜欢表现自己的精明强干。随着自己内在积淀的增加，我没有走向外部的张狂，而是走向了外在的谦和、平和与包容。在现实生活中，我也看到一些不太得志的人渐渐变得消沉、颓废；还有一些原本发展得很不错的人，给自己的人生挖了很多坑，有的已经摔倒在坑里，有的再走几步就会掉进坑里，这样的人很难被叫醒。我每每想到此情此景，就会对人生唏嘘不已。真希望每个人都能成为成熟稳重的人，能够与各种各样的人建立和谐的关系，造福自己和更多的人。

97. 大器晚成

【出处】

第四十一章："大器晚成。"

【语义】

人生真正的成功，都是历经沧桑和岁月的积淀之后的结晶。

【寓意】

大器晚成，这个词语中的每个字都是一个关键点。在中国文化中有两个"大"：一个是客观上的"大"——无外为大，大而无外；另一个是主观上的"大"，也就是"自大"，说的是人心智上的一种毛病，是那种总以为自己了不起的状态。"器"，在现实的层面上，人是一种高于一般东西的存在，因此既不能成为一个普通的东西，也不能被外在的某个东西所控制，如孔子所说"君子不器"；在大道的层面上，生命如同一个"道器"，皈依大道，弘扬正道，即是天地人间的大器。人们常说"国之重器"，既可以说是某种技术或者某种资源，也可以说某个人物。"晚"，如果把人生分成三段，处在第一阶段时，人可以有小成；处在第二阶段时，人可以有中成；到了第三阶段，也就是此处所说的"晚"，人才会有大成。"成"，一个人成就自己的生活，算是小成；一个人成就很多人的生活，算是中成；一个人融入天地众生，以无我之心成为道体，普济天下，算是大成。

【素描】

纵观中外古今，许多人的人生经历告诉我们，人生的失败往往跟两个非常强烈的意念有关。第一个就是"器误"。要么自我贬低，只想成为"小器"；要么忙着忙着成了器之器——被外部的东西所主宰，自己不再是自己的主人。我们都知道自然界有个生命的食物链，被服务的对象处在食物链的高端。人就处在这个食物链的高端，我们所熟悉的鸡鸭鱼、花草、树木和圈养的各种牲畜，都是服务于人的，这些动物和植物就处在食物链的低端。"器误"的本质就在于，人迷失了心智，开始在食物链上往下移动自己的位置，让所追求的外在的东西上移到主宰自己的高度。第二个就是"急成"。在一个快餐时代，"急于求成"成了很多人的基本状态。至于古人所说的"十年磨一剑""甘坐冷板凳"的修行功夫，却被很多人忘记了。

人们大多急于求成，脱离了生命的正常状态：没有理想的指引，却有欲望的驱动；没有脚踏实地的积累，梦想变成了空想。这可能是很多人之所以一直奔忙而没有大成的根本原因。一个人要有大成就，一方面需要人生理想的定位和长期学习与实践经验的积累，另一方面也需要在人生的起伏中淬炼自己的心性，锻炼自己的洞察力和意志。故而，有很多人是在中年之后才取得大成就的。

现实中常见的情况却是，那些到了五六十岁的人，往往认为自己的人生差不多已经定局了，既没有认真总结几十年人生的经验教训，也没有看清人生向往理想的目标和由此诞生的生命力。于是让自己的生命就这样进入了暮年，甚至到了不问世事的养老状态。岂不知，没有人生理想指引的生命，怎么能够算是养老呢？积极的养老是更加成熟地思考，更加智慧地行动，永不放弃地追求理想。一旦这种生命力消失，生命就会快速衰竭。人生中最大的遗憾，也许是经历了漫长的播种、培育的过程，却在进入收获期的时候突然放弃了。

人生有两种典型的模式，一种是消耗型的，一种是累积型的：随着年龄的增加，价值不断增加，这就是累积型的模式；随着年龄的增加，价值不断地减少，这就是消耗型的模式。这两种模式并无职业的限制，即使是一般人认为的吃青春饭的模特职业，如果从业者自身采取的是累积型的人生模式，也有可能做到越老越香。但大部分人所追求的，都是早点成功、早点出名、早点发财，可往往又在消耗着自己的青春和学习、进步的机会。于是，使用消耗型模式所取得的功名，因为没有底层的营养和内在不断的提升作为支撑，往往就如同昙花一现，再也没有后续的辉煌。人生如能做到每走一步都在进步，每做一事都获得提升，随着日积月累，生命高度不断提升，最终就会在人生收获的季节迎来生命的巅峰时刻，这就是大器晚成的真意啊！

【真言】

自我贬低的人，必然会因小气而小器；追求外在而被外在主宰的人，则会成为外物的奴隶，与成功无缘；空有梦想而耐不住性子、急于求成的人，人生会落寞不堪。当内在的智慧和德行不足以支撑外部的功名时，功名也只会如昙花一现；锁定星空的高度，点滴之光，不断积累，才能让生命之光照亮星空。

【自省】

我年轻时也曾急于求成，在能力不够时忽视了理想的力量，明白了理想的力量时又忘了去脚踏实地地积累。通过学习老子的智慧，我的理想清晰了，行动踏实了，做事的每一步都成了升级生命价值的台阶，越是这样往前走，人生就越是光明！就这样，吾心愈加光明，亦复何求！一切就道法自然吧！

98. 大音希声

【出处】

第四十一章："大音希声。"

【语义】

最大的"音"往往是无声的。

【寓意】

我们都知道地球在旋转，但听不到旋转的声音。我们也知道大道规律每时每刻都在运行着，但也听不到声音。一个人对他人最深厚的情感，往往也不体现在语言和声调上，而是体现在行动和效果上。

老子借"大音希声"这个词语来告诉我们，大道的运行是没有声音的。一个人的内心若是能够达到寂静的状态，也就有希望与大道同频。一个人发出的声音，若是能够与他人进行有效的、友善的沟通，也就是明白了大道运行的规律。一个人如果能够超越自己的主观，与天地万物沟通，也就真正做到了与大道同频。

【素描】

宏大的宇宙，无时无刻不在运行着，却是寂静无声的。性情急躁的人，走路快，声音也大；心情烦躁的人，总是喋喋不休；没智慧的人总在讲自己认为正确的道理，却很少去倾听别人的心声。平时，人做得最多的事就是说话，可又有多少能说到别人的心坎上呢？至于那种"心有灵犀一点通"

的，你说半句他就懂你的全部，你说上句他能接下句，这样的心灵美好对接难能可贵，是可遇而不可求的。

现代人通常把声和音说成一个词"声音"，实际上，在中国文化中"声"和"音"是有区别的。《礼记》中说："感于物而动，故形于声。""声"指的是因外物作用于物体而发出的声响，如敲击或演奏乐器所传递到人耳朵里的旋律，诸如钟磬、大鼓、笛子、琵琶、古筝等乐器发出的声响。"生于心，有节于外，谓之音。""音"指的是动物本身依靠发音器官所发出来的音，它既包括动物鸣叫时发出的音，也包括人类说话、唱歌时发出的音。一般来说，音是比较细腻柔软的，但有时也不失豪放。老子说，音和声虽然不同，但也可以在差异中产生和谐。由此可见，有声而音，口、舌、唇、喉、牙、齿协调运动，而生五音六律，而发音器官的协调运动就是"和"。老子在《道德经》第二章中说的"音声相和"，就是五音六律的协调，委婉曲折而动听。对人而言，"和"就是能完整地向对方表达自己的思想感情。不"和"，只是有声而无音，对方不知你说的是什么，无法理解你的意思。"对牛弹琴""驴唇不对马嘴"等俗语，说的就是这类现象。

【真言】

孔子说："巧言令色，鲜矣仁！"孔子还说："听其言而观其行。"悟道之人懂得用事实说话，最感人的经典作品往往是用讲故事的形式写成的，也就是摆事实、讲道理。老实忠厚的人只用做事和成果来表达自己的内心。少说多做，行胜于言！

【自省】

我年轻的时候以为拥有好口才很重要，后来才渐渐地明白，人们不仅在听你怎么说，还要看你怎么做，更要看你能做成什么事。要省点精力，少说没用的话，多做点儿对别人有用的事。做事时要把心静下来，把事情做精做细，通过做事不断地提升自己的境界，这才是人生价值的真谛啊！

99. 大象无形

第四十一章："大象无形。"

【语义】

从字面看，这个词语的意思是，最大的物体往往是没有形状的。实际上，老子在这里所说的"大象"，指的是大道。大道是一种宏大的、超出我们视觉能力的存在，是我们的主观能力无法感知的，因为它的存在已经超过了我们主观所熟悉的形态。但是，既然存在，又怎么可能没有形象呢？于是，老子就把它称为"大象"。

【寓意】

老子在《道德经》第三十五章中就有这样的表述："执大象，天下往。"大道广大无边，悟道的人的智慧与人格境界，就是能够超越任何世俗中的常规形态，领悟大道的大象之形。所谓"无形"，本质上说的是在常人感知模式下的无形，而又是悟道者心中的有形。普通人之所以会平庸，就是因为过于执着于所熟悉的有形，过于突出自己小我的形象，反而增加了自己走向大道的阻力和障碍。

【素描】

很多人觉得人生是痛苦的，却没有想过是什么力量造成了这种痛苦。老子告诉我们，是那个晃晃悠悠、自以为大的自我，如同一座山一样横在我们的眼前，阻挡着我们，使我们无法走向光明的人生大道。

众所周知，人类只能识别和描绘出部分事物的形状，这是肉体感官的局限性所导致的。对于人类来说，真正的"大"绝不是我们自己，而是无边无际的宇宙大道。老子所说的道，可以大而无外，小而无内，大到无法触及，更无法描述它的形状，小到无法察觉但又无处不在。

一般人可能没有想过：为什么人生中会有很多让自己过不去的地方？世间没有过不去的事儿，只有过不去的人。当我们固守自己的某种想法，坚持自己某种习惯的做法，并认为只有自己正确时，在别人看来我们就是自高自大的人。正是这种主观的状态，让我们无法适应外部的变化，反之，当我们处于谦卑、无我状态时，却能在坎坷中如履平地。

与老子所说的大象无形比较接近的、我们比较熟悉的那种自我状态，常常是用这样的一些说法来表述的：这个人境界高远，不计较小节；这个人心胸博大，很多事在他眼里都不算什么；这个人很大气，跟什么样的人都能聊起来；这个人很大方，帮助了许许多多的人却从来不会计较；这个人很大度，别人伤害了他，他竟然还会向别人道歉……话说到这里，我想起了相声中说的一个笑话：

在公共汽车上，因为车的晃动，有个人被前面的人踩了一脚，对方回头看他时，他冲人家一笑说了句："对不起，硌着你了吧！"对方一愣，随之一笑："是我踩到你了，对不起。"

生活中的很多小事就在这样的一说一笑中成了一种悟道的趣事。

【真言】

修道、悟道的人，灵魂是伟岸的，心态是谦卑的。愚痴不开化的人，灵魂是卑微的，但又把形体和形象装扮得很高大。

【自省】

我回头看看自己的过去，简直就是一场滑稽的表演啊！以为自己装装样子就很高大，哪里知道真正的高大是没有样子的啊！像空气一样到哪里都能存在，跟谁都能和谐，啥事都是好事，这种高大真是不可细思啊！

　　我们要超越主观的感知能力，掌握领悟大道的智慧，在大中见小，在小中见大，打破形象的阻碍，这样才能畅游于大道之中，修出生命的大气象、生活中的大风范啊！

100. 三生万物

【出处】
第四十二章:"道生一,一生二,二生三,三生万物。"

【语义】
指大道生成万物的基本规律。

【寓意】
有人觉得这几个数字有点不好理解,前面三个还好,怎么"三"生出来的不是"四"而是万物呢?很显然这不是个小学算数的问题,而是个哲学问题。"道"是混沌的"零"态,"一"是大道的"统一和谐"态,这个"一"中又蕴藏着阴阳两股力量的相互作用,正是这个阴阳"二"的作用生出了滋养我们的物质、能量和信息的"三",而这个"三"也就是世间万物的基本组成形态:阴、阳,以及阴阳和合的第三形态。

【素描】
在现实生活中,很多人都喜欢"一",比如喜欢争第一,喜欢做唯一,喜欢拥有独一无二的东西。很少有人喜欢"二",但又莫名其妙地把一些事物看成对立的,这就构成了人比较"二"也就是愚蠢的状态。很多人也不太喜欢"三",因为一旦出现"三",关系就会变得比较复杂。

但不喜欢归不喜欢,这"三"背后往往隐藏着巨大的力量,比如三人成虎、三个女人一台戏、三点确定一个平面,等等。"三"也带给人类非常美妙的生活。比如三口之家，夫妻加孩子，让生活变得丰富多彩；第三种答案，往往在是与否之外，还有另外一种更美妙的方案，比如中庸之道、灰度理论；还有第三种道路、第三方调停者，等等。可以这样说，做人做事时只要找到正面的这个"三"，往往就意味着智慧；只要遇到负面的这个"三"，往往就意味着麻烦和复杂化。

不管人们喜不喜欢"三"，现实生活也离不开这个"三"。走邪道的人会因为这个"三"，而让自己的人生麻烦不断；走正道的人会因为这个"三"，而让自己的人生精彩频现。由此可见，"三"在人生和生活中是个很神奇的数字。如果说阴阳两种力量是万物存在和相互激荡的核心，那阴阳和合成的第三种力量，才是人间最神奇的存在。

【真言】

大道自在，阴阳和合，万物相通。明道，而知万物之真。知万物之真，即是明道。

【自省】

这实在太美妙了，阴阳和合能生万物。我过去看待事物和思考问题时喜欢使用阴阳的对立，总是在二选一中把自己引向极端，给自己带来了许多的麻烦！当我学会从两个因素之间的冲突和对立中跳出来去寻找那个"三"以后，很多看起来很麻烦、很困难的问题，就有了对应的解法。

101. 万物负阴而抱阳，冲气以为和

【出处】

第四十二章："万物负阴而抱阳，冲气以为和。"

【语义】

万物包含着阴阳两种力量，它们相互作用，相互融合，此消彼长，互相激荡，从而形成新的和谐体。

【寓意】

辩证唯物主义认识论提出了"一分为二"的认识论法则，指出任何事物都包含矛盾对立的两个方面。但对立只是一个方面，对立会走向统一，统一又会走向分化，如此循环往复，构成了万事万物的运动规律。明白了这个规律，我们就会见正思反、见反思正，避免片面和极端，在两种相反力量的作用中寻找它们的统一，这往往就是解决现实问题的方法，如从恶性竞争走向合作与双赢。当然，和谐的局面也会再次分化，也就是旧有矛盾消失，新的矛盾诞生。我们了解了这样的变化规律后，就不会为新矛盾的出现而感到焦虑和困惑，而是在它们相互作用达到一定程度时，找到新的统一形态，如此循环往复。能够主动地认识和跟随这样一个过程，就像行走在智慧的光明中。

【素描】

现实中，很多人错解"一分为二"，主要有三种典型的错误。第一种错误，把认识论中的"一分为二"看成是事物本体的对立冲突。实际上，任

何事物的本体，都是在对立中完成统一，又在统一分化中产生对立，如此循环往复的。第二种错误，总是在事物对立的两个方面中做出二选一的选择，从而走向片面和极端。第三种错误，自以为聪明地调和两种对立的力量，却只是消极地息事宁人，而没有促进二者和谐发展。

除此之外，还有很多人在主观上犯了自我中心式的错误，总把自己当成一，不能接纳别人，没办法在自己和他人的差异中找到统一。

世界上有两类人：一类是痛苦的失败者，他们不断地与外界对抗，把自己装扮成正义的样子，搜寻着世界上的邪恶，原本是想解决问题，结果却在不断制造问题，他们这种思维本身就是问题的源头；另一类是智慧的成功者，他们总是在自己和别人的差异中寻求统一，在统一中让关系进入一种和谐的形态，从而解决了矛盾对立中所产生的问题。很显然，他们领悟了老子"冲气以为和"这一智慧的真谛。

【真言】

处处在维护和标榜自己，总是表现自己与别人的差异，甚至总是在造成自己与别人对立的人，会成为痛苦的失败者。能够在差异中寻找统一、在对立中获得进步的人，才会走上成功的大道。

【自省】

我记得自己小的时候，总想跟自己喜欢的人建立一种亲密无间的、具有排他性的关系，但总是不欢而散。而对那些自己不喜欢的人，我懒得去搭理，看他们也非常不顺眼，还标榜自己是非分明。我也过分地坚持个人之见，总是驳斥不同的意见，自己的意见也往往存在着严重的缺陷，即使按照自己的意见去做，也难以达成既定的目标。这种错误的思维和行为方式，让我生活在一个撕裂的世界中，不仅把自己与别人的关系搞坏了，而且做事时容易走向片面和极端，这让我屡屡失败，痛苦不堪。懂得了在对立中促进事物的发展，理解和接受了统一中的分化，并在分化中再找到统一的更高级的形态之后，我获得了一种新的动态的智慧模式。

102. 孤寡不穀

【出处】

第四十二章："人之所恶，唯孤、寡、不穀，而王公以为称。"

【语义】

普通人厌恶"孤、寡、不穀"这些代表着人间不幸的状态，王公贵族却以此来自称。老子使用这一表述方式来指明悟道者的一种主动平衡自己的觉悟：按照大道平衡的原理，地位高时，就要主动地把自己的姿态放低。

【寓意】

在老子的时代，能够受到中华文化较为系统的教育并最能代表中华文化的，并不是普通老百姓，而是那些王公贵族、皇亲国戚。虽然王公贵族和皇亲国戚们高高在上，却要依靠和服务于广大普通百姓，也就是要得人心，才会有长治久安的良好局面。但是，王公贵族和皇亲国戚，也特别容易滋生优越感，特别容易与普通民众产生巨大的距离感，甚至因为自己的优越感而去欺压百姓，最终导致社会动荡不安。这就是当时王公贵族和皇亲国戚的主观状态与普通百姓的客观状态相冲突的典型形态。但老祖宗们也是智慧的，在看清楚了这种冲突状态的规律之后，王公贵族们发展出了平衡自己的文化：他们身处人间高位，锦衣玉食，但能够认识到"高位"即"高危"，能够通过使用这些一般人厌恶的、并不美好的词汇来自称，也是在告诉自己要保持低调和清醒。当然，开明的君主，并不仅仅是使用这些称谓来装裱自己，而是通过具体的行动来践行这些理念，这就是悟道而懂得自我平衡的一种觉悟、一种智慧。

【素描】

世俗中的人间万象，可以划分成三种景象。第一种景象：有一种人，不管能力和成就大小，都不断地自我膨胀，不断地粉饰自己，到处招摇，于是乎，与大道的对立不断增强，从而造就了自己痛苦和失败的局面。一些学习《道德经》的朋友经常会说，那些人若是能够学习《道德经》，拥有了老子的智慧，也许就能够避免悲惨的结局了。第二种景象：有这样一种人，他们总是想方设法地弱化自我，尊重和学习别人的长处，反省和改正自己的错误，随着成绩、能力或者地位的不断上升，他们反而变得越来越谦卑低调。于是，他们的优点不断增加，错误不断减少；朋友不断增加，敌人不断减少；机会不断增加，危机不断减少。就这样，他们用智慧为自己铺就了幸福和成功的道路。当然，大部分人展现的可能是第三种景象：他们时而明白时而糊涂，时而傲慢时而谦虚，时而膨胀时而觉醒，这样的状态，就会缔造一种如坐过山车一样颠簸和刺激的人生。

【真言】

主动平衡叫觉悟，被动平衡叫幸运，拒绝平衡叫灾难。人生的命运，就在平衡与不平衡的变换中迎来三种拐点：第一种是主动纠偏，从而走上坦途；第二种是被动纠偏，但依然执拗，也就是痴迷不悟，继续犯类似的错误；第三种是在被动纠偏中幡然醒悟，领悟大道的规律，成为大道的可教之子。早一点建立自我平衡的模式，从别人失衡的经历中吸取教训，时刻警惕自己主观上的膨胀所导致的失衡，才能早日找到人生那条平坦的大道！

【自省】

我回想自己过去的经历：没什么能耐和成就时，我却非要装装样子；有了一点小能耐、小成就时，又会将其放大，装出一副很了不起的样子；

随着能力和成就的增长，自己的心态也会飘起来，进而迷失自己，从而招灾引祸。这是多么愚蠢和可笑！现在我的能力和成就比过去大很多，反而不敢张扬和傲慢了，也懂得了尊重别人，欣赏和赞美别人的成就，于是人生的局面变得越来越和谐了。

我们要清醒地认识到，当我们身处高位或者有显著的成就和名声时，一定要主动平衡自己。优秀的人，不仅仅是做事优秀，做人更是谦卑、低调，这就是人生中最典型的智慧平衡模式。

103. 损益益损

【出处】

第四十二章："故物或损之而益，或益之而损。"

【语义】

那些在主观上想增益自己的人，往往反而在客观上损害了自己；那些在主观上想减损自己的人，反而在客观上增益了自己。这是人的主观与客观大道相互作用的结果。

【寓意】

老子所描述的这个规律，其实就是很多人很熟悉又难以理解的"得就是失，失就是得；多就是少，少就是多"这句话的原理。大多数人无法理解价值在时间维度上的分配、不同价值形态的转换和在不同空间里的呈现，从而一味地追求眼前的、物质的这样一些单一的、孤立的价值形态，结果导致人生的巨大亏损。

【素描】

每个人都会本能地去增益自己、减少损失。这种做法并没有错，却往往收效甚微。

俗话说吃亏是福，但现实中却很少有人真正将这句话奉为人生的信条，这是为什么呢？因为，大部分吃亏在当下就已经产生了损失，也找不到福气是什么。有时还恰恰相反，占点便宜自己会很高兴，吃了亏自己会很郁闷。这就涉及人生的账如何算的问题：喜欢占便宜的人，占的那点小便宜不足以决定一生的富有，但喜欢占便宜的习惯或者人格会被别人看穿，会让别人疏远他、防备他。大部分吃亏都不会让一个人一生贫困，若是能够做到不在乎，就可以避免自己心理状态的恶化，不再分心或者焦虑，保持住自己正常的状态，集中精力关注更重要的事情，如此这般反而会在未来有更大的收益。此外，不在乎吃小亏这种行为本身就表现出了大气和大局观，能够赢得很多人的尊重、信任和喜欢，这不也是人生的重大收益吗？这样的人不就会赢得越来越多的朋友吗？不就会有更多的机会吗？想明白了这些，也就明白了老子所说的"损之而益"与"益之而损"。因为有天地大道的存在，我们想占便宜或者愿意吃亏的主观状态极可能引发相反的结果。

所以，任何时候我们想事情、做事情都不能一厢情愿，不能忽视大道的存在，否则心想事难成！不要担心老实会吃亏，就让自己变得圆滑；不要担心因为善良被人欺，就把自己变得凶残；不要害怕简单被人骗，就让自己不择手段；不要以为尽本分是懦弱，而让自己越活越奸猾。

【真言】

人在做，大家都会看到眼里，人们心里都有杆秤，是忠是奸是恶是善都会评判。人若欺你，你的忠良本性会护你周全；人若欠你，你的人生账簿会令你看清得失。

【自省】

我想起过去的自己，学了那么多的知识，唯独不会算人生这本账，有时候，看到喜欢占便宜的人，心里也鄙视他，但自己又总是想着占便宜……原来自己都搞反了：以为有益于自己的，结果却害了自己；看起来对自己有害的，放长远看却极大地增益了自己。看起来光有科学知识是不够的，还必须增长人生智慧。否则，自己很可能在科学上成为巨人，在人生智慧上却成了侏儒。有了这么一点醒悟之后，我感到特别庆幸。再看看周围有些人还处在那种痴迷不悟的状态，甚至提醒他们也叫不醒他们，只能摇头叹息了！

104. 强梁者不得其死

【出处】

第四十二章："强梁者不得其死。"

【语义】

人如果自我感觉很强大，忽视了客观规律的力量，与大道形成了对抗，往往会不得善终。

【寓意】

老子看到现实中太多人生的惨剧，皆是弱小的人类主观思想对抗强大的客观规律，最终所导致的结果。建造房屋时，按照建筑的规律是要"强柱弱梁"，若是房的柱弱于房上的梁，房屋就容易坍塌。人生也如同建房一样，柱子就是大道，梁就是人的主观，梁必须配合柱，辅助柱，也就是人的主观必须服从于客观大道。每个人自身的力量都是有限的，以个人有限的力量去对抗外界的无限力量，就如同房屋的柱和梁的关系发生了逆转：本应是"强柱弱梁"，结果却搞成了"强梁弱柱"，岂有不倒塌之理？

【素描】

每个人都要处理好"怕与不怕"这对关系，在这对关系上有两种类型的人。第一种类型的人比较普遍，就是怕困难又不敬畏规律，遇到具有挑战性的工作，第一反应是畏惧，觉得自己做不到，这种人往往在能承担的工作上也不会精益求精，很难成为卓越的人。第二类人敬畏规律，时刻提醒自己不要疏忽大意、傲慢自大，要如老子所说，战战兢兢，如履薄冰。因为他们知道，如果在主观上自大，就很容易受到规律的惩罚。他们不怕困难，因为他们知道，任何困难都有它自身的规律，只要没有主观上畏难的情绪出来捣乱，静下心来把规律搞清楚，困难就会变成机遇。

从"怕与不怕"这对关系中的两种类型可以看出，人生如同盖房子，也有梁和柱的关系。万事万物的客观规律和对客观规律的尊重、掌握与运用，就是我们人生这座房子的支柱，这个柱子一定要很强大。始终尊重规律、运用规律的人，就能做成事儿而又能保障自己不出事儿。那些不尊重规律或者主观膨胀而忽视规律、背离规律的人，就是用自己的主观状态代替了客观规律，当然就开始出错了。

有的朋友可能会反问："中国文化不是也倡导人要自强吗？《易经·乾卦》中不就讲人要自强不息吗？这跟老子的思想是不是有些冲突啊？"这个问题提得很有意思，实际上《易经》中讲的自强不息，是要让我们的生命和我们的心靠近大道，根据大道的规律来增长自己的智慧，用智慧来替代小我那种低层次的小聪明，这样人才能够真正地强大，而不是自大，这与老子的思想实际上是一致的。

【真言】

人间最先倒下的，往往都是看起来很强壮、很强大的人。肉体的强壮并非过错，自以为是和自我的膨胀才是病因。那些能在客观上自强、在主观上自弱的人，才能活得长久。

【自省】

其实我年轻时也天不怕地不怕的，有很多自以为是的想法和做法。记得有一次一位领导跟我聊天，说到了这样的一个观点：初生牛犊不怕虎，这是无知状态下的勇气，是鲁莽，牛犊最终会被老虎吃掉的。过去我犯的最大的错误就是把自高自大当成了自强，这不仅让自己生活在假象中，还错失了使用大道武装自己达到真正强大的机会。深刻认识到自己的自高自大后，我将大道能量接入自己的生命，自己日益变得强大了，心灵也变得强壮了，不再与自己面对的所有客观事物和人对抗，理解了越来越多的客观规律，心灵的空间也变大了，内心那些痛苦的种子在死去，喜悦的种子在成长，也许这才是人生的真谛吧！

105. 至柔至坚

【出处】

第四十三章："天下之至柔，驰骋天下之至坚。"

【语义】

世间最柔弱的力量，却能成为最强悍、最无敌的力量。

【寓意】

至柔是大道润物细无声的状态，人一旦悟道，生命就会呈现为这种大道的状态，不再去强制性地征服，更不会去霸凌或欺压别人，愿意接纳万物，因而行于天下而无障碍。

【素描】

反观一下我们的现实生活就会发现，世间的人大都想强硬地让别人臣服，比如上级对下级、父母对孩子，基本上使用的都是这种愚蠢的方式。这种方式之所以一直在持续，是因为下级没有更多的资本反抗上级，孩子还没有足够的资本去对抗父母。一旦等到上级没有了权势，一旦老板负债累累，看看下级或者员工，还有几个人会屈从于上级或老板的淫威？等到孩子能够自立之后，还有几个愿意听父母的唠叨？

人们喜欢用霸道的方式对待别人，却不喜欢别人用霸道的方式对待自己。人们憎恨别人剥夺自己的权利，也会感恩别人帮助自己和增进自己的利益。这些人性的特点就是我们认识自己和选择人生方向的依据：一、理解别人，善待别人；二、帮助别人，增值自己；三、提升智慧，破除暴躁；四、遵循大道，润泽万物。

我们都喜欢别人温柔地对待自己，那就让我们把善良和智慧当作种子，把温柔当作那朵美丽的鲜花，来面对世间一切人和事吧！能够为别人呈现美好的人，自己就会成为美好的本源。

让我们学习水一般的至柔吧，我们能够滋养什么，滋养多少，滋养到什么程度，最终跟我们实际的收获是成正比的。这是人生的一种智慧！真正的强大不在于我们征服了多少人，而在于我们能够俯视多少人，能够造就多少人，能够帮助多少人。

【真言】

因强大而温柔，行走天下而无碍。因虚弱而粗暴，走到哪里都会撞墙。心善行柔，才能无敌于天下啊！

【自省】

我们生活在一个和平、文明的时代，不管是生活还是事业，绝不是靠武力和暴力就能成功的。人之所以有时候会暴躁，是因为生命中没有安装足够多、足够高的人类文明的心灵程序，追求的都是动物性的强大，却忘记了属于人的强大是什么样子的。如能用智慧战胜暴躁，用进步战胜愚昧，用智慧滋养善良，用反省、改过实现自我突破，人们方可造就日益完美、善良的自我。

106. 无有入无间

【出处】

第四十三章："无有入无间，吾是以知无为之有益。不言之教，无为之益，天下希及之。"

【语义】

没有任何形状的力量却可以无处不在，这是指大道的无处不在和悟道的人畅行天下的状态。

【寓意】

自我主观越是强大，障碍就会越多。个性越是突出，麻烦就会越多。这里所说的强大的自我和突出的个性，都是人的主观在不自量力地对抗大道的力量。而真正强大的自我就是无我，真正超级的个性就是让自己复归道性，与各种不同的事物和人都能建立和谐关系，如此这般，就能与大道同频，与大道同在。

【素描】

强大不是过错，过错在于将自大当成了强大，与大道规律或大道力量相对抗，这就叫不自量力，这样所表现出来的自我就如蚍蜉撼树一般滑稽可笑，这样的努力就是愚蠢的典型表现。

追求个性不是过错，过错在于把自己的个别性当成了个性。于是，理直气壮地制造了跟别人的差异和虚幻的高贵感，以及与许多人的冲突。冲突越来越多，这符合自己的个人利益吗？

坚持原则不是过错，过错在于永远都认为自己才是正确的，别人总是错误的。于是自己的正确被别人感受为傲慢，对别人的指责变成了一种打压。

坚持真理不是过错，过错在于以为只有自己才代表着真理，而一直不了解自己之外所发生的一切事情的必然性规律。不了解万事万物的必然性，就不能了解真理，也就无法掌握真理。

这些很重要的人生原理，家长有能力教给孩子吗？学校里哪门课在讲解和训练这样的能力呢？

我们一直在努力地做知识类的教育，但在人生的教育方面却非常薄弱，一个脆弱甚至人格扭曲的生命能够让知识发挥出健康的力量吗？

【真言】

愚蠢的人拿着自以为正确的念头到处去制造问题，智慧的人平静地实现着人生的目标。

【自省】

我年轻的时候，没什么资本，知识有限，经验欠缺，智慧贫乏，可又总害怕别人小瞧了自己，于是用自高自大来掩盖自己的虚弱；渐渐地有了一些能力，终于算是有了一点骄傲的资本，于是用装腔作势来显摆自己；渐渐地又有了一些名头，于是把各种头衔儿印到自己的名片上，以这些装裱自己。也许人的成长就是对自己过去可笑状态的反省，在我们真正可笑时，我们甚至都没有嘲笑自己的勇气。

随着向着真理的不断迈进，我终于发现自己在真理面前没有自高自大的本钱，自己的那点小能耐根本算不上什么资本，那些名头也算不上成功的标志，于是，自高自大变成了谦卑平和，装腔作势转化成了好好说话，不断显摆自己变成了低调和平凡，人生的路越走越宽，越走越光明，越走越轻松。

107. 甚爱必大费，多藏必厚亡

【出处】

第四十四章："甚爱必大费，多藏必厚亡。"

【语义】

按照利于自己的主观想法，过分爱惜就会有重大损耗，藏货太多就会有更惨重的损失，只要背离大道，让主观成为生命的主频，就会产生与主观愿望完全相反的结果。

【寓意】

人啊，只要心思一动，想的就都是如何利于自己，如何让爱多一点，如何让自己拥有得多一点。有人会换个思路这样想吗？让精神丰满一点，让物质简单一点；让繁华减少一点，让朴实增加一点；给自己减少一点，给别人增加一点。老子早已经用"甚爱必大费，多藏必厚亡"这样的断言，预测了现实中欲望膨胀的人最终的命运。

【素描】

有一位智者说，人生就是一本账，每个人都在算账，会计算的是财务账，社会算的是人情账，每个人算的都是自己不能吃亏的小账。如果世人都不想吃亏，那最后吃亏的会是谁呢？若是没有人吃亏，那想占便宜的人又怎么可能实现愿望呢？

实际上，人生的利益是一个综合体，吃饭、喝水、睡觉、呼吸这些生理活动，恐怕少了哪一样都不行。但这只是人的肉体的活动和需要，除此之外，人还有精神的需求，单纯靠生理和物质，是无法满足人的全部需求的。

让我们从生活中拣选一些智慧出来吧：

农民会挑出最好的粮食做种子，把它们播种在地里，而不是把它们吃掉，于是收获了更多的粮食；成熟的人懂得主动去给别人帮忙，于是收获了友情；有功力的人能够在别人危难时挺身而出，于是浇灌出了人间的真情；有自知之明的人知道向别人学习，于是有了自己的成长和壮大……

原来，人生的真相是：我们是跟一群人共同度过几十年的，这一群人就是我们生命最核心的生态圈，当我们用付出而不是占有去维护这个生态圈时，就会让自己活在郁郁葱葱、繁花似锦的景象中，这就是对自己人生的播种与耕耘。

【真言】

多余的都是累赘，爱过头就是溺爱，亲过头就会变成仇恨，吃多了就会危害健康，占有得多了人生质量就会下降，若是拥有了不该有的，还可能会损害自己的生命。

【自省】

我曾用物质充填自己空虚的灵魂，却没明白自己其实处于精神和物质双重贫困的状态，而自己只是想解决物质的贫困，却忽视了精神的贫困。看到那些精神处在贫困状态的富人频频倒下时，我才突然醒悟，才知道自己没有成为亿万富翁，而让自己的物质生活与精神生活产生那样巨大的差距，原来是一种幸运。如果精神的强大程度弱于物质的丰富程度，后果很可能是灾难性的！让我们赶紧醒来吧，别最后拥有了很多，却失去了自己的人生。这本账，万万不能算错，否则极有可能连回头的机会都没有了。

108. 知足不辱

第四十四章："故知足不辱，知止不殆，可以长久。"

【语义】
懂得满足、知足，才能够避免自取其辱。

【寓意】
现实中被欲望驱动着的人们，永远不知足，对于拥有的不知珍惜，还去追求自己没有的，就这样日复一日、年复一年地忙碌着，直至有一天倒下或者离去。人类的困境，基本上都是一个模式：不断地去索取，却忘记了珍惜已经拥有的；一味地前行，却不会停下脚步等等自己的灵魂。知足而珍惜，知止而从容，才可以走得长久。

【素描】
"知足不辱"对应着"自取其辱"。有人喜欢受侮辱吗？答案应该是否定的。但是，人生几十年，有人没有遇到过侮辱吗？答案应该也是否定的。看来，侮辱这件事儿会不请自来，那到底是什么力量让我们遭受侮辱呢？

圣人们为我们找到了答案，就是贪婪。人生中没有无缘无故的侮辱，都是人心中的贪婪的力量召唤来的。如果能够知足，就能把心中那种召唤侮辱的贪婪的力量管控好，在物质上的简约生活中找到自在，就不会在精神上自以为是，也不会处处显摆自己、装腔作势，更不会私下诋毁别人，反而能够尊重别人，欣赏别人，帮助别人，并进一步反省自己，检讨自己，认错改错，不指责、不抱怨，如此这般，就让自己尽可能地避免被侮辱。

当然，侮辱也是人生的一种教育，只要不在侮辱中滋生出仇恨，不报复别人，而是转而提升自己内在的精神，看淡人生中的名利和得失，就能够回归正确的人生轨道。

【真言】

想要处处顺心，却常遭遇恶心。想发不义之财，难免神魂颠倒。不愿吃小亏，往往吃大亏。想占大便宜，容易摔跟头。追求现在没有的，又会损失现有的。不遵守大道规律，人生就没有最优方案。

【自省】

我过去听人说"要知足"这样的话时，心里三分认同，七分厌烦。之所以厌烦，是因为我给知足设定了一个前提条件：当自己拥有很多的时候才能知足，若是拥有的不够多时就知足，岂不就是颓废了？听起来好像蛮有道理的，实际上知足是人生的一种基本的态度，也就是珍惜自己当下的状态，不要给幸福和成功设定太多外部的条件，否则我们就会被这些外部条件所奴役。现在我终于明白了：自己的生活和遇到的一切都有价值，要珍惜，要知足，有余力时要为别人奉献、为社会奋斗，这样既能解脱自己，又能让自己增值。

109. 大成若缺

【出处】

第四十五章："大成若缺，其用不弊。大盈若冲，其用不穷。"

【语义】

真正的有大成就者，在一般人看来往往是有缺憾的。

【寓意】

老子认为，世间只有一个存在可叫作大，就是道。所谓大成，也就是道成，也就是成道。追求小我层次上的、主观意义上的成就，就不可能领悟大境界上的圆满。在大我层次上的成就，都必然有所舍弃，不会再纠结小我层面上的缺憾。在无我层次上的成就，追求的是道成和成道，这已经是世间最高的成就，也是大圆满，让自己合于道，让自己与道同在，自然一切富足无缺，力量无穷无限。这一切在低维度的小我看来，却是有缺憾的，是不圆满的，就如同生活在地面上的人，问那些达到至高境界的人是否孤独一样，如同蚂蚁站在人的脚面上讨论人类是否存在一样。

【素描】

现实中的人们一直在忙碌着，追求着人生的成功，这本身无可厚非，关键是很多人走错了方向：知识不够的时候去提升学历，却没有真正提升自己的智慧，有学历而没有能力，反而成了另外一种尴尬；金钱不够的时候想方设法去挣钱，精心算计，处处寻找机会，利用一切资源，爱情、友情都成了赚钱的工具，家庭、亲人成了挣钱的牺牲品，即使最终挣到了钱，付出和牺牲掉的，却是比金钱更重要的，以及金钱买不来的东西，搞来搞去做了一个亏本的生意，这算什么成就呢？还有一些人，牺牲了尊严和人格去获得一些所谓的地位，内心被奴役，外表装风光，公开讲道理，私下做交易，人格分裂，精神扭曲，这样的人怎么可能真心地去为普通人服务呢？用这样的方式获得地位，能算是人生的成功吗？宁愿做别人的一枚棋子，也不愿意做理想和信仰的信徒和使者，这样的人即使获得再高的位置，恐怕也难有真正的人生。现实中更多的人，由于忙于事务，早已经放弃了学习和进步，随着年龄增长，越来越空虚。

至于老子所说的大成，也就是道成，很多人也没听说过，更谈不上去追求大成和道成了。他们所获得的永远比不上他们欲望增长的速度，一直活在亏欠和残缺的状态，学了很多知识却很无能，拥有很多金钱却很贫穷，地位不低却难逃卑贱，这就是许多人面临的人生困局。

【真言】

处处计较的人，人生往往是千疮百孔。在小我层次上对完美的苛求，在一定程度上就是对大美的摧毁。大成者，多是舍弃众多低维价值的人，舍弃得越多成就就越大。对大成的无知，对无穷无尽的小名小利的追逐，在追逐中时而出现的失魂落魄，在得到的同时失去更多的尴尬，也许才是对生命最大的辜负。

【自省】

我也曾长时间活在人生的困局中，领悟老子的智慧以后，我才从世俗名利的旋涡中跳了出来，成了专家也依然愿意做百姓，有了一点小钱仍然愿意过简单的日子，有了点小名气还是愿意自己一个人拉着行李箱走天下……也许人生最难的就是在红尘中各种名利的诱惑之下，仍然能够保持住本心不失，初心不改。

110. 大巧若拙

【出处】

第四十五章："大巧若拙，大辩若讷。"

【语义】

真正灵巧的人，因不爱炫耀，表现上倒像很笨拙。

【寓意】

老子在《道德经》中给道起了个名叫大，所谓大巧，也就是道巧，就是悟道者的智慧，而悟道者是跟随大道前行和变换的，没有花里胡哨的表现方式，看起来很简单质朴，没有什么可观赏性，让人感觉很平常，看不出有什么玄妙之处。但一路走来，也许当我们看着一个个目光凌厉、眼神冒光的表演者纷纷倒下或消失，才会知道什么叫大巧。普通人大多运用自己主观有限的心思，卖弄一些小的智巧，这是一种来自小我的小聪明。悟道者呈现的是道巧、大巧，这是与大道同频共振的自然状态，没有普通人玩弄的智巧好看和迷人，甚至因为其朴实无华而显得有些拙笨。

【素描】

每个人都可以问问自己，是喜欢那些耍小聪明、心眼多的人，还是喜欢那些真诚质朴的人呢？很显然大多数人喜欢的是后者。但有趣的是，我们自己往往会想成为前者。为什么会这样呢？就如同我们在城里看到了一座假山，便想看到假山之上云雾缭绕的样子，可是根本就不可能有那种景象。当我们真正走进深山，尤其是身处云雾缭绕的山顶时，真的会感觉自己犹如进入了仙境。这怎么会是那些人工雕琢的假山能够相比的呢？大自然的仙境是浑然天成的，而人造的假山却永远成不了仙境。想用自己的主观小我表现自己的智慧、聪明和美好，就有点像想在假山上看云海，往往最终会让人看到一种很可笑的滑稽表演。那些没有刻意用自己的聪明去表现，一直在用自己的真诚和质朴与人交往的人，反而会让人看到他们心中那份非常值得欣赏的美好。

实际上，在现实生活当中，我们也有很多类似的体验，看着那些刻意表现自己聪明的人，看着那些被观众掌声激发又拼命表演的人，看着那些被众人当猴耍而不自知的人，有时候会真的不知道他们到底是怎么想的。

悟道的人明白，一切自作聪明的表演都是滑稽可笑的，于是放弃了表现自己的智巧，选择了以道为本，低调做人，踏实做事，如此这般，还需要用嘴巴或者什么花样证明自己是什么样的人吗？

【真言】

小人玩小巧，因为自我小。悟道者玩大巧，不言自明了。

【自省】

我现在才知道，自以为聪明的自己是多么愚蠢！当我渐渐淡出喧哗的圈子，形单影只地走上了一条修行悟道的道路以后，我才发现这条道路上处处都是惊喜和精彩，才真正感受到自己的进步，才知道自己在过去漫长的时间里浪费了太多宝贵的时光——也许算不上是浪费吧，也许那就是悟道所必经的路。如果世俗生活只是重复地与人生的三五个方面频繁接触，那修道、悟道就是跟天地万物时时刻刻保持接通的状态，生命进入这种状态，自得其乐，遇到有缘的朋友，还会与大家分享快乐，这难道不是人生真正的快乐吗？

111. 清静为天下正

【出处】

第四十五章："清静为天下正。"

【语义】

清静才是治理天下的正道。强调人心要保持清静，不去人为地干预规律的运行，以空灵的状态跟随大道运行的规律。

【寓意】

世界上一切事物都是有自己的秩序的。人类在自己主观的心智还不足以去创造什么的时候，选择了跟随天地自然大道运行的规律。但随着人心智的不断发展，主观的念头越来越强，越来越多，能力也越来越强了，于是乎，我们就渐渐地忘记了很多自然的秩序。

【素描】

到了今天，也许只有到那些经济比较落后的地方，才能看到人与自然和谐共生的状态。至于发达地区、发达城市，生活在高楼大厦中的人们，远离了自然，活在人为制造的幻境中，很多人时常会出现心智迷失的病状，却又想在这种情况下来建立人间的秩序，于是就出现了现代人的尴尬：一方面看到了方方面面的发展，一方面承受着前所未有的各种各样的痛苦。

看看路上塞满了汽车的景象，看看闹市区匆匆行走的人群，看看坐在家里各自玩手机的家人，看看繁花似锦背后的各种丑恶的交易，看看光鲜亮丽背后各种各样的痛苦，看看那些自以为聪明的人的胡作非为……人类，似乎走进了一个困局。

对于人类这样的困局，老子在两千五百年前就看清楚了——只要人的主观欲望的膨胀得不到控制，就一定会扰乱自然的秩序。人类向往秩序和和谐，也在打乱秩序和和谐，这就是人类自身最深刻的悖论。

如果让自然界来评价，它一定会说，人类是最坏、最蠢的动物。让自心清静，生命就会成为自然秩序与规律的"显示器"，人类就会与自然一同有序地运行，和谐地共存。

【真言】

心乱如麻的时候，世界就是混乱的；内心充满怨恨的时候，眼中的别人就都是错误的；心灵清静的时候，才能发现世界各种各样的精彩。

【自省】

很多人都在说，如今的人们都太浮躁了。这浮躁是什么呢？就是心被外部太多的诱惑拉走了，分散了，绑架了。于是心就变成了一个深潭，各种各样的欲望在其中鼓动不止，所以我们就呈现出浮躁不安的状态。在浮躁不安的状态下，人的视野会变得狭窄，心胸会变得狭隘，眼光会变得短浅，看事物会变得肤浅。在这样的状态下，我们还能得到人生正常、正确的状态与结果吗？

学习《道德经》以后，我发现自己的躁动减少了，走路沉稳了，有耐心倾听别人的话语了，自己说话也变慢了，废话也少了，处理事情也有条不紊了，清楚了自己应该舍弃什么，也明白了自己应该珍惜什么，渐渐知道了这一生应该追求的最高目标是什么。于是乎，就出现了老百姓说的那样一种状态：终于把心放到肚子里了！

112. 祸莫大于不知足

【出处】

第四十六章："咎莫大于欲得；祸莫大于不知足。"

【语义】

灾害来自对拥有的不知足，永远想得到更多的。

【寓意】

对拥有的东西不珍惜，拥有的东西就会贬值，感觉就会麻木，心理就会空虚或者扭曲，这种状态就极易生出祸端；总想得到更多的东西，欲望就会不断膨胀，就很容易为了得到自己想要的东西而不择手段，与很多人发生恶争，滋生仇恨，铸成大错。

老子所关注的"知足"与"欲得"这两个问题，也是许多人内心很纠结的问题。老子提醒人们，要警惕欲望的迷惑，不要变成欲望的奴隶，要懂得珍惜现在拥有的一切，把每一个当下过好，活出好的状态。否则，一旦被欲望绑架，眼睛就会永远盯着自己还没有的，从而忽视自己已经拥有的。到了这种状态，任何东西一旦拥有，就会很快进入贬值或者完全被无视的状态。

【素描】

不少人会说："总是说要知足，可我现在还没有那么多的财富、地位，怎么知足啊？知足这种道理，应该说给富人听才对。如果我们只是强调知足，而没有了追求，那还怎么发展呢？"

对于这个问题，很多人实际上并没有做深入的研究，所以理解是肤浅的，也误解了老子的思想。

每个人都有很多值得自己珍惜和维护的东西，但如果缺乏老子所说的"知足"这种心态，就会一点点把自己拥有的东西损坏掉。在这方面，无论是钱多的人，还是钱少的人，都是一样的。钱少的人不知足，不懂得珍惜，就会陷入彻底的贫困。钱多的人不知足，不懂得珍惜，有再多的钱也没生活的好心情。什么时候谈知足呢？就是当下！珍惜你拥有的，你才会有正常的状态去创造更加美好的未来。

我们要不要追求更多更好？是不是知足就是没有追求，就是消极颓废？是不是一旦去追求，就是欲望膨胀，就是贪婪无度？

动物界有一种比较普遍的现象：很多动物一旦吃饱了，就不会再捕猎。人就不同了，不但要吃饱，还要吃得更好、更精、更稀奇、更有花样，还要有储备，还要去换取更有价值的东西。有一些人在家里没有储备时还不断地消费，也就是超前消费、负债消费、消费未来。这就是所谓的"消费主义"，用老百姓的话说，就是不好好过日子、不会过日子，这样的人就是败家子儿。这就是现实生活中人们对于消费的两种倾向：一种是过度储备，一种是过度消费。实际上，这两种极端倾向都是让人产生焦虑的根源。过度储备会把人搞得疲惫不堪，而且是永无止境。这种状况会刺激生产，消耗过多的资源，引起连锁的恶性反应。如今环境恶化，人类已经因为争夺资源而产生了很多的冲突甚至战争。过度消费则会给人带来很大的心理负担，甚至令人产生很多心理问题，导致社会上发生一些恶性事件。

几千年的中国文化，也造就了中国人过日子的几个重要的原则。

一是量入为出。要根据自己拥有的资源来安排自己的生活，可以为了重要的事适当超前消费，但是要在自己的偿还能力范围内。

二是过好自己的日子，不要一味地跟别人比较。老百姓有句话，"人比人得死，货比货得扔"，每个人都是不一样的，每个人都只能过自己的生活，如果我们非要去过别人那样的生活，就是给自己找难受了。

三是先过好现在的生活，再有步骤地去改善。不想改善生活是一种颓废的状态，但若没有过好现在却一直追求美好生活，也会两头空空。现实中一些人就已经是出问题的状态：现有的日子没精力、没心情好好过，却拼命地努力赚钱想过更好的日子，结果现有的日子，过着过着坏了，未来的日子还很遥远。

四是物质生活简单一点，精神生活丰富一点。只有对物质生活的追求，就是欲望模式；让精神生活丰富起来，就是健康的生活模式。如果精神生活匮乏，就很容易导致物质欲望膨胀，物质欲望的膨胀又会进一步恶化精神生活，最终导致整个生活质量下降。人的精神生活非常重要，而精神追求是对真理的探索，是对社会发展的奉献，是对物质欲望的约束，是对人生神圣目标的追求。离开了这个方向，人心就会迷失，生活就会处于六神无主的状态。

【真言】

被物质欲望主导的人生，就处于失控的状态。唯有保持高尚的精神追求，才能建立健康的生活。合道的人生模式是：简约的物质生活，高尚的精神追求。

【自省】

我年轻时比较贫困，对金钱和物质的向往是十分强烈的，认为美好的生活就是高档奢华的物质生活。随着长大，随着成熟，随着经历的丰富，我才渐渐懂得，物质生活是人类生存的基础条件，精神生活是人类生活的本质所在。物质生活可以让人活着，精神生活可以让人站立起来。如果追求物质生活成了一切，人类就注定了一直爬行；当精神极大地改变了人类的生活，人类才可能在本质上成为真正的人类，也就是区别于低级动物的一种存在。想想自己过去痴迷于物质生活时，我的精神是躁动而混乱的，我的心态是起伏不定的；当精神生活变得丰富甚至强烈影响自己的人生时，我似乎才恢复了正常的状态。当把追求锁定在全面提升自己，把奉献和服务也作为自己人生价值的追求时，我的灵魂才终于有了光明。

113. 知足常足

第四十六章："故知足之足，常足矣。"

【语义】
自知满足、懂得珍惜，人就会长久感到满足。

【寓意】
知足的人才能拥有快乐，拥有快乐的人才会在奋斗中为别人创造快乐。

【素描】
不知足的人，自己没有快乐。带着不快乐去奋斗的人，会把痛苦带给很多人。有人说奋斗者才是快乐的，这话不准确。准确地说，为众人的快乐而奋斗的人才是快乐的。圣人、伟人和英雄们的作为，已经为这一命题做了无数次的证明。

人到中年，往往会回想起自己童年时候的快乐。可人在童年的时候，往往又感受不到太多的快乐，甚至感受更多的是生活的痛苦。思绪至此，我突然有了一个发现：原来很多人在现实状态时是没有感受快乐的能力的，对于感受痛苦却非常在行。时过境迁，似乎前面的那些时刻中的美好又会浮现出来。于是有人总结说，现实是痛苦的，美好只在过去和未来。可是过去的美好只能靠回忆，未来的美好也只能靠向往。历史上的祖师们几乎都发现了这样一个规律，于是告诫人们要珍惜当下。诗人和哲学家们也发现了，世间并不缺乏美，只是缺乏发现美的眼睛。当我们睁开发现现实美的眼睛，就能够发现无处不在的各式各样的美好。发现现实中的美好的能力、珍惜历史中的美好的能力、创造未来的美好的能力，这是极其重要的三项能力。珍惜现实中的美好、发现现实中的美好是一切美好的根基和源头，如果失去了这个根基和源头，我们对历史也可能记住的更多是痛苦，我们向往的未来一旦变成现实，也未必就是美好的。

【真言】

珍惜当下的美好，我们才能快乐；记住过去的美好，我们心中才有温暖；用美好和温暖的心去创造美好，我们才能拥有美好的未来。

【自省】

我过去总觉得知足常乐是一种消极的心态，认为人生就是要奋斗。我奋斗了这么多年，确实得到了不少东西，盘点一下才发现：快乐不多，痛苦不少。无论是过去还是现在，我都没有那种珍惜和发现美好的能力；虽然向往美好，但创造美好的能力也很欠缺。很显然，这是智慧不够。我的智慧提升以后，过去的美好增加了生命的温度，现实的美好变得无所不在又总是出乎意料。到了这样一个地步，也许未来才真正是美好的吧。

114. 为道日损

【出处】
第四十八章："为学日益，为道日损。"

【语义】

修道的人不断地减损自己的念头，最大限度地去除主观，故而能在虚极静笃的状态下，最大限度地接近真相与真理。

【寓意】

为学者懂得多了，一定是知识在增长。老子说"道生一，一生二，二生三，三生万物"，这是在说道生万物的顺序，是老子告诉我们的道衍生万物的一个方向，也是我们丰富自己知识的一个方向。只是在朝着这个方向行进的过程中，人们没有建立自己智慧的回路，不知道向回思考，去寻找源头和根本。于是乎知识、经验、成见、偏见就会越来越多，所以老子才告诉我们，修道的人要能够再返回去，由万到三，由三到二，由二到一，由一到道，由多到少，找到那个主宰多的少，要去减损和清理自己这些主观的沉积物，才有希望进入道门。修道就是有意识地把万物的表现形式与源头的道再连接起来，并体悟万物之中的道真，从而用大道纲领理解一切，此为"纲举目张"。

【素描】

现实中的人们，大多使用的是"为学日益"的常规模式，以为学习多了就能增加自己的智慧。实际上，学习多了，增加的是知识总量。在学习中能够"举一反三"的人就算是比较聪明的了。能够"举一反十"的又有几人呢？"举一反万"的人肯定是到了"顿悟"的状态。因此，有了丰富的人生经历之后，一定要静下心来进入悟道的模式。在悟道的模式中最重要的一个动作就是时刻观察自己主观的活动，减少自己主观的意念。要让自己的心静下来，而不是一直积极地表达自己既有的主观。要少说话，不要过早下结论，要多听不同的意见，让主观的意念少了再越来越少，让客观的信息越来越多，这样就有利于我们得出正确的认识，做出正确的判断。如果拥有老子看世界的道学智慧，就能够领悟万物的共同纲领，即是通了大道，自己那些有限的知识也就有了纲领与灵魂。如果用"一"能够解读所有现象、统领所有知识，即是道统。在繁杂纷乱的知识经验和无数的念头中，找到那个唯一的决定性力量，也就走上了悟道、得道和行道的人生道路。若是做不到，知识多了，会让大脑更加混乱，尽管可以在知识少的人面前卖弄一下，博得一点虚伪的尊严和可怜的满足感，但靠着这点感觉活着的人，不就是另类无知的可怜人吗？

【真言】

学习长知识，经历长阅历，悟道长智慧。停留于知识和阅历，人的智慧就会被屏蔽。在知识和阅历中抽丝剥茧，发现本质和规律，就是悟道。

【自省】

我学习时间很长，在工作的同时也在学习。学习知识确实让我明白了很多道理，但做起事情来还是感觉自己智慧不够。后来才终于知道，我只是把众多知识杂乱地堆砌起来，并一直背着它们往前走！这就是我那时越来越累的原因！

我开始在自己的生活和工作中使用无为的智慧模式——也就是发现事物和人心的规律，将这两个规律作为自己生活和工作的准则与动力。于是乎，事情越做越好，也越做越轻松。也许我们的人生只有在觉醒之后才真正开始。如果一个人过了50岁还在大谈自己的经验，在年轻人面前赢得赞誉和崇拜时自己心里依然美滋滋的，他就是还没有觉醒，因为，他还沉浸在靠自己的低级经验在年轻人面前获得的那种美好感觉中。

希望我们都能够在学习了很多知识、积累了很多人生的经验之后，快一点进入清理自己心灵存货的阶段。否则，我们的智慧就会被那些知识和经验压制而难以苏醒。

115. 无为而无不为

【出处】
第四十八章："损之又损，以至于无为。无为而无不为。"

【语义】

修道的人不断地减损自己的念头，最大限度地去除主观，故而能够接近真相与真理，顺应真理和规律，而无须妄为。

【寓意】

当一个人能够进入到"损之又损，以至于无为"和"虚极静笃"的境界时，就会让主观熄火，心智就会与大道联通，生命就会成为接收器，世间万事的规律就会呈现在他的面前。大道无处不在，万事万物之中皆有道的存在，只要主观自我不捣乱，就能打开通道与大道相连。主观不妄为，跟随客观规律去作为，谓之无为，如此方可无为而无不为。

【素描】

现实中有一些人思维与行动的程序是颠倒的。大多数时候，他们还没有搞清楚客观事物的规律，就已经开始思考和行动，这就叫莽撞。

一些看起来很聪明、很机灵的人，往往心灵中有五个典型的错误程序：一是总在怀疑和质疑别人，居高临下、自视清高地审视别人；二是没有耐心倾听别人说话，觉得别人说的都是废话；三是总喜欢打断别人的话，做出一些评价和结论；四是跟别人对话时总在提反对意见，以表明自己有独到的见解；五是对别人的长处和优点采取完全漠视的态度，既没有勇气，也没有智慧去吸纳别人的长处。

当我把这样的情景描绘出来时，人们会觉得这样的人是如此荒唐可笑，自己却又不知不觉地用这样可笑的方式做了很多蠢事。

纵观古今中外的高手，都是善于吸纳别人长处的人。

纵观古今中外的失败者，大都是漠视别人而自以为是的人。

自以为是英雄而不会吸纳别人智慧的人，往往会遭人耻笑。只要把事情真正搞清楚了，解决问题的办法也就自然而然地浮现出来了。按照自己的主观臆想去跟别人辩论的人，往往都不会获得真理。

【真言】

纯主观想象出来的问题，往往都是证明自己愚蠢的。客观中自然浮现出来的问题，办法与答案自在其中。高手无招，见招拆招，无招胜有招。

【自省】

我过去总想表达自以为过人的见识和不同凡响的观点，但实际上自己既没有足够的阅历，也没有足够的信息，更没有足够的处理信息的智慧，那为何又理直气壮地坚信自己所说的是真理呢？后来我通过学习心理学才知道，那是因为我在回避自卑，想通过那种拙劣的表演来证明自己，但最终变成了一种可笑的状态。实际上自卑不可怕，因为这是很多人在年轻时都会经历的一道坎，关键是我们不要用可笑的方式去掩盖它。

我慢慢地降服了自己自以为是的虚伪的心，学会了尊重事物的规律，尊重不同人的意见，学习他人的智慧。我消除了自己那些虚伪的念头，让脑子能够接收真理，一切事情反而变得简单了。原来我过去是把自己的脑子变成接近真理的障碍了呀！

116. 圣人无常心

【出处】

第四十九章："圣人无常心，以百姓心为心。"

【语义】

圣人或者悟道的人清空了自己的心，将作为客观对象的百姓之心，也就是大道之心，作为自己的心。

【寓意】

在普通人眼里，圣人是超越常人的。常人起心动念，多是以自我为中心的，而圣人则达到了无我的境界，将百姓之心作为自己的心，百姓的诉求与疾苦，就是圣人之外的客观世界，其中隐有大道。悟道的圣人，能将百姓之心收纳于心中，他们理解百姓，不会指责百姓，并坚定地与他们站在一起，于是百姓愿意追随他们。世间的伟人也都深悟此道，他们为了百姓的利益而奋斗，维护着百姓，引领着百姓，百姓也愿意接受他们的引领。

【素描】

常人之心，也就是个人的主观之心，里面包藏着自己的私心、情绪、偏见、成见、一些有局限性的经验和知识，以及自以为是、自鸣得意。常人往往缺乏自知之明，喜欢表现自己，常常凭借表面现象和个别信息点进行判断，自以为做出的是深刻、全面而正确的判断，这就是典型的世俗低级错误模式。这样下去，很容易陷入是非、善恶、好坏、远近、高低、你我、得失等两极式的对立模式，结果是自己的那种自以为是会不断地遭遇各种是非。例如，自以为善良，却不断地遇到恶人；总是追求美好，却难以摆脱人生灾难；疏远了不喜欢的人，却损失了机缘；亲近了喜欢的人，关系变得亲密了，最后却走向崩溃；自视清高，却让人在背后瞧不起；攀龙附凤，结果让自己变成了奴才；总是以自我为中心，优先考虑自己的个人利益，结果到处树敌，非但不能增加个人的利益，还会损害个人的利益；总想着让自己得到自己想要的，但总是会在得到的同时失去更多……

圣人或者悟道的人知晓了主观操控这种两极判断的局限与错误，于是提高自己的心智，从而可以俯视世间的万事万物，就能够客观地看待一切，没有成见和偏见，能够发现所有的价值，能够体恤人间众生，这真是"不畏浮云遮望眼，只缘身在最高层"。正因为如此，圣人走出了世俗的和他人对立的思维，在更高层面上完成了对本质和规律的认知，有了至善、普善、慈悲的伟大情怀。

【真言】

所谓百姓之心，要看你自己的角色定位：当你是俗人时，百姓之心就是你自己的狭隘之心；当你站在圣人的高度时，百姓之心就是你作为认知主体时的客观世界，其中有道，与百姓心在一起就是顺道而行。

【自省】

说句心里话，我过去从来没有想过自己与圣人是什么关系，总觉得圣人是高不可攀的。我想，我就是个凡夫俗子，还是老老实实地做个普通人吧。后来我发现了自己的荒唐和愚昧：我仅仅是对圣人有尊敬之心，却没有想过把他们的智慧变成自己的智慧，或者用圣人的智慧解决一些自己的问题，也没有想过把自己的世俗之心提升到神圣之心的高度。过了很多年，我又发现用世俗之心是解决不了世俗的烦恼的。于是乎，我终于觉醒了：我们不仅要尊重圣人，还要学习圣人、听他们的教导，也许这才是圣人最希望看到的。

117. 至善无别

第四十九章："善者善之，不善者亦善之，德善也。信者信之，不信者亦信之，德信也。"

【语义】

圣人或者悟道的人对于世间的善者和不善者、信者和不信者都能一视同仁，从二元对立进入了二元统一的境界。

【寓意】

圣人看世界和对待众人，是一元论，是高于二元对立的统一论，也是大道的信仰论。这是跳出世俗的旋涡，走向智慧境界的灵魂升级。这种灵魂层次的升级，是对世俗中那种"用善去回应善、用恶去回应恶"这种看似是非分明的低级模式的一种超越。

【素描】

世俗中的常人，看世界和对待人都是撕裂和对立的。现实中最为普遍的是以善对善、以恶对恶，大部分人认为这样做是正确的，认为这是自己的优点。

我们可以深入一层，用圣人之心的这种"至善无别"来照照自己。

你肯定遇到过这样一种情况：别人对你好，你对别人也好，然后双方的关系开始走近，但是走着走着就出现了问题，有时甚至又走向了反面。怎么好着好着又变坏了呢？原来我们对别人的好，里面往往包藏着私心，随着双方关系的亲近，我们对对方的期望越来越高，对对方的尊重反而越来越少，有时甚至会很没有分寸，于是关系开始降温，甚至恶化。这种情况证明的不是善良有错，而是我们的善良里边存在杂质，不纯粹。同时，我们没有观察到自己的变化，在这个进程中让自己善良中的杂质冒了出来，给对方和自己带来了伤害。

再来看看那些以恶对恶的现象。很多人都认为以恶对恶中所表现出来的恶不是自己的责任，反而是自己有正义感的表现。但大家可能都忽略了七个重要的事实：一是我们遇到的恶都是因为恶而产生的，也就是说，恶的存在与繁衍形式就是以恶对恶；二是虽然当事人会说得振振有词，但是这种做法并没有减少或者消灭恶的存在；三是我们自己以为的善，实际上里面也包藏着恶的一些因子、杂质和私货；四是我们只有善良的愿望，却没有足够的智慧，没有做深刻的反思并去提升自己善的能力，更偏向于愿望主义者的状态，所以无法做到以善化恶；五是当我们做出了恶的行为，遭到指责或者审判时，我们总是在阐述自己的善良和无奈，认为自己并不是恶的源头，自己也是受害者；六是所有作恶的人都不是恶的源头，所有作恶的人都会为自己做无罪辩护；七是当我们用恶的方式维护自己的利益，从个人上升到家庭、集体、组织乃至国家时，会为自己的恶贴上正义的标签。

对于圣人至善无别的思想，历史上从来不缺乏批评的声音。但若是重新审视一下上述七个事实，你还会认为这种思想与做法是一种无原则的善良甚至是愚昧吗？这一点，值得我们每一个人深刻地反思。

我们一定要明白，不管用善的形式还是恶的形式，只要能够制造出美好的结果，而形式本身又不会产生与目的相背离的效果，就是人间的大智慧了。由此可见，善良要纯粹，真正的善良一定是直指善果的智慧，绝不是浅表层面的个人主观意愿。否则，我们那些肤浅的善良，就会在复杂的现实和对方感知的不良后果面前被击得粉碎，甚至会让我们产生一种疑惑：

到底是选择善良，还是选择邪恶呢？世俗中的善良，并不一定能够得到自己期望的善报，也不一定能按照个人的预期结出真正的善果。此时你会放弃善良，还是反思自己的善良中是否有所欠缺？如果我们没有智慧，我们的善良也可能是包藏着私心的，我们自以为有正义感的恶，也可能正是恶得以繁衍的力量。很显然我们只有一种选择，就是选择至善、上善、纯粹的善、智慧的善，也就是真善。到了这个地步，善良才会跟智慧联合在一起，真正结出善果，才能促进善的繁衍，具备化恶为善的功力。

【真言】

区分善与不善，造就人间不善的局面。超越善与不善，方是道心上善。唯有真善，才可以具备化恶为善的功力。以恶对恶的正义感，只是在掩盖自己善的能力的虚弱。

【自省】

我过去总以为自己是善良的，而对那些不善良的人嗤之以鼻。当我对自己的善良感到动摇时，也产生了很多的困扰和困惑。当我以恶对恶时，自己确实有一种正义感，但让人疑惑的是，恶并没有真正地减少。我就这样正义着，困惑着，摇摇晃晃地往前走了几十年，但心中的那份郁闷依然没有得到化解：为什么自己的善没有得到善报呢？现在我才知道，原来是自己的智慧不够，既没有真正懂得善，也没有真正理解恶，所以就找不到正确的方向和方法了。

118. 出生入死

【出处】

第五十章："出生入死。生之徒，十有三；死之徒，十有三；而民生生，动皆之于死地，亦十有三。夫何故也？以其生生也。"

【语义】

原意是从出生到死去，后形容冒着生命危险进入险境。但老子在《道德经》中说到的出生入死，是有特殊含义的。老子是想让人们明白，离开了道，也就离开了生地而步入死地。

【寓意】

世间的人，莫不求生而避死。不明大道的人，往往会离开生道而入死道，既与客观规律相违背，也与个人主观愿望相违背。只是这样的人在现实当中实在是太多了。

【素描】

老子以他独具的慧眼，看到了芸芸众生在生死问题上的一种奇怪的局面：有三成的人正在过着真正健康的生活，有三成的人在不遗余力地奔向死地，也就是我们所说的作死，有三成的人还在死地苦苦挣扎而不得解脱。这是什么原因呢？老子给出了答案：都是因为人们过于在乎自己，过于奉养自己，反而伤到了自己。而与万物相合的觉者，则不会与万物相冲突，自然在和谐中长生。

在现实生活中，谁在过健康的生活呢？

一些退休的人早起锻炼，傍晚跳广场舞，节制饮食，反思人生，学习一些自己喜欢的知识和技能，看淡人生的得失，旁观着忙碌的芸芸众生；一些患过严重疾病的人，在工作中不再玩命，更加看重健康，开始锻炼身体，与人相处变得平和，对功名利禄也很释然；有一些人开始学习国学，从小我走出来，思考自己的精神生活，运用智慧来经营自己的工作与生活；有一些真正有信仰的人，把服务于大众、服务于社会、服务于国家作为自己的使命，让自己的精神高尚、健康而神圣，他们为自己设定了简单而健康的物质生活模式，灭除了私欲所驱动的个人主义和唯利是图，抵御各种诱惑，过着充实而伟大的人生。

那其他人呢？尽管类型不同，但内心的活动和行为基本上是类似的。他们时刻思考着如何为自己谋取更多的物质利益，因而引发了与众多人的冲突和矛盾……

也许，这一切是人发展历程中的一个必须经历的阶段。也许，我们只有付出了沉重的代价，才会重新思考人生。

【真言】

合于道则生，背离道则死。一心为自己谋取私利的人，往往苦恼多。自以为是的人，往往挫折多。不懂得珍惜现有的幸福生活的人，往往会把生活搞得乌烟瘴气。通过不正当的渠道所获得的个人名利，往往会被收回，而且要付出沉重的代价。而领悟人生大道的人，懂得珍惜，懂得努力，懂得守法，懂得自强和自律，因而能够过充实而有尊严的生活。

【自省】

原来我自以为的努力，其实是在消耗自己的生命，让自己加速走向死亡啊！是老祖宗的国学智慧给我指明了人生的方向，也给了我人生的智慧，让我看清楚了自己的诸多错误，从而改正了这些错误，让自己的人生越来越好。

这些年我常常被问到一个问题："老子在这段话中说了三个'十有三'，加起来才是十分之九啊，是不是漏掉了十分之一啊？"那现实中剩下的十分之一又在做什么呢？这十分之一就是修行悟道的人。这些修行悟道的人，因为是顺道而行，按照大道的规律去过活，所以在一般人看来，他们通常都能够逆天改命。实际上，这是普通人的眼光出了问题，因为大部分普通人不明白道，所以才违逆了天道的规律。修行者们只不过是把颠倒了的东西再颠倒过来而已，哪里有什么逆天改命呢？实际上是明道而顺道改命而已。

119. 善生无死

【出处】

第五十章："盖闻善摄生者，陆行不遇兕虎，入军不被甲兵；兕无所投其角，虎无所用其爪，兵无所容其刃。夫何故？以其无死地。"

【语义】

领悟了生死大道的人，在各种危险境地都不会被伤害，因为他们领悟了各种常人所说危险境地的大道，故而身处险境也能走出生道。

【寓意】

对于悟道者而言，人间良缘与险境，都是大道的呈现方式。因此，悟道无险，离道就会自造险境。

【素描】

在现实生活中，大部分人还在欲望的模式下不断地追求物质的奢华、吃穿的奢侈、金钱数量的不断增加。这样的模式，会因为精神生活的匮乏，导致心智提升缓慢，工作智慧不能与获得的机会相匹配，人生的智慧不足以支撑生活的幸福，生活方式的不健康又会造成心智和身体的健康问题。而一旦生病，不仅身体、精神痛苦，还会消耗用生命换来的财富，甚至有的人还会因此负债和返贫。

不悟道的人，忙碌也常常是蛮干。为做成事而不择手段，做成了事往往又骄傲自满，做不成事的时候就怨天尤人。

活上几十年，人们应该就会明白，人这一生不仅仅是要做成事，更重要的是做成事之后，能够不出问题，让自己平安。否则，即使做成了一些事情，却做出了问题，比如违法犯罪，或者把自己做成了病人，或者把朋友做成了仇人，都将是人生的败局。

【真言】

背道而行者，注定失败。与道同行者，如神护佑。

【自省】

我年轻的时候，似乎是天不怕地不怕，实际上那是因为自己无知。随着人生阅历的增加，我才终于明白，无知而胆大，很容易让一个人走向死亡的境地。

看着现实中那么多貌似聪明能干的人，一个一个地走向人生的失败，真是让人无限感叹。若是不知道人生的雷区在哪里，只是一味地前行，鬼使神差般地被某种力量驱使着，或者诱惑着，恐怕就无法掌控自己的命运了。由此看来，人有两项重要的能力是不可缺少的，一是识别雷区和陷阱的能力，二是走向光明和高贵的能力。我们要把控好这两项重要的能力，在圣贤智慧的引领下，在世间起起伏伏的万象之中，不迷失自己的心性，平安地完成人生的使命。

120. 道生德畜

【出处】

第五十一章："道生之，德畜之，物形之，势成之。"

【语义】

人与万物皆遵循着道生—德畜—物形—势成的规律。

【寓意】

世间万物与人类，都由道衍生，顺道而能蓄能，能量转化成物质形状，形成自己运动与变化的大势。这样的一个过程，就是人与万物的共同规律。

【素描】

读过《道德经》的人都知道也常常会说起"道生"一切的道理，但是，"道生"如何转化成德行，知道和说起的人就少了。现实中有更多的人会说到积德，积德会让人的生命更有能量。但是，如果不明道又如何积德呢？历史上就有梁武帝那样典型的事例，一心求积德，最终却落得个饿死的下场。芸芸众生之中，除了盲人，大家都能用肉眼看到各式各样形状的物质存在。至于各种物质的存在跟自己的道行和德行有什么关联，这是很多人一辈子都没有想过或者想了也想不明白的。"势"是一种十分神奇的力量，一旦成势或者势成，好像所有人都会来帮忙，就连敌人也会变着法儿地来成全自己，让人感觉势不可挡，摧枯拉朽。由此可见，成势或者势成这种力量非常巨大。

人们都梦想着能够形成一个有利于自己的美好的趋势，这样就让人太兴奋，也太省力气了。但实际上很多人只是在用自己那点微薄的道行和德行，去追求更加丰裕的物质，渐渐地就会越来越吃力，即使取得了不凡的成就，以自己的道行和德行也无法驾驭。

而那些真正的修行者、悟道者，则能集万千大道于一身，自然生出德行。他们能够勇猛精进，不断地突破自我，不会停留在已有的进步和德行上，而是向着智慧的巅峰挺进。如此这般，才能够逐渐形成一个自己和他人都能感受到的人生大势。一旦势成，人生的问题基本上就解决了，接下来要做的就是保持精进的状态，让自己的主观在这样的大势运行中不再出差错。

【真言】

明道有德必滋养正常生命，背道损德必自酿人生苦酒。

【自省】

我自从认真地修行悟道以来，无数次体会到"道生之，德畜之，物形之，势成之"这样一个根本性规律。于是乎，人生之势渐渐成型，人生向着光明的未来前进，似乎所遇人和事都不再是障碍，而是机缘和助力，自己不用再苦心算计，也不用再瞎忙，而是知道了要做什么事，要朝着什么方向前进，再也不会烦躁不安了。

121. 尊道贵德

【出处】

第五十一章："是以万物莫不尊道而贵德。道之尊，德之贵，夫莫之爵而常自然。"

【语义】

大道对万物的统摄性和悟道而生德的逻辑，使得万物都尊崇大道而珍视道德。

【寓意】

圣人发现，最珍贵的人生能量原来是那个永恒不变、决定着世间一切的尊贵无比的"大道"。而修行者则发现，修行中最重要的是遵循大道、养育自身的深厚德行，因为这两者是人们看重的世俗利益的决定力量。坚守尊道贵德，就会出现道生德养的美妙局面。如果功夫再高一点，有了德又不以为自己有德，反而能回归真实与质朴，就达到了"玄德"的境界。

【素描】

世间人往往尊重的是达官显贵，珍惜的是自己拥有的财富，可这些也只是浮华在世，难以长久。普通百姓羡慕那些达官显贵，却不知道那些人所承受的压力，以及各家过日子时那本难念的经。如果一个人所追求或者拥有的外在显贵和财富，不能够与内在的道德功夫相匹配，就会出现人们常说的"德不配位"的尴尬局面。我们都听过一句很流行的话："一个人永远挣不到自己认知范围之外的钱。"这句话说的其实是人的内在与外在之间的呼应关系。中华文化的本质是一种内省自强的文化，其精髓就在于：人的一切外在，都由人的内在功力所决定。人们捕获着世间的浮华，又因为不修道、不积德，所以无法驾驭外在的那些显贵与财富，只能在空虚中看着既有浮华逝去，接着再去追求新的浮华，如此循环往复。更凄惨的是，有一些人被那些外在的显贵和财富压垮了生命。在现实生活中我们不难看到，有一些人通过艰苦的奋斗获得了巨额的财富，但他们不修行，不悟道，不积德，导致内在力量与外在力量严重失衡，造成心理扭曲，生活也不正常，甚至有的人走上了赌博、吸毒、孤僻、抑郁等这样一些畸形的道路，最终毁掉了自己辛辛苦苦赢得的家业。这些鲜活的反面教材，不都是在教育还没有醒来的人吗？

【真言】

大道是万物的根脉，脱离了大道根脉的浮华，注定是昙花一现。追求五彩的泡沫，绝不是人生的浪漫。

【自省】

万物都尊道贵德，而我呢？我过去长期追求和向往的竟然是那些外在的显贵和财富。万物都尊道贵德，而我竟然不在万物之中！

当我认识清楚天地人间的根本规律，重新调整自己人生追求的目标和做人做事的法则，回归到内在决定外在的健康模式中，我才回到了正确的道路上。

我每天都会写修行日记，我要保证自己每天都有五点以上内在的进步。这样做下来，我竟然发现人生原来如此简单！

122. 真道玄德

【出处】

第五十一章："生而不有，为而不恃，长而不宰，是谓'玄德'。"

【语义】

要让自己的意念服从于大道，不要因为自己做了什么有功德的事情而自恃有德。这种在事实上建功，主观不居德的智慧状态，就是合道的玄妙之德。

【寓意】

合道之德，是效法大道之性，做到"无我无执"，任凭万物按照自身的规律自然生灭、灭生，这样便能成就万物的生生不息。克服常人的主观思维所导致的价值链条的断裂或者扭曲，避免因为事实上建功，主观上自恃有德的生命异常状态，这需要完成两个不同凡响的步骤：一是客观有成，二是主观不会因为客观成就而出错。换句话说就是：一是尊道而生德，二是事实有德之后主观上不居德。这种看起来反常规的做法，反而能够促成百川汇聚的效应，让自我不膨胀，进而让自己的内在功力持续不断地增强。

【素描】

世间的人们都在忙着做各种事情，概括起来基本上可以分成以下几个层次。

第一个层次的人，唯利是图，甚至违法乱纪，完全陷入了利己主义的状态，对于帮助别人、服务于社会、彰显道德持排斥态度。这样的做法所产生的结果是众所周知的：内心备受折磨，被他人鄙视，最终得不偿失，甚至财富被剥夺、失去人身自由。很显然，这是一种缺德的状态。

第二个层次的人，基本上能够遵纪守法，也愿意做一些行善积德的事。但他们内心往往是不平衡的，总觉得做好人吃亏，做点善事总是期待着回报，若是回报不理想就会生出怨恨，甚至羡慕恶人所获得的各种所谓的成绩、成就或者财富。实际上，这是一种勉强守住道德但又没有足够的智慧看清这一切背后的真相的人。

第三个层次的人，将遵纪守法作为做人做事的底线，将善待别人作为做人做事的基本方向，但道德也自动变成了连通物质利益的原始资本。他们对自己这种守法有德的人生模式沾沾自喜，常常向别人传授经验。很显然，这是一种自以为有德的状态。

第四个层次的人，一切以尊道贵德作为原则，将其作为做人做事的本分，将道德作为一切的最高准则，以综合价值作为人生和事业价值的追求，并连续不断地获得整个人生价值局面的优化。关键是，他们并不以自己的道德行为和收获作为自己的荣耀或者人生秘诀，尊道贵德的价值程序进入了无意识的自动智能化运行状态，心中连"有德有道"这样的念头都消失了，似乎一切都是自然而然。这就是玄德的境界。

毋庸讳言，在现实社会中，败德的现象是层出不穷的，这主要是因为人们没有正确理解道德和其他利益的关系，导致自己片面地追求物质利益，损害了精神利益。

在中国文化中，道德是人类一切行为的方向与准则，也是获取物质利益的前提条件，更是物质利益与精神利益发生冲突时进行取舍的首要法则。因此，对于懂得这一道理的人来说，道德不是一种在社会压力下产生的外部约束，而是源自生命自身的一种深层需求，是人类处理自身利益与外部事物之间关系的核心法则。悟道的人，明确了自己人生的方向与轨道，并形成了一个自动、良性强化的、神奇的机制。这才是道德最迷人的地方，也是道德智慧的本质所在。

【真言】

俗德无道，无道者，遇事时极容易兽性发作。玄德源于道，悟道者得到大道的助力，恪守道、践行道，进入玄妙的境界。

【自省】

我过去以为刘玄德没什么能耐，现在想想他把那么多能人聚在身边，能够那般虔诚地"三顾茅庐"，又在"青梅煮酒论英雄"时装傻并让曹操放松警惕，遇到危难时能带着老百姓逃难，这般低调、虔诚、重情重义，怎是那些自以为聪明的人可比的呢？

反观现实中的一些人，一旦有了成就，就飞扬跋扈，趾高气昂，奢侈高调，以为自己很了不起，最终不但引起众怒，而且失去了把控自己的能力，走向没落。这些年来，看着一波又一波的人走着这样的道路，我真是感叹不已。

由此看来，主动修理自己出现的偏差既是一种觉悟，也是一种功夫，会给自己带来人生的幸运。如果不这么做，自己的偏差得不到修理，就会越错越离谱，最终付出沉重的代价。

123. 知子守母

【出处】

第五十二章："天下有始，以为天下母。既得其母，以知其子；既知其子，复守其母，没身不殆。"

【语义】

天下万物都是由大道孕育出来的，大道就是万物之始，也是万物之母。每个人都是大道之子。我们明确了自己这个身份，就可以让自己回到万物的源头，理解和掌握大道的规律。

【寓意】

大道为天下之母，若是人类让自己的主观意念跑出来捣乱，就可能让自己的心智和生命活动脱离大道的根本规律，从而迷失，让自己的人生遭遇很多忧患。

【素描】

每个人刚刚来到世上时，都不是一个成熟的社会人，只是一个比较纯粹的生物个体，所以是靠本能活着的。随着人逐渐长大，主观意志也在不断地膨胀；随着知识经验与能力的提高，越来越不知大道深浅。那些缺乏管教的孩子，往往都会飞扬跋扈、恃强凌弱、自以为是。孩子们的行为固然可笑，但是很多成年人忘记了每个人都有个"大道之母"，以为自己是成年人了，就没人管得了了，于是自我膨胀，胡作非为，给自己惹来各种各样的灾祸。

那些活得健康、平安而长久的人，都是既能守住良知，也懂得自律的人，在取得了一些引人瞩目的成就与地位之后，他们内心会有一种反向的力量，让自己比平时更加平和、低调。

【真言】

背道而行的人常常是四处流浪，流浪的人回归大道即是自我救赎。成功的人们务必要懂得自律，让心中有一种反向的力量平衡自己，如此才能有平安的人生。

【自省】

虽然我们都不太喜欢被别人管束，但是，有人管束也是人生中的一种幸福。在每个人的生命中，脱离对父母的依赖都是一个重要的成长步骤。但若干年后，我们又会发现，乐意接受或者主动寻求别人的管束，是一个人成熟的重要标志。一个是成长，一个是成熟；一个是个人自主，一个是接受别人的管制。人生真是有意思啊！

民间有一句很流行的话，就是"人在做，天在看"，说的就是人不可能脱离管束，只不过在我们小的时候是父母在管束我们，等到我们长大之后，我们依然脱离不了法律、道德、规则、规律等大道的约束。在这个基础上，若是我们能够建立一种自我管束的能力，也就是自律能力，我们的人生就会既有发展，又能平安。从古至今那些既有成就又能平安的人，不都是这样做的吗？

124. 不勤不救

【出处】

第五十二章："塞其兑，闭其门，终身不勤。开其兑，济其事，终身不救。"

【语义】

闭塞住欲念的孔穴，关掉欲念的门径，终身都不会有烦扰之事。如果打开欲念的孔穴，助成他们求知逞欲的事，就终身都不可救治。

【寓意】

老子在这里告诉人们，人生命运的方向就看这"一开一关"：关闭欲念之门，人就能有格局，就能提升智慧，就有活路；打开欲念之门，人就会变得思维狭隘、自以为是，前方就是死路。

【素描】

在现实生活中，人们一直在追求幸福的生活和成功的事业。但人们搞错了两个重要的概念：一是对理想的追求，二是欲望的膨胀。对理想的追求是利他的，是自我约束的，是以自强不息和厚德载物为基础的。而欲望的膨胀更多是利己的，是以自我为中心的，甚至是自我放纵的，而且往往会忽视内在的自强和德行的厚实，结果就是欲望越强，麻烦越多。正是基于对人生这一困境的深刻认识，宋代理学家朱熹提出"存天理，灭人欲"的思想，但遭到后世诸多人的误解，他们批评朱熹不解人性。很显然，很多人的理解跟朱熹的思想根本不在一个高度和频道上，因此变成了各说各话。实际上，朱熹也是人，岂能没有人欲？只是朱熹领悟到了人欲的膨胀会给人带来灾祸的真理，因此提倡管控人欲。但是，人欲也是一股巨大的能量，是难以压制的，于是朱熹从老子的思想那里给人们找到了通向天理大道的出路，也就是把人欲引向天理大道的方向。

历史上的很多成功者，都有一个重要的经验：降低个人的占有欲，将生命的能量引向利他的大道。这样做，一方面合于生命之道，不至于因为欲望给生命自身带来伤害；另一方面，可以让人避免压抑欲望所带来的问题，将欲望转变成对众生的贡献与价值，自身也可享有荣誉与成功。

【真言】

放纵欲望，带来的是人生灾难；管控欲望，带来的是人生平安；将欲望升华为理想，带来的是人生成功。

【自省】

我们年轻的时候，常常无视先辈们的教导，将那些理想的教育看得很空洞，把眼前的追求和享乐看得很重要，甚至到了成年，有了很好的物质基础和事业根基之后，依然没有改变或者升级我们的心智模式，依然在木讷地追求着自我、肉体、生理和物质的享乐。这就是每个人都应该警惕的：年龄在增长，心智却没有完成蜕变与升级。古人劝我们要活到老学到老，要做此生最好的自己。现实中有太多人把物质财富的不断增加、职位的不断上升，以及社会名气的不断放大当成了自己的追求，在忙碌中迷失了心智，哪里搞得清楚最好的自己应该是什么样子呢？他们都是迷在事中，不知道自己正在向着什么方向走，结局当然不会太好。

你也可以反观一下自己，到底是打开了理想之门，还是打开了欲望之门？若是把门开错了，怎么还会有美好、平安、幸福、成功的未来呢？如果打开了智慧之门，那你人生中的烦恼一定就会很少；如果你人生中的烦恼很多，那就一定是因为你打开了欲望之门。

125. 大道甚夷

【出处】

第五十三章：“大道甚夷，而人好径。”

【语义】

大道是很平坦的。

【寓意】

老子在这里给人们指出的是一种人心扰动的怪异现象：大道很平坦，人们却喜欢走小路。用句俗话来说就是："光明大道你不走，地狱无门闯进来。"人们太喜欢多占，太喜欢奢华的外表，太追求享受，就是不懂得这些"身外之物"一旦成为自己的人生追求，就会让自己颠倒"财物与生命"的主次关系，在追求中迷乱了心智。这真的是为自己好吗？老子将这种行为视为心贼所导致的愚蠢行为。现实中有很多人将自己那种低级的生存智慧总结为"夹缝智慧"，还自以为是老练和成熟，却不知这恰恰是不明大道的情况下走的曲径、小路，是一种简单的经验总结和低级的浅薄智慧。

【素描】

如果你问人们，想让自己成为奴隶或者做一些伤害自己生命的事吗？答案肯定是不想。可是，为什么人们在愿望上否定的事情，却会在行为和结果中出现呢？原因很简单：他们不知道大道的力量与规律，因而依然停留在动物般的欲望模式中。绝大部分人虽然学习了很多科学知识，但并不懂得大道。仅靠学习知识是不能确定人生正道的，这一点值得我们深刻反思。

人这辈子有一个非常重要的问题，那就是到底应该走什么样的路。一些自以为聪明的人总是喜欢为自己算计，但算计来算计去，最终还落个亏损。这样的人实际上走的就是人生的邪道，而没有找到那条光明大道。再看那些懂得遵道而行的人，他们管控住了自己的私欲，没有那么多的虚伪，不会处心积虑地为自己算计，反而能够有一个非常富足的人生。古人说，"失之东隅，收之桑榆"，当我们把目光从眼前移开，放到一个更大的时空里去思考人生的得失时，就会发现有各种各样的人生收获。一旦明白了这个人生的得失之道，我们就会在得到时保持清醒，在失去时保持耐心，就能够跳出个人主观所做的各种判断，将一切放到整个人生的历程中去衡量其价值。因为人生需要的绝对不只是一种价值，而是各种各样的价值。很多人的错误就在于：紧紧盯住一种价值而失去了更多的价值，从而导致整个人生的区域中价值种类不全，价值结构不合理，或者不同类型的价值之间的关系不健康。

一个人走什么样的路，选择什么样的人生方向，这是非常关键的问题。如果不选择光明大道、人间正道，即使不停地往前走，又能走到哪里去呢？

【真言】

无知者如蝼蚁，为争夺一粒大米而忙忙碌碌。工于心计的"夹缝智慧"，实则是没有达到悟道的境界。工于心计，就难以悟道。悟道了，就不会再去动心机。

【自省】

命运真是喜欢捉弄人啊，有些人喜欢算计，本想走个捷径，结果却掉进了陷阱；有些人根本不需要算计，就能够让自己生活得很富足。

老子所讲的这个大道，放在人生当中，就如同吃一桌菜一样。人不能只吃主食，还需要吃菜喝汤，因为生命需要多种营养素——不管你喜欢不喜欢，你的生命都是需要的。所以，那些挑食的人，摄入的营养素是不全面的，因而身体也是不健康的。现在的问题是，我们吃到了多少种类的人生营养素呢？我们在人生中是不是有点挑食呢？我们的生命状态是不是因为挑食而变得不健康了呢？

　　实际上，一个人的理想使命的方向就是大道之上的那盏明灯，一个人发挥自己的优点与美德、坚定地向他人学习、鼓起勇气认错改过、踏踏实实地积累人生经验，提升自己的各项能力，努力获得别人的信任，奠定的就是自己的人生大道——一条越来越宽广、越来越明亮的康庄大道。

126. 盗夸非道

【出处】

第五十三章："朝甚除，田甚芜，仓甚虚，服文采，带利剑，厌饮食，财货有余，是谓盗夸。非道也哉！"

【语义】

没有悟道的人，按照自己的欲望模式追求着各种奢华的生活，却置他人的生死于不顾，如同人间的盗贼一样。

【寓意】

老子在这里批评了那种身居显赫之位，却只顾追求自己过上奢侈生活的做法，并将其斥为盗贼行为。人类可用的资源有定数，如果少部分人占有和使用得太多，就会剥夺其他人使用资源的权利，给整个社会乃至人类带来动荡和灾祸。

【素描】

从古至今，人类一直演绎着这样一个基本规律：循着自我欲望不断膨胀的方向发展的人，衍生出盗贼般的人生。一味追求自己多吃多占，奢华无度，这样的作为既不符合人类的生命之道，也不符合社会和自然之道，最终将会伤害到人类自身。如果社会的精英和领导凭借自己卓越的能力和较高的地位，一味追求奢侈无度的生活，而忘记了自己对众人的责任，就会渐渐地迷失心性，进而失去自己的成就和地位。人类历史上每一次重大的变故，几乎都与这样一个社会失衡状态有关，都是社会财富再分配的一个过程。也就是说，任何人类主观所导致的失衡，都会制造推翻他们的力量。因为大道一直执掌着人间的平衡，把那些在人生舞台上做丑陋演出的人赶下台去。

　　能力卓越者，能够获得很多的财富，又将财富重新分配给那些需要的人。于是就有了那句千古名言："财散人聚，财聚人散。"看看人类的历史，看看现实中许许多多人的命运，就能够明白，大道不虚。

【真言】

权力加欲望，等同于毒药。无知加无畏，等同于堕落。

【自省】

　　人心之外还有天道。用一句流行的话说就是："出来混总是要还的。"那些靠剥削众人来积累自己的财富的人，终将走向末路。想一想，人生一世几十年，能吃多少、穿多少、用多少呢？占得多了必然成为负担，这样一个亘古不变的真理，人们怎么就是不明白呢？怎么还是那样前仆后继地去犯同类的错误呢？希望我们都能够吸取人类历史上无数的沉痛教训，别再因为追求无限度的奢华而让自己迷失。

127. 善建不拔

【出处】

第五十四章："善建者不拔，善抱者不脱，子孙以祭祀不辍。修之于身，其德乃真；修之于家，其德乃余；修之于乡，其德乃长；修之于邦，其德乃丰；修之于天下，其德乃普。"

【语义】

真正悟道的人，才会真正有所建树，并能经受住历史的考验。

【寓意】

老子所说的"善建者""善抱者"，都是按照大道规律来过活的人。他们一心为民，不谋私利，不用私心，不动私念，像大道一样秉公而行，善待众生。如此作为，即能修行悟道，从而滋养纯净之德，犹如日月光照千秋。如此作为，个人不用求名求利，子孙也会敬仰永恒。如此作为，对于自身、家庭、乡里、国家、天下才能无害，这才是正道，才能永久。

【素描】

有很多人问："若是不学道、修道、悟道，就不能成就事业吗？现实中有那么多各个方面的成功者，难道他们都是学道、修道、悟道的人吗？"

实际上，只要观察十年八年，我们差不多就能够判断出一个人的功夫。那些内在功夫好的人，随着事业的成功，会变得越来越谦卑，越来越简朴，越来越精进，他们的事业也会越来越健康，越来越平稳。那些内在功夫不好的人，十年八年之后极有可能就会走到事业的终点。毫无疑问，那些走得长远并且能够得到善终的人，即使没有从主观上去学道、修道、悟道，他们的言行、思想一定也是符合大道的。大道如同一张无边无际的天网，关联着世间所有的人和事，任何一个人在这张天网中所做的任何一件事情，都会联动着其他的人和事。所以不要只看一时，要看他现在的状态和状况所引发的后续力量的变化。能够看清这一点的人，就从点式思维进入了时空思维。有的人使用点式思维，只图自己在一时一事上的痛快，使用了一些小聪明或者不怎么光明的手段，为自己谋得了很多的利益、地位、名声，等等，但因为自己内在的精神力量和道行不足以与外部所获得的东西相匹配，于是乎渐渐地走上了穷途末路。当然，在现代社会中，因为传播的方式和速度的变化，缺乏自知之明、背道而行的人，可能很快就会在社会上声名狼藉。这就是违背大道的时空思维所铸成的恶果。

【真言】
能明事理，即能成事。能明人心，即能成熟。能明大道，方能成功。

【自省】
我们都曾经羡慕过别人的生活，也被很多人羡慕着。随着阅历的增加，渐渐地我们就知道了，我们付出什么样的努力，掌握什么样的规律，拥有什么样的智慧和德行，才是我们能够得到什么、过上什么样的日子的关键。我们真正拥有的生活，实际上是我们内心画面的外在呈现，我们内心画面中的缺陷也会给我们的现实生活带来灾难。

128. 以身观身

【出处】

第五十四章："故以身观身，以家观家，以乡观乡，以邦观邦，以天下观天下。吾何以知天下然哉？以此。"

【语义】

大道无处不在，人自身就是大道的载体，故修行者以观自身为首要。悟道之人，只要心通大道，观天下一切皆可通大道，这就是老子最大的秘密。

【寓意】

老子在这里讲述了修道者自观的中心和涟漪般的外观模式。观察别人和事件需要有一些条件，而观察自己则是最方便的，几乎随时随地都可以进行，这就是自观的中心。由于人与万物都遵循着一个共同的大道模式，因此自观悟道，就可以向外推及所有的人和事物。这就是老子教我们的一个悟道的法门。

【素描】

在现实生活中，很多人使用的是"手电筒思维"——只照别人，不照自己。这样的人，一直在观察别人、评价别人、指责别人和要求别人，这就脱离了自观这个中心。一个不能正确认识自己的人，怎么可能正确地认识别人呢？如果一个人能够为别人着想，体谅别人的疾苦，照顾别人的感受，懂得事物本身的规律，那他不管做什么，都是行走在大道的坦途上，他必定会成为世间的成功者。

中国道家文化一直提倡"修己为要，修心为要"，因为老子发现了世间万物万象皆是大道的载体，只要解析清楚道的存在，就能知道万物的共同规律。古人用"格物致知"来参悟大道，也是一个道理。

既然如此，在红尘中忙碌的人们，只需真正地用心在一两件事情上深入探究，就能够领悟大道，发现万事万物的共同规律，就能够解决人生大部分的问题。从古至今有不少在某一件事情上达到绝对高度、达到出神入化境界的人。但我们需要注意的是，不要将认知停留在自己专注的那件事情上，而是必须启动一个高级程序，那就是举一反三、举一反万，最后达到领悟"万物一理"的智慧境界。若是做不到这一点，最多算是一个高级匠人。人世间，有些事情就是半步的距离，但很多人走了几十年也没有走过去。

【真言】

认识自己是认识一切人的诀窍。人同此心，事同此理，"认识你自己"这句来自古希腊神庙的箴言，就是人悟道的起点。

【自省】

想想自己的过去，在那种糊涂的时候，我却以为自己看明白了外部的人和事。但因为没有看清楚自己，所以那些所谓的"看明白"，实际上也是一种新的糊涂。

后来我将自己作为观察对象，一次次地解析，一次次地领悟，才渐渐地理解了那些跟自己不一样的人。原来，人同此心，事同此理。从古至今，那些能够大彻大悟的人，都是在外部事件的冲击之下认识了自己，也认识了自己和外界的关系，因此也就认识了人间，最终认识了天地间的万物。人生就是一场修行，若是偏离了这个主线，将自己的人生追求转向了外部，从此人生将再无光明。《王阳明年谱》里面明确记载了中国心学大师阳明先生的"此心光明，亦复何言"的八字临终遗言。吾等修行者，当认真领悟。

129. 赤子德厚

【出处】

第五十五章："含德之厚，比于赤子。蜂虿虺蛇不螫，攫鸟猛兽不搏。骨弱筋柔而握固，未知牝牡之合而朘作，精之至也。终日号而不嗄，和之至也。"

【语义】

像婴儿那样与天然元气完全相合，就是合于道的状态。

【寓意】

老子用"赤子"来形容悟道者的状态。"赤子"是人的生命最接近天然的状态，也就是主观欲念最少的合于道的状态。人在这种状态下，跟天地万物都是和谐的，因此，在成年人看来对人类有害的一些毒虫猛兽，也不会伤害到与道合一的赤子。在这里，老子提出一个很重要的思想：是否达到人与自然万物的和谐状态，是衡量一个人是否悟道的关键指标。

【素描】

我们在现实生活中可以看到两类完全不同的人：一类人受到毒虫猛兽的伤害，另一类人跟毒虫猛兽和谐相处。受到毒虫猛兽攻击的人，往往是那些有主观成见的人——将毒虫猛兽视为伤害性的力量，并对它们进行攻击。而那些能够跟各种动物和谐相处，总是竭尽全力去对它们好的人，也赢得了动物们的信任。在这样的现象中，我们似乎真的感受到了人的念头这种力量的强大，好像真的能够心想事成。实际上，这一现象的本质是：当人的念头利他而善良时，就符合天道，就会得到天道的回应，就能以善念应万物；反之，当人的念头自私而邪恶时，就违背了天道，就会迎来天道的惩罚。这也许是人间最简单而又最深奥的秘密了。

十分有趣的是，在中国文化中也有一些典故是从另外一个方面来教育人的。农夫与蛇的故事、东郭先生与狼的故事似乎让人们明白了一个道理，那就是对于像蛇和狼这样威胁到人类的生命安全的动物，绝不能心慈手软，甚至有的人将这个道理当作人生的信条。于是乎很多人在面对蛇和狼的时候，想的就是杀死它们。但是，自然主义和动物保护主义告诉人们不能伤害这些生灵，甚至有的人和自然界的动物成了特别好的朋友。民间也有一些老百姓认为万物有灵，如果伤害了有灵性的动物，就会遭报应。但具有讽刺意味的是，有不少人能够对动物慈悲，对于周围的人却做不到，遇到一些矛盾和冲突就结怨成仇，翻脸不认人。还有的人对别人能够宽容，但唯独无法放过自己，甚至让自己积郁成疾。看来，明白一个小道理很容易，但是明白天地人间万物和谐的大道确实不易。

【真言】

合于道，与万物共生共存；背离道，与万物相杀相毁。

【自省】

小的时候，我们对自己身边的人和事没有多少分别心。长大之后，我们学会了按照自己的主观标准去评判人，去要求人，去指责人，去怨恨人，去报复人。我们自以为成熟了，却跟周围的人越来越不和谐了。有的人在与他人的关系中受了伤，从此变得对人很冷漠，反而开始养宠物并把宠物当成了朋友，甚至爱宠物胜过了爱自己的家人和朋友。为什么会发生这样的事情呢？也许深层的原因，是人类对宠物没有像对人一样的期望，宠物也不会对人有更多的要求，很容易满足，所以我们才会觉得宠物好相处。人类很难做到像动物那样，我们更喜欢说理，会因为理念不同而不断地争论，最终演化成争吵；我们总是对别人抱着很多期望，尤其是当我们对别人很好时，会期望别人像我们想象的那样回报我们。

　　让我们反观自己的大脑活动，再看看那些自以为有道理的说法和做法到底给我们的人生带来了什么。让我们少讲些自己的道理，多些爱别人的行动；少一些评判，多一些懵懂；少一些期望和要求，多一些单纯和接纳。也许，这样才能够让我们真正走出人生困境。

130. 知者不言

【出处】

第五十六章:"知者不言,言者不知。"

【语义】

这里的"知"同"智",老子是在提醒那些自以为聪明的人,不要夸夸其谈。

【寓意】

越是巧舌如簧,就越是不明智。以为自己什么都懂、总在人前卖弄知识的人,肯定没有悟道。对花言巧语习以为常的人,会迷惑他人,同时也会迷惑自己。大道自在,大道无言,可道非道,言多无道。若是不明了大道的因果链条,说得再好听的道理也只能迷惑人,而无实际的用处。

【素描】

说话与做事是人生中两个非常重要的方面,由此可以将人分成几种类型:第一种是能说能做的人,第二种是能说不能做的人,第三种是能做不能说的人。能说能做的人往往能够风光一时,但很难长久。能说不能做的人,这种"嘴把式"很快就会被人看穿。能做不能说的人,虽然可能会在相当长的时间里处于默默无闻的状态,但只要能够坚持,精益求精,不断在事儿上进取,终究能够得到人们的认可。因为人间有一条重要的真理:事实胜于雄辩。有了事实,事实就会说话,看到事实的人也会替你说话,也就无须自夸了。当然，必要的沟通还是要有的。

在社会生活的层面，关于说与做的问题，可能更为复杂一些。比如人们私下议论别人时，更多的是在说别人的坏话。说别人坏话的，往往还是一些很有社会阅历的人。当然，如果换个场合，那些说别人坏话的人，也往往是被别人说坏话的人，真应了那句古语："谁在背后不议人，谁人背后无人议？"为什么会有那么多人陷入如此尴尬的境地呢？就是心不正。心不正的人，看别人时总看问题与毛病，却不敢看自己的问题与缺点。

我们要把心放正，多说理解别人、欣赏别人的话，不去议论别人的是非，不污蔑人，不诽谤人。

总之，对自己要少说成绩和功劳，多找差距和问题，勤做内省多担当。对别人要多说优点和感恩，多说体谅，量力而行多帮助。人生不易，人与人之间互相温暖，人生几十年才不至于那么寒冷啊！

【真言】

寡言善行者，事实就是代言人。多言弱行者，终究自误而被嘲笑。说别人是非的人，自己必是是非人。心不正时，嘴巴里只能吐出恶语。

【自省】

判断一个人到底是什么样的人，不是看他说了什么样的道理，而是要看他做成了什么样的事情。有人说，每个人来到世上，花了两年的时间学习说话，但是要用一辈子的时间来学习闭嘴。我不喜欢在背后议论别人，但是这并不能避免我被别人在背后议论。当然，议论我们的人未必比我们做得更好。我们若是听到别人在背后议论我们，就会很伤心。如果我们听到别人在背后说一些理解我们、支持我们的话，就会感觉心里很温暖。人生就像一场漫长的寒冬，我们唯有相互体谅、相互鼓励、相互支持，才能感受到人间的温暖，共同缔造出生命里美好的春天。

131. 不可得而

【出处】

第五十六章："故不可得而亲，不可得而疏；不可得而利，不可得而害；不可得而贵，不可得而贱。故为天下贵。"

【语义】

这是老子在提醒人们，要小心因为客观上的"得"，而出现主观上的"失"。否则，客观物质上或者主观精神上的"得到"就会让人产生自贱心理。

【寓意】

老子在这里剖析了现实中一种典型的问题：有很多人，得到想要的东西就高兴，得不到想要的东西就焦虑，失去喜欢的东西就痛苦。迷茫的人生，就是在得失之间起伏颠簸。人只要超越不了"我的"这种层次，就可能会出现"我得"或者"我失"的局面。因此，我们要提升自己的格局，超越小我，达到无我的状态，这样才能看清楚人间得失的规律。当人能够达到与天地万物合一的状态时，人生的那种低维度层面发生的得失和痛苦就会消失。

【素描】

人间的恩怨之所以会产生，往往是因为人们对于我得到你失去、你得到我失去、彼此得到多少的计较。

在现实中，人生的账还有另外一种算法：有得到必然有失去，有失去必然有得到，二者同时发生。只是人们的感觉似乎被锁定了，一味地追求自己想要得到的东西，却忽略了自己会失去的东西。同理，在得不到自己想要的东西时，实际上还会得到另外一种东西，但因为人们过于在意自己一心想得到的东西，主观感觉好像被屏蔽了一样，根本看不见因为失去而得到的东西。这是非常典型的心盲式的思维。有一种寓言式的说法："人长了两只眼睛，一只看得，一只看失，故而能明得失之道。"得失实际上就是道家思想中的阴阳的一个具体的表现形式，如果能够领悟阴阳和合的大道模式，在得到时就明白，必须接受另外一种失去，在失去时又能够欣喜地接受另外一种得到，接受了这种意想不到的得到也必然伴随着下一轮的失去。如此循环往复，就是人生运动的基本模式。

实际上这还不是这个规律的精髓所在。人生得失的规律，背后实际上是大道对人的一种调理，其关键在于让人们明白：得到的越多，对人的承载力的要求越高，如果得到与失去不平衡，人将面临灾祸。得到之后得意扬扬，失去之后怨天尤人，这是不明大道的典型表现。一切外在的得失都是对精神的拷问，只要明白了人生的得失之道，就能通过得失提升自己的内在功夫。于是乎，就能够创造出人生的一种大美的景象：伴随着连续不断的得失，内在的精神力、智慧力却一直在提升。这才是人觉悟后所能感受到的美妙。

【真言】

大道即无极，智慧运太极。阴阳能合一，如同道附体。外在得失是对内在功力高低的证明，大道是公正的，它总会让人恢复平衡。

【自省】

人生中的得失构成了我们的喜怒哀乐、高峰和低谷、荣耀与屈辱。我们年轻的时候，时常会为了得到一件东西、一个位置、一个称号或者一个人，进入近乎疯狂的状态，也就是让自己进入了那种失控状态，甚至会出现某种极端化的倾向。随着人生经历的增加，再看自己过去的那种失控状态，犹如看自己的前世一般。我渐渐地想明白了，只要把外在的东西看得高于自己的内在，想获得外在的东西就会非常困难。即使是使用各种手段，获得了外在的各种人生利益，也会因为自己内在功力不够，无法承载这些利益，最终毁灭自己。

明白了老子告诉我们的得失大道，我们就明白了得失背后的规律，就能从现象层面的得失中走出来，超越红尘层面的得失，时时刻刻都能有所得，最终成就人生的大德。

132. 守正出奇

【出处】

第五十七章："以正治国，以奇用兵，以无事取天下。"

【语义】

这里老子是在说治国用兵中"奇正相生""阴阳互转"的道理，也是"以道御术，以术证道，道术一体"的原理。

【寓意】

老子在这里提到"治国"和"用兵"的两个看起来不同的原则，但我们千万不要搞错，老子并不是说治理国家要用正道，而用兵可以用诡道。实际上，老子在此处谈到"正奇"的原理，是说一切都要出于正道，治国用兵皆是如此。治国要用正道引领，要根据人心规律讲究艺术。在用兵方面，即使不得已而用兵，也要执守正道，达到预期效果就适可而止，不要穷兵黩武，不要恃强凌弱，否则，将自取其咎。实际上老子在此说出了为人处世的三种境界：道者以正道和基于规律的艺术治国；德者以正道把持战争方向并能够根据战争规律善用奇兵；智者以规律为依据并能够控制自己不去做违背规律的事。道、德、智三者构成一个连环，任何事、任何时刻都不能分开，这才是老子的真意。否则，若是坚持正道时没有智慧，就必然僵化生硬。若是用兵时只讲究出其不意，却忘记了正道的方向，就会背离"军事是政治的延续"这一真理。若是做事时不明白规律，就会陷入蛮干状态。

【素描】

守正出奇这一原则，受到了世俗中很多人的推崇。深入了解时就会发现这样两种类型的错误：一类是坚守正道时却没有与正道相一致的智慧方法，对人对事显得教条而生硬；另一类是守正只是个幌子，出奇才是实质，大脑一直在为了出奇招而冥思苦想，却不知真正的智慧来自正道和规律。

如果不能把正与奇统一起来，正也不再是正，而变成了没有灵魂的僵硬，奇也就不再是奇，而变成了处心积虑的算计和邪恶。这里要区分清楚现实中两种不同的视野：世俗主观的视野会将"正"看成傻，又会将"奇"视为妙。在悟道者的视野中，正就是奇，奇就是正，大道之"正"，即是人间大智慧，能生出俗人眼中的"奇"，实则是道法自然的结果。由此看来，用无道的眼光看老子的思想或者用无道的手段运用老子的智慧，都只能是歪曲。

【真言】

正奇一道，分开非道。正是奇时是正道，奇是正时方为奇，奇正一体才是道。

【自省】

我几十年前学经典时，是按照自己的想法去解释圣人的智慧的，后来才明白，我以为的"正"，原来是对正的歪曲，近乎"邪"；我得意的奇招，也是在给自己的未来挖坑啊！

学习经典，首先要在自己的生命、心性、生活、事业中验证自己的理解，如果自己都没有验证，也没有产生生命的体悟，把圣人的智慧理解成了一般性的知识并分享给他人，就是对圣人智慧的曲解和亵渎。当我懂得如何把圣人的智慧有针对性地、艺术地分享给不同的人以后，对国学智慧也有了一种新的认识：国学智慧是对自己的心性、生命、生活和人生的实证科学。

我们要将正奇统一，也就是将道术统一，既要有合于正道的、清晰坚定的立场和原则，又要有与合于正道的立场、原则相统一的方法和艺术，如此这般，才能让我们的人生既有原则，又有灵活性，不失正道而又游刃有余。

133. 无为自化

【出处】

第五十七章:"故圣人云:'我无为,而民自化;我好静,而民自正;我无事,而民自富;我无欲,而民自朴。'"

【语义】

无为,关键是关闭自己主观的妄为,从而进入大道自动而为的状态。人无为,道自为,这就是无为之美妙。

【寓意】

"无为自治",是老子智慧的精髓所在。"无为"强调的是不动私念、不强迫人、不违背规律、不践踏正义、不自以为是而顺应大道规律的作为。"无为"之"无"一是指无形无状的大道,无为即是道为;二是指"无我",是人在虚极静笃的状态下跟随大道的作为,是无私,是全心全意为人民服务。因此,"无为"并不是指什么也不做,而是指不做违背规律的事情,但顺应规律的事情还是要去做的。如此这般,才不至于越治越乱。当权者或者治理者要自己静心,管制好自以为是的念头,管控好图谋私利的欲望,不违背天道和民意去瞎折腾,尊重规律和民心而为,人民就会在合于道的模式下正常地生活,社会就会有良好的秩序。

【素描】

在现实社会中,领导者们往往执行着完全不同的两种模式:一种人按照自己的主观意愿去教化人，自己处于躁动、自我膨胀的状态，却要去矫正民众的躁动，教导民众要质朴，带着求私利的心去做利他的事；另一种人懂得民众，感化民众，用安静的姿态去观察民众，用无私的心去做利他的事，用自己的质朴唤醒民众的质朴，你看看，这样不就顺畅了吗？

有一个常识，那就是当某种做法效果不好时，那就一定是大道在告诉我们，我们使用的方法并不是最好的方法。所谓好的方法，也就是合于对象规律的方法。我们可以回忆一下自己人生的经历，那些做起来轻巧，效果又好的事情，一定是我们使用的方法契合了事物和对象自身的规律。只是我们没有去总结这背后的规律，所以当自己使用的方法效果不好时，并不具备反观自己的能力，也就是不懂"效果不好，一定是方法不对"这样一个基本的道理。如果不懂这个道理，还按照不能契合事物规律的方法继续努力，就是蛮干了。

在现实生活中，每个人都在努力追求美好生活和美好的人生目标。但是在这种愿望的驱动下，却有着完全不同的结果。合于道的做法做起来就轻巧，效果也好，于是乎，这样做的人最终就成了能干的人。而不合于道的做法做起来很费劲，效果也不好，这样做的人就成了不能干的人。

实际上，很多人已经体验过了"人无为，道自为"的美妙状态，只是自己不知道而已。比如，那些眼前看起来没有办法的事情，睡了一觉，过了一个晚上，就发生了变化，这个变化不就是客观事物或者作为客观存在的其他人本身自动发生的吗？如果把时间拉得再长一些，我们就会更加清晰地感受到事物本身的变化。真应了那句话："世上本无事，庸人自扰之。"

【真言】

主观合道，一切在道，由道生道，处处是道。合于道的方法就是善法，效果好，做得又轻松，这样做的人就是能干的人。关键是当我们的做法很费劲，效果又不好时，我们能否返回来观察自己是否合于道的状态，并及时地进行调整。

【自省】

人生的本质，就是随着年龄和阅历的增长，完成自己生命的进化。我们自己和我们周围的很多人在年轻的时候都很懵懂，做起事情来也不太靠谱，随着知识和能力的增长，又会形成另外一种伤害自己的品质，那就是自以为是。如果这种自以为是又不幸地被很多结果证明是正确的，那我们就会继续膨胀。当然，膨胀到极致就会突然砰的一声引爆自己。很显然，这是我们的进化路线和状态出了错误。也有的人遭遇了各种各样的挫折，最终被打击得灰头土脸、灰心丧气，一肚子的怨气，甚至怨天尤人。这样的生命状态是在进化的方向上出了错，这些人没有领悟到，生活中的挫折，就是客观大道对我们的主观不合于道的状态的纠正，是对我们主观的一种调理。那些圣人和伟人，都是能够让自己在挫折中成长、让自己的心性不断升级和蜕变的人，他们既不会在挫折面前低头，也不会蛮干。他们会随时调适自己，让自己处于合于道的状态。于是乎，他们的人生就会变得简单而惬意。

134. 福祸相依

第五十八章："祸兮，福之所倚；福兮，祸之所伏。"

【语义】

福祸总是相伴相随，因此，人们虽然都追求幸福，却都摆脱不掉灾祸与痛苦，这种现象的本质是大道对人的调理。

【寓意】

这福祸之事，也是因为人的欲望而产生的。在现实生活中，往往天不遂人愿：人们追求福时，祸却先来了；人们得到福时，福又会转化成祸；人们遇到祸时，福又悄悄地藏在后面，如果人们只见祸而不见福，就会祸上加祸……看起来这福祸无常的变幻，往往就在一念之间。《菜根谭》中有句名言："天欲祸人，必先以微福骄之，所以福来不必喜，要看他会受；天欲福人，必先以微祸儆之，所以祸来不必忧，要看他会救。"

【素描】

在现实生活中，大多数人都会努力地求福而避祸，结果却是人生不如意之事十占八九。我们都知道，"如意"就是其他的人和事能够顺应我们的意愿。如果一个人仅仅以自己的意念作为过活的准则，注定会走上一条失败、失意、失望的绝路。

从古至今，因遇福而得意轻狂、把福转成祸的人，真是络绎不绝。遇祸冷静应对，成功将祸转化成福的人就不多了。面对福祸那种变幻不定的状态，那种恒久的循环往复，很多人搞不清楚其背后的原因，觉得很无奈。

什么样的事情叫作福，什么样的事情叫作祸呢？同样的一件事情，对有的人来说就叫福，对有的人来说可能就叫祸。得到福的人若是得意扬扬，主观开始膨胀，就会背离大道，此时，福就会转化成祸。遇到祸的人，若是能够领悟这是大道对自己错误主观的调理，进而将自己的主观调整到大道的方向上，跟随规律前行，就会将祸转化成福。由此可见，福祸问题全在人心如何应对，拷问的是人的心性能否与大道相合。若是心性愚痴，得福便张狂，主观就膨胀，福会变成祸，祸会变成灾。若是遇到祸时，情绪低落或者冲动，就会失去接受大道调理的机缘，失去一场人生的造化。总之，一切都在于心，在于自己的主观是否时刻向着大道靠近。若是我们懂得了这个原理，并做到遇福不狂，遇祸不慌，就可以生活得更如意一些。

【真言】

道心面前无灾祸，谓之全福大福。俗心面前无真福，皆是灾祸的变种。

【自省】

不惜福，福跑啦！不种福，福少啦！不懂祸，祸大了！人生几十年，福祸的问题如此重要，但有多少人用心去思考和研究过祸福背后的规律呢？若是不能破解福祸之谜，人生还有什么乐趣呢？老子给我们提出了一个人生中特别重要的问题，也给了我们解决这个问题的方向。想一想，我们过去遇到福的时候，那种得意和张狂，是不是成了未来灾祸的种子呢？再想一想，我们遇到灾祸时那种愤怒、冲动和怨恨，是不是把小问题变成了大问题，又把大问题变成了死结呢？看一看，那些破解了人生福祸之谜的人面对人间福祸时的那份平静和坦然，是不是很让人羡慕呢？

135. 正复为奇，善复为妖

【出处】

第五十八章："正复为奇，善复为妖。人之迷，其日固久。"

【语义】

老子是在描述正奇、善恶的神奇变幻，也是在说人们对这种变幻的困惑。

【寓意】

人间奇事多多，许多人对"正"忽然转变为"邪"，"善"忽然转变为"恶"甚是不解。实际上，正与奇、善与妖根本也没有做什么实质的转换，在本质上，一般人所说的正并非真正，本身就带着邪气，只是这股邪气从心里跑出来被别人看到时反而吓到了自己。一般人所说的善并非真善，本身就是恶的一种变形，只是人自己看不见，反而迷惑了自己，等到假善背后的恶跑出来被别人看到时，自己却吓得面色苍白，困惑不已，不知道恶是从哪里跑出来的，实际上，它就一直隐藏在自己的心里。

【素描】

在现实生活中，装模作样的正直中往往包藏着不能示人的邪恶，但真相总有大白于天下的一天，到了这个地步，很多人都会表现得很惊讶。真的是自己不认识呢，还是没有勇气承认呢？披着伪善外衣的真恶处处可见，一旦脱掉伪善的外衣，露出来的当然就是真恶。你看那些虚情假意对人好的，哪有不被戳穿的？我们一定要问问自己："我的正直和善良是纯粹的吗？是没有私心的吗？是去除了主观完全合于客观对象的规律的吗？"如果本身不纯粹，背后藏着很多不可告人的私心，却又自以为纯粹，或者表现得很纯粹，那就是自欺欺人，终将露出真相。只是，在真相呈现时，别把自己也吓一跳。

说了这么多，我们就应该明白了，"正复为奇，善复为妖"实际上是真相的一种呈现，是对人的主观假象的一种戳穿，也是大道调理人的主观的一种特殊的语言。

【真言】

人们玩了个戏法，却让自己也看不懂了。实际上我们觉得奇怪的东西才真正是我们心中隐藏的真相，只是我们自己看不见而已。若是能够明悟此理，我们就能够借着万物的形态来观察自己的内心，修正自己的内心，在人生的修行之路上更进一步。

【自省】

人生几十年，有谁没动过怪念头呢？我们心中有怪念头的时候，肯定会想方设法地加以掩饰。但有趣的是，越是掩饰就越容易被人察觉。曹雪芹先生在《红楼梦》中写道："假作真时真亦假，无为有处有还无。"我们可以把这句话换一种说法，来描述人生的真相："假作真时真亦假，骗得了自己却骗不过别人；真作假时假亦真，纸里包不住火，作假只能一时骗过别人。"说到底，人生的原则很简单，就是踏踏实实做事，老老实实做人，有错时敢于承认和改正，有责任时勇于承担，不推诿。

我们要明白，自己所不能理解的或者不能接受的，恰恰都是我们内心的隐形力量。如果把外显的一切人和事作为镜子来观察自己的内心，人就会活得更加明白，也就没有那些一惊一吓的尴尬了。

136. 光而不耀

【出处】

第五十八章："是以圣人方而不割，廉而不刿，直而不肆，光而不耀。"

【语义】

比喻既有实力，又能自控分寸，时刻保持自己不会背道而行的悟道状态。

【寓意】

老子把相互矛盾的四个方面——方与割、廉与刿、直与肆、光与耀，中间用一个"不"字连接起来，描绘了悟道者的美妙状态：方正而不孤傲，喻指悟道者虽合于规矩，但不与对立者断然划界，不相往来；有棱角但不会伤人，能耐高强却为而不争，善于与人达成共赢，各得其所；为人做事率直但又不会放纵和放肆；有自带的光亮又不会刺眼和刺激别人，因为这份光亮是服务于别人的，不是自我显摆。老子用这样一种特别的表述方式，提醒我们不要让主观上的优点膨胀为缺点。

【素描】

在现实生活中，没有实力却硬要装作有实力的人不少，那是因为在他们的心中虚荣和愚蠢并存。有实力而又把握不好分寸的人也不在少数，这是因为他们的德行与能力出现了落差：以为自己表现的是对别人的善良，就可以不顾别人的感受；以为自己问心无愧，就容忍自己方法上的粗糙；以为自己是正直的，就表现得肆无忌惮；以为自己的荣耀来自自己的实力，就表现得傲慢张狂。

大多数人所理解的方正、棱角、直率和光明，都是有限的主观反映出来的，就是一种表现形式，不一定是真正合于大道的。因此在我们有限主观之下产生出来的这些所谓的品质，也就没法形成真正的美德，往往很容易变成伤人伤己的能量。而老子所说的这些品质，很显然是一个悟道者形成的品质，也可以称之为道品。拥有道品之人，即使在表现形式上与我们所熟悉的那些形式很类似，结果却不同，因为他不会伤人害己。举一个我们都熟悉的小例子：在生活中有时我们被别人骂会很气愤，但有时被人骂又很爽快、很感动。同样是挨骂，怎么感受竟然如此不同呢？很显然，让我们气恼的骂，让我们感受到的是恶意；而让我们感动的骂，让我们感受到的是发自真心的疼爱。你瞧瞧，这合于大道的阴阳和合是多么美妙啊！

【真言】

无道时，两极对立。优点不是真优点，有可能会变成缺点。缺点倒是真缺点，大概率会造成人生灾难。有道时，无极统一，优点是道品，自然化解了人主观中的缺点，进入无优无缺的道品境界。

【自省】

我想想自己人生的前三十年，发现自己几乎将一切都搞错了：一表现正直就让别人难受，一表现个性就让别人讨厌，一直率就让别人尴尬，总以为自己是对的，总以为那些是自己的优点，总以为让别人怕我就是我功夫厉害。后来我才知道，人的优缺点若是不能够上升到合道的道品境界，优点就会变成缺点，而缺点则不会变成优点。

在学习老子的智慧的过程中，我不断体会着自己心性和思维的升维，自己的正直、个性、直率等优点也都升到了接近道品的高度。于是乎，就有了柔和中的正直、圆融中的棱角、温顺中的直率、低调中爱人的光芒。

我的灵魂就开始觉醒了，生命与心性的维次也在升高，从而能够俯视人间万人万事万物万象和自己的过去、现在与未来。

137. 治人事天，莫若啬

【出处】
第五十九章："治人事天，莫若啬。"

【语义】

"啬"是老子哲学中的一个重要概念，也是老子处理一切问题的理念。啬，本意是收敛、敛藏，包含着多方面的哲学意义：养蓄精神，积蓄力量；节约资源，无私无欲；预做准备，从容应对；无为而无不为；尚虚处卑，不炫耀，等等。治人和事天两件大事的一个总规则，就是"啬"——节制自己的欲望，让主观合于客观大道。统治人，侍奉天，没有比"啬"更好的原则和策略了。

【寓意】

现代人熟悉"吝啬"一词，它指的是对人对己很抠门、很小气，多用于贬义。老子在治人和事天两个人生大主题上，却选择了"啬"的原则，也是他"节制自我，皈依大道"这一思想的体现。

【素描】

现实中的人们主张对自己要好一点，但也往往会走向奢侈无度；为人处事要大大方方，但又往往变得大手大脚。说起来，这些都是人的主观意念所带来的问题。

有思想的人总喜欢向别人表达，唯恐别人不知。有权势的人总喜欢在别人面前要威风，唯恐别人小瞧了自己。有钱的人总喜欢摆阔气，唯恐别人认为自己是穷人。大多数人都是这样，遇到自己喜欢的总想占有，遇到自己爱吃的总想多吃点，官位越高越好，名气越大越好，财富越多越好。看来，只要是人自有的东西，总忍耐不住向外表露，结果却刺激了别人，引发了很多人的嫉妒心、怨恨心和自卑心。人一旦进入这样负面的状态，就犹如生命中了毒一样，会生出很多恶性的力量。至于自己想要的东西，总是希望越多越好，这就必然会打开一扇欲望之门，自己也就变成了被欲望奴役的奴隶。

老子之所以倡导"啬"这一原则，正是因为他看清楚了人心的这种错误的、近乎失控的变化方向和状态，提醒我们要保持质朴，因为这样才有利于自己的生命；对人对事，要警惕个人欲念从中作怪，唯有少私寡欲，管住主观的欲念，让自己的主观合于所面对的人和事的客观规律，才能把事情做好。可现实中的人们，往往都是带着过多的私欲去做事的，虽然想把事情做好，但真实想法却是希望做的事对自己最好，这就是言行不一、心口不一，偏离了正道，构成了自我的悖论，也背离了客观规律。

当然，也有人认为，要是不表现自己，别人怎么会知道自己的想法呢？他们不知道的是，他们所表达的道理和想法，不一定是别人特别看重的。

实际上，自己的想法没有我们以为的那么重要，因为这是主观的产物，别人的感觉、痛点和诉求才是我们思考问题时要重点考虑的。当我们主观的想法让位于我们面对的人和其他的客观存在和规律时，我们就与大道的方向完成了一致化。我们通过语言所表达的更多是自己主观的想法，而最终人们所看重的是由此而生出的事实对自己的价值和意义到底有多大。这也是"事实胜于雄辩"这句话的真意。

【真言】

卑微的时候，给自己提口气，否则谁也救不了你。高光的时刻，收着点，成功是优点被放大了，接下来就是缺点被放大。天地间，道为大，张狂总无益。成也人心，败也人心，人心面前莫傲慢。

【自省】

一年四季的变化，就是一本免费的教科书，一个人活多少年就会受多少次教育。春天万物萌发，夏天万物生长，秋天万物成熟，冬天万物凋零、敛藏蓄势，如此循环往复。每个人的生活，也都是顺应着一年四季的变化，调整着自己生命的状态和生活的方式。

我们的人生也像是一年的四季。幼年时期，生命萌发；少年、青年时，迅速成长；中年时达到成熟；老年时开始凋零和蓄势。幼年时的幼稚是正常的，少年、青年时的冲动和激情也是正常的，等进入成熟阶段，人就应该懂得敛藏，不再像青年时那样张扬和冲动。当然，进入了老年，垂垂老矣之时，也绝不是以养老的名义等死，而是蓄势待发，为新的生命历程做好准备。

大部分人的错误，可能是在年轻时没有真正打开自己，过于消极和低调，不敢去尝试新的事物或者接受新的挑战；也可能是进入成年阶段后，还不识时节地继续像年轻时那样张扬和冲动，与自己生命的季节完全不相符。我们能够看到，中老年人像青年人一样张扬和冲动，会让自己付出沉重的代价；也能够看到很多生命过早地凋零，丧失了走进自己生命下一个季节的可能。看到这些人生的景象，你是不是会生出无限感慨呢？

138. 深根固柢

【出处】
第五十九章："有国之母，可以长久；是谓深根固柢，长生久视之道。"

【语义】
说的是大道乃万物之母，引申为悟道之人生命与大道相合，故而根基深厚牢固而不动摇，这才是生命和人生的核心脉络。

【寓意】
"深根固柢"是在阐释悟道者生命根基的状态，也是治国者的智慧基础。《韩非子·解老》："柢固则生长，根深则视久。"一棵大树，若是没有根柢的牢固，就不可能保持稳定。人的生命之根基就是"尊道贵德"：正道是生命的方向，也是正气的源头；养德才能养命，德行是生命的基石。国家治理也是如此：唯有遵循正道，国家才有正气；唯有因道而养德，国家才有福气。

有一个意思与此相近的成语是"根深蒂固"，两者区别在于："蒂"不是根，专指瓜果与茎相连的部分。而"深根固柢"中的"根""柢"则指的是地下的粗根和细柢，粗的根，一是起支撑作用，二是生发出柢；柢的作用主要是深入土壤中去吸收营养，滋养树根、树干和枝叶。

【素描】
在自然界中，所见的任一株植物，它所能生长的高度和坚挺牢固程度，都是由它根系的粗壮程度、扎入土壤的广度和深度决定的。在现代城市绿化过程中，经常会把自然界的一些大树移植到城里来，在这个过程中不得不把它们的根系都切断，只保留很有限的部分，这样便于运输。可是，移植的大树能活着就很不容易了，若是遇到大风，尤其是沿海刮台风的时候，它们就很容易被刮倒。

当然，如果一棵树根柢很深，就为它未来的成长奠定了良好的基础。很多人都听说过毛竹的故事：毛竹的种子撒下后，蹿出一棵毛竹苗。两天，一月，两月……当周围的蒿草、灌木从小苗长到一米多高时，毛竹苗还是一动不动。第二年，第三年……虽然雨水充沛，光照充足，但那棵毛竹苗还是一动不动。第六年，一场春雨过后，这棵毛竹却突然一下子长了一米多高。更奇怪的是，在以后的每一天，毛竹苗都以每天60厘米的速度疯长，如果用铁铲挖开毛竹底下的土地，就会发现毛竹的根柢已经扎得很深了。原来，在过去的五年里，虽然地表上看不到毛竹苗生长的迹象，但土壤里，它的根系却在不停地壮大和蔓延。

人生的道理也是这样的，看一个人能走多远，关键是看他思想的根基能有多深多广。一个人如果思想根基浅薄，即使他靠一些手段让自己取得了一些成就，也很快就会放大自己的短处，最终跌落下来。一个人如果思想根基深厚，总是默不作声、踏踏实实地学习和做事，自然就会走得更远。

古人的"格物致知"，就是遵循"万物一理"的思想，通过格物来发现万事万物背后的共同规律。

【真言】

人生的高度取决于思想的深度，思想的深度取决于灵魂的高度。

【自省】

每个人都想让自己成长得快一些，却没有多少人下功夫让自己的根柢扎得深一些。因此，急于求成、小有所成的人很多，但他们往往没有后劲，后续的成长速度严重减缓，或者开始骄傲自满、自以为是、自我膨胀，很快跌落下来。决定生命和人生的高度与能量的根基是什么呢?

做人要质朴,要踏实;做事要用心,要扎实。但仅仅这样是不够的,还需要为自己确立一个生命的参照系,要打开向上的空间,让自己的生命不断地向着更好、更高的方向前进。人生的这个参照系有三个层次:第一个层次是跟周围差不多的人保持基本的融洽和和睦,不要把宝贵的时间浪费在恩恩怨怨、是是非非的争端中;第二个层次是善待那些比自己弱的人,既不要忽视或者鄙视他们,避免让自己卑劣的本性膨胀,也不要因为自己比弱者高而产生虚幻的强大感;第三个层次是不断地寻找和锁定那些比自己高的目标,如同武侠小说中所说的那样,不断去与高手过招,这样才能提高自己。当然,要是能够跟天地接通从而让自己心怀敬畏,与万物圆融和谐,以圣贤为导师给自己连续输入高端能量,找到自己伟大的使命,就能够让自己的心性不断地上升,成为更好的自己。

若能找到一群志同道合的人,我们的成长就会更加快速,更加有保障。

当然还有一点极其重要的经验,那就是我们不能用消耗自己生命的模式去追求外部的目标,而应该让所做的所有的事都给自己的生命蓄能,形成一个持续不断的能量回灌的闭环,如此这般,生命能量才不会枯竭。这是生命的根本,有了这个根本,我们才有能力为他人和社会做出自己的贡献。

139. 长生久视

第五十九章："有国之母，可以长久；是谓深根固柢，长生久视之道。"

【语义】
只要生命与大道同在，生命的根就很深、很牢固，生命就能不朽。

【寓意】
"长生久视"之道，是道家思想的精髓之一，也是道家修行的理想，就是让生命或者生命的价值能够永久存在而不朽，也常常用来比喻寿命很长。老子在《道德经》第七章中所说"天地所以能长且久者，以其不自生，故能长生"，也是这样的意思。但"长生久视"这样一个道家思想，跟现实中很多人的理解又很不一样：老子说的长生久视，是人没有自我，与天地万物合一的状态，也是在说肉体消失后还有一种不朽的存在，即"死而不亡者寿"。

【素描】
从古至今，人类都有一个共同的理想，就是长生不老。道家的修行者往往都很长寿，世间长寿之人的言行也往往暗合了道家的思想。因此可以说，道家智慧中包含着长寿的智慧。当然，道家修行者追求的不仅仅是肉体生命的延长，还包括肉体生命消失之后，生命新的形态的形成与延续。这也是道家思想让很多人着迷的原因之一。

现实中的很多人，往往会犯两类典型错误：一是将生命作为投入的资源来追求世俗的外在目标，这样做就很容易短命；二是只顾着忙于眼前事物，没有站在整个人生的时空维度上规划自己的人生。因此，大部分人不管如何辉煌与成功，最终都会黯然落幕。

有人说人生就是两个度，一个是高度，一个是长度。没有高度的人生活得没有质量，没有长度的人生活得很遗憾。他们不知道的是，这两个度是由第三个度来决定的，那就是风度。有风度的人很清楚地活着，他们会借助所有的事情提升自己的高度，会幽默地处理生活中的很多琐事，因此，能够快乐、有条不紊地让生命活得长久。

【真言】

追求短暂的浮华，是生命跌落与贬值的模式。追求长生久视，是生命连续升级和增值的模式。

【自省】

人年轻的时候，脑子里想的往往都是自己该做的事情和要完成的目标。人到了中年，事业上有所成，但身体开始生病，这就是年轻时拼命所留下的债务，欠债总要还的，这是规律。有的人带着生病的身体，继续为外部的目标奋斗，到了不能工作的地步才肯去治病。这样的人就很难活得长久。调整身体健康和外部事业的顺序，由过去的事业第一、身体第二，调整为身体第一、事业第二，这样一个新的顺序形成之后，不仅身体状况会改善，事业模式也会改良，甚至还会有大的突破。这才是人生更好的模式吧，你觉得呢？

140. 治大国，若烹小鲜

【出处】

第六十章："治大国，若烹小鲜。"

【语义】

治理大国就像煎烹小鱼一样容易。当然，我们不要忘了老子的这句话有一个前提——"以道莅天下"。也就是说，"以道莅天下"，治理大国不就像煎烹小鱼一样容易吗？

【寓意】

治国安邦，天下大事。治国的人往往是社会的精英，会有很多很强烈的个人意念，也最容易动用个人心思来治国，这是非常危险的。故而老子提出了警告：不要用个人想法折腾民众和国家，要节制自己的意念，要按照大道的规律去治理国家。如果治国者脱离了客观规律，运用自己的主观意念去治理国家，恐怕会搞出很多乱子。

【素描】

组织的领导者或者家里边的家长，相对于自己的部下或孩子，都是拥有更多知识与经验的人，也很容易用自己强大的主观经验和观念去教导部下或孩子。这样做就违背了大道，于是乎，我们就看到了很多组织的领导者忙得焦头烂额，很多家长在教育孩子的时候变得狼狈不堪。即使是不做管理和领导的普通人，实际上也有很强大的个人主观体系，在与人交往的过程中，也往往都是使用自己的主观在理解、评判，或者要求别人。具体到每一个人的生活方面，现实中的人们，头脑中会随时随地生出很多想法，但因为没有将这些想法与永恒的大道规律合一，没有长远的打算，所以永远把眼前的事情看作最重要的事情，随着事情的变化而疲于奔命。同时，因为没有长远规划，所以不能够将眼前所做的事情汇聚到战略目标中，其价值都是零散和渺小的，无法产生系统性的战略价值。

再看看现实中很多忙碌的企业家，他们所处理事情的规模与难度，与治国相差上百倍、上千倍，但他们忙碌的程度却很像国家的领导人。他们不遗余力地追求企业的持续发展，希望企业的规模能够超过目前无数倍。真不知道一旦这样的目标实现，他们还有没有能力管理这个企业。很显然，不管是治理国家还是治理一个企业，乃至于治理一个家庭，若是违背了大道的规律，就一定会忙碌不堪，而且非常低效。

如果能让自己的心智与大道同频，遵循"以道莅天下"的法则，无论大事小情，都能抓住它们背后的道，就能够做得既轻松又高效。不仅如此，还能够将所有的事情汇聚到战略模式中，使得微不足道的事情也能发挥出战略性价值。对于那些影响和干扰战略性价值的事物，要果断地舍弃，这样就能够拥有更强大的指向战略目标的力量。这不就是道无大小，大事也是小事，小事也是大事的哲学原理吗？

【真言】

现实中强大的人，若是主观强大到高于大道和规律，做任何事情都会忙碌不堪并且低效，还可能制造灾难。普通人也有强大的主观，若是强度到了与大道规律相对抗的地步，也就没有了轻松、高效和快乐的生活了。

【自省】

当人处在主体、主动的状态时，积极性就会比较高，责任心就会比较强；当人处在被动和无奈的状态时，积极性就会比较低，责任心就会比较弱。老子的"治大国，若烹小鲜"这句话，让我重新思考自己学了几十年的领导与管理的理论，并将道家无为而治的智慧运用到了自己的工作中，找到了大家生命中那种根本性的诉求和实现这种诉求的途径与方法，并与大家一起将其建设成一种公开的机制和制度，使机制和制度变成了大家的心灵契约。这不就是人心之道吗？接着，我又与大家一起努力，根据工作和事物的规律，共同开展了规范化、标准化的工程，整个工作的局面就变得非常美妙，每个人都知道自己真正的目标，都知道工作的标准，都知道如何让自己做得优秀。这突然让我想起了自己20世纪90年代在深圳带研究生实习时跟他们讨论的一个话题：如何建立"组织永动机"？我通过学习和工作的实践也完成了管理理论的突破，提出了基于道家智慧的道本管理思想。这套思想成书出版之后，我获得了国际管理学会的大奖，也多次参加国家组织的国际交流活动。我的工作实践告诉我，只有遵循大道的规律，才能够把工作做得更好。即使是管理一个组织，也可以既井井有条又轻轻松松，让大家都快快乐乐。

141. 大者为下

【出处】

第六十一章："大国者下流。""大者宜为下。"

【语义】

身处强势的大国，要主动地保持谦卑低下的姿态，这样才能跟弱小国家建立相互信赖与和谐的关系，走上共同发展、和平发展的道路。

【寓意】

"大国"一词，人们容易理解。"下流"二字，人们容易按照通常的习惯去理解，认为其有负面含义。老子在这里所说的"下流"并没有负面的含义，老子的意思是大国因为已经拥有客观上的强势，很容易让小国惧怕，因此应主动放低身段，守柔处下，这样才能跟小国建立起和谐的关系。这也是老子道德思想的一种具体的体现：客观上强势或者身处高位，主观上就应主动地弱化自己给别人的感觉，客观与主观，一强一弱，完成主动的平衡就是合于大道规律的。

【素描】

老子在这里讲了大国和小国的关系。大国一旦让小国心存忧虑，就很难建立信任关系，这样的状态对于大国和小国都是不利的。中国的外交政策就是这个思想的一个典范。中国倡导并坚持国家无论大小，一律平等。强势的大国若是不能主动地表现出自己的诚意和谦卑，不能用实际行动表明自己对弱小国家的尊重，而是霸凌其他国家，最终就会让国家走向衰败。

在现实生活中，那些强大或者身处高位的人，不管是家庭中的父母还是组织中的领导，乃至于国家的领导人，如果总是高高在上，装腔作势，故意显示自己强势，必定让人不舒服，轻则让人敬而远之，重则让人生厌，甚至遭到诋毁。相反，那些强大或者身处高位的人，若是能够礼贤下士，主动放下自己的架子，亲近民众，就能让人们喜欢他们、接纳他们，甚至赞美他们，这样就能够建立上下贯通的和谐关系。

【真言】

大者处下，强者处弱，主动平衡，和谐融洽。强大时若生出的是霸凌的作风，不管是家长、组织领导者还是国家领袖，都只能证明自己的落后。唯有强大时能主动亲近弱小的家长、组织领导者和国家领袖，才能完成上下贯通的合一模式，自证自己智慧与地位的匹配。

【自省】

我想想自己的过去，基本上走过了三个阶段。第一个阶段，在自己还十分弱小时，心性非常躁动，既有抗上的倾向，也有蔑视弱者的行为，这可能就是心性卑劣的一种状态。当我强大一些时，我又沉浸在自豪中，还是没有学会谦卑和处下。这也表明自己虽然外部实力有所增长，但心力却没有增长到更高的状态，因此呈现为一种失衡状态。当然，我这个阶段也有一个可喜的变化：懂得了尊重强者并向强者学习。于是，我的人生就走进了第二个阶段，我不再对自己那些小成绩感到自豪和傲慢，更多地把心思和精力聚焦在寻找强者和向强者学习上。在现实工作中就有了自己连续不断的新目标、新偶像，心中有了更强大的力量：我要成为更好、更强大的人。随着学习《道德经》、学习圣人智慧的深入，我的人生进入了第三个阶段，在心性修为上锁定了圣人的高度，通过连续不断的修行破除低级的思维和情绪，让自己的心性状态和智慧不断地向圣人接近，坚定不移地追求更好的自己。实际上，如何对待不如自己的人，是对人心性的一项重大考验。很多人因为有求于强者，或者因为无法与强者抗衡，所以能够在表面上尊重强者，但在对待自己的家人、部下和陌生的普通人时，心性的卑劣之处就显露出来了。很显然，这是没有审视自己心智的盲区，没有看到自己心中还存在着肮脏，因此无法打通上下关系，呈现为心智淤滞堵塞的不畅通状态。

我们要摆脱愚昧，不再抗上，做到对上畅通如同打开天窗；与同自己差不多的人保持基本的融洽，不跟他们在平面上产生任何争执；同时善待弱者，如同善待自己的父母，不再显露自己心性的丑恶，进入天人合一的美好状态。有了这样的状态，我们就能够持续不断地进步，并吸收到高端的能量，避免不必要的冲突，进入生命的最佳状态。

142. 万物之奥

【出处】

第六十二章："道者万物之奥。善人之宝，不善人之所保。"

【语义】

天地万物的奥秘全在大道之中，大道又公正地庇护着天地间的万物。

【寓意】

天地间的万物皆由大道衍生，都是大道在天地间的显现与运行的载体，本身就与大道同宗、同频。并非大道有庇护万物的意志，实乃万物本身与大道就是天然和谐的。不仅万物如此，人也同样如此。只要人的主观不扰乱这样的关系，也同样能够与万物和众人和谐融洽，呈现为一种被庇护的状态。反之，人的作为若是违背了大道的规律，就会遭到反制甚至制裁。总有人认为天罚非常诡异，实际上是没有领悟大道主宰一切这个奥义。

【素描】

在现实生活中，大部分人都会遭遇痛苦、挫折与失败，有的人在这种状态中会一蹶不振。面对这样的局面，有几个人能够领悟到，这是我们的主观违背了客观大道规律的必然结果呢？尤其是当我们把这种痛苦、挫折、失败的原因归于外界或者他人时，有谁能够想象得到这是大道规律对人错误的思维与行动的调理呢？

人们一直关注人生的智慧，也想让自己获得人生的智慧。有谁能想到，人生智慧的核心，就是在拷问人们：你是在用自己有限的主观指导行动，还是在用无限的客观大道的规律来指导行动呢？毫无疑问，当人的主观很强势并与大道相背离时，主观的局限和缺陷就会被放大，自然就会遭遇大道规律的反制，这就是大道规律对人们主观错误的矫正，也是大道给予那些看不见自己不善良行为的人的一种特殊的庇护。

只是现实中很多人固执地坚守着自己主观的模式，一旦遭到反制就会气愤，他们不懂，在这样的时刻人的主观离客观大道最近，所以陷入消极、负面情绪之中，从而与大道擦肩而过，丧失了提升智慧的一大机缘。

生活中的挫折和不幸遭遇，皆是与大道的一种奇遇。如能懂得，就可破解因挫折和不幸遭遇带来的负面情绪，从而反省自己的主观，找到主观的局限之处，主动地进行调整。那些合于道的上善之人，自然是与道合一、与道同行的人，因此在客观上会受到大道的庇护。即使那些不善之人，也会在大道之下得到大道的调理，如能醒悟，将自己的主观调整到与大道同频的状态，同样也能够得到客观规律的奖赏。

【真言】

大道无所不生，无所不养；大道无所不覆，无所不载。与道相合，如神护佑。背离大道，道善矫正。与大道同频，人生才能走向光明。

【自省】

想想过去，我和周围不少的朋友一样犯了三类典型的错误，而且持续了很多年。第一类错误是只向往和追求美好，却没有想过如何面对挫折和失败。这就是人们所说的"想得美"这种非常典型的主观状态。当然，因为心中只有主观上"想得美"的念头，所以在遇到挫折和痛苦时会被打得晕头转向。第二类错误是在遇到挫折和痛苦时，把心智认知和情绪的矛头指向具体的人。我们总能在这种时候找到刻意难为我们或者伤害我们的人，但绝想不到，这些让我们痛苦的人和事，恰恰是大道规律对我们主观有限性和主观错误的调理。于是，我们就陷入了消极情绪，开始自我折磨，甚至将这种基于愚昧的负面情绪向别人发泄。于是乎，就又产生了第三类错误：因为自己错误的认知和对别人的憎恨，再加上错误情绪的发泄，导致与别人的关系越来越恶化，甚至结成一个死结。更糟糕的是，我们还会想方设法地论证自己这种做法的正确性和合理性。

学了《道德经》十几年之后，我才终于醒悟自己这种错误对自己生命的辜负和长期的伤害，并产生了一种新的心智模式：在自己心中愤恨痛苦时，坚决地调整自己，将其视为大道规律对自己的一种爱护，不再死盯着与此相关的人，不再对他们满怀仇恨。这样的调整让人多么痛苦啊！因为过去那种"外归因"的错误模式已经运行了几十年，很难改变啊！但是，这种调整必须坚持下去。

143. 为无为，事无事

【出处】

第六十三章："为无为，事无事，味无味。"

【语义】

以无为的态度去有所为，以不滋事的方法去处理事情。

【寓意】

老子在这里继续阐述着无为的原则。核心思想就是，最大限度地弱化自己的主观意念，让生命的状态与客观事物的大道规律相合。也许有人说，那我们能做什么呢？我们正确的出路就是主动克服自己的主观局限性，走向与大道相合的状态。

【素描】

现实中的人们，总是想按照自己的愿望有所作为，总是想按照自己的构思去成就一些事情。这些看起来是属于人之常情的做法，却往往违背了天地间的常理，也就是大道。若是能够将自己个人的愿望、构思或者喜好与客观规律联通，我们就处在道通的状态，就能体会与大道同频的力量和快乐。

然而，在现实当中许多人只是选择了自己的主观愿望，而没有与客观大道联通，甚至走向了与大道相背离的方向：总是在了解事物的规律之前，就开始按照自己主观的判断行动；总想去解决问题，但因为违背了事物和人性的规律，所以总是在制造新问题、恶化老问题；总是喜欢那种刺激肉体感官的丰富的味道与色彩，但又往往把自己的感觉搞乱，就像一顿饭吃了各种各样的美食，味蕾已经麻木或者混乱，最后连自己吃了什么都记不清了。这就是因为追求感官、物质和外在的利益所导致的自我感觉和心性的迷失。

要想真正解决问题，就必须将个人的愿望与要解决的问题的规律接通，主观意念出现之后，能够迅速觉察，并把这个主观意念放下，转而首先去了解客观事物的规律，然后按照规律去行动。此时此刻，解决问题的主观愿望依然保持着，但因为选择了首先去研究事物本身的规律，查找自己违背规律的认知与做法，尤其是自以为是的主观介入之后对问题规律本身的干扰和带来的新变化，随时演绎自己的想法、做法所引发的结果，能够及时地为自己纠偏，从而避免懵懵懂懂之中走向不可控的灾难境地。在生活上要倡导极简主义，不再把多种多样的味道作为美味来追求，这不是故作简朴，更不是虐待自己，而是真正践行中华文化中"朴能养心，俭能养德"的信念。因此，也能够避免在对外部那种表面美好的追求中迷失自己的心性。渐渐地，就能够在朴素和简单中品味到那种质朴的原味。

【真言】

管控住自己的欲望，就能借用大道的力量。自我逞强，追求奢华，就是与人生和生命大道相背离。用自我、以欲望追求外在，就会让自己迷失。

【自省】

世间有很多东西我们只能远观和欣赏，而不可能占为己有。我们年轻的时候总认为自己的想法才是最好的，期望别人都能够赞同自己的想法，一旦别人的想法跟自己不一致，心里就很难接受，甚至有点憎恨别人，长大一些才渐渐地明白，别人那些跟自己不同的想法，恰恰是来弥补自己看不到的缺陷的。当我学会如何去向提出不同意见的人请教，并将各种不同的意见整合成为一个更好的方案之后，在做人和做事方面的效果就越来越好了。

我作为普通人，对于很多人追求的外部的名誉和利益，也自然是很向往的，但大多数时候这种追求不会成功。等到自己能够静下心来去思考和权衡时，就发现那些获得了很多名誉和利益的人，若是靠自己的真才实学获得的，他们就会得到人们的尊重和羡慕；但如果是通过一些见不得人的手段获得的，他们获得的荣誉和地位很快就会成为他们的耻辱。当我具备了旁观这些事情的能力以后，就不再是一个纯粹的旁观者，而是把心力用在了努力做更好的自己上。随着这一进程的延伸，我竟然发现那些过去苦思苦求的地位和荣誉，会自动伴随而来。也许，这就是老子告诉我们的"道法自然"吧！

144. 以德报怨

【出处】

第六十三章："大小多少，报怨以德。"

【语义】

用恩惠回报与别人之间的仇恨。唯有运用道德上善的智慧，以道的方式才能解决无道而生出的怨恨问题。

【寓意】

在人世间，最折磨人的可能就是人与人之间的恩恩怨怨。所谓的怨，往往都是因为别人的所思所言所行没有达到自己的期望而产生的一种情绪。很显然，这是在要求客观对象和客观规律来服从我们的主观意识。说到这里我们就明白了，恩怨之所以会产生，就是因为人们还没有领悟大道。那圣人如何解决这些问题呢？当然不会像一些普通人那样以怨报怨。别人怨你，是别人无道。被怨时，用有道的智慧去中和、化解、转变对方的低轨状态，用有道之德来回应对方的怨，不再去抱怨对方，这就是有道之人面对怨恨时的做法，也是化解人间恩怨的上上之策。

【素描】

在普通人的交往中，几乎每个人都期望着别人能够与自己保持一致。若是这种期望落空，人们往往就会产生怨的情绪，与别人的关系就会变得疏远，彼此之间就会生出嫌隙，甚至有可能会走向对立。一旦到了这个地步，双方就会互相抱怨，都在阐释自己的正确，指责对方的错误。这种过程重复的次数多了，或者持续的时间足够久，怨恨就会成为一个死结。纵观人生，恩恩怨怨是难以避免的，甚至可能会伴随人的一生。这样的问题对于普通人来讲确实很难解决，即使是找人做一些调和，也很难将关系恢复原样。正如老子在《道德经》第七十九章中所说的那样："和大怨，必有余怨；报怨以德，安可以为善？"停留在人间的层面来调解恩怨的关系是很难彻底解决问题的。因此老子给我们找到了一个方法：用道的思维来看待怨的产生，把自己上升到道的高度，检验自己对待对方的方式是否合道。怨的产生，证明自己没有与对方的频道接通，也就是没有合道。解决的方法，就是让自己回到道上，用有道之德重新调整自己对待对方的方式，直至重新与对方的状态接通。如此这般，就是以德报怨，就能彻底地化解或者转化怨的情绪，将双方的关系提升到一个更高的层面，这就是人们常说的"不打不成交"，这样的过程完成了，才会有"交情"，也就是在交往中化解了怨，彼此的理解、对对方本性的认识和由此产生的感情都又加深了一步，这才是人的智慧啊！

实际上，到底是要"以德报怨"还是"以直报怨"，这也算是中国文化史上的一个公案了，因为这个话题涉及中国历史上的两大圣人，一个是老子，一个是孔子。老子倡导"以德报怨"，孔子倡导"以直抱怨"（《论语·宪问》："或曰：'以德报怨，何如？'子曰：'何以报德？以直报怨，以德报德。'"）。这可都是圣人的观点啊，我们到底应该如何理解和取舍呢？不管如何理解，有一点是要明确的，那就是这两大圣人的观点看似不同，但是他们真正的用意肯定是跟普通人的理解有着本质不同的。一般人所理解的"以德报怨"，可能并不是老子和孔子的真意。

老子在《道德经》中两次提到了跟这个话题有关的内容：一次是在第六十三章中讲到"大小多少，报怨以德"；另一次是在第七十九章中说到"和大怨，必有余怨；报怨以德，安可以为善？是以圣人执左契，而不责于人"。实际上，老子已经给出了"以德报怨"的内涵。

《道德经》里面的内容，有相当大的比例是讲给领导者听的，讲的是管理法则，领导者如果能够在"道"的层面去体现"德"，国家会管理得当。所以，以德报怨是领导者对百姓的做法。无论百姓怎样，领导者都不应怨恨百姓，而是要无私地去抚育他们，不求回报地帮助他们。诸葛亮七擒七纵孟获才有稳固的后方，曹孟德压下杀子之仇接纳张绣才有大量的人才来归顺。有此胸襟，才能成为领导者。如果我们能够修得如此境界，则生活会圆融无碍，自在从容。

　　而孔子所说的"以直抱怨"，则是针对百姓层次的。只是关于"以直报怨"一直存在着三种不同的解读。第一种解读是佛家的。佛家说"直心是道场""直心是净土"，直心其实就是清净心、柔软心、智慧心、不颠倒心，是穿破一切虚幻直达真相的心，不会在世间幻象上计较或者纠结。用俗话来说就是："我对你好，是我的修行。你不领情，也是我的缘。"第二种解读是世俗百姓层次的，近乎"以牙还牙"的方式，这种方式遭到了不少诟病。用对方的方式还击对方并不是聪明的出手方式。最起码应该让对方明白你的感受、态度，以及由此产生的后果，这是比较君子的还击方式。第三种解读更加接近于法家的治国理政的原则。在治理国家的角度，应该让所有人清清楚楚地明白，缺少道德的行为将遭到社会舆论的声讨，违法的行为将遭到司法机关的惩罚。道德与法律是每个人都应该遵守的做人做事的底线。

　　综合起来看，领导者、强者、长辈应该更多地坚持以德报怨。在社会的司法体系中，应该体现以直报怨的准则。作为普通人，一方面应该遵纪守法，另一方面应该用君子般的风度处理人与人之间的恩怨，避免形势恶化。当然，对大道有更高追求的人，应该在更高的层次上认知和处理这些琐事，并借此提升自己，印证自己的觉悟。不管怎么说，有一点是必须要注意的：你的认知态度和做法是在让事态向着什么样的方向发展？如果是向着更好的方向发展，那你的认知和做法就是正确的；如果是向着不好的方向发展，那你的认知和做法就是错误的。

要感恩怨恨，这是一道让我们提升自己心智的考题，能化解怨恨者方能汇聚更强大的力量，做成大事。

以德报怨，就能够化怨为恩，化敌为友。

如果你是真正的强者，就要以德报怨。如果你是一个领导者，就要让所有人都明白，自己的一切作为，都要承受相应的因果。如果你是个真正的智者，就要让一切形势都向着好的方向转化。

【自省】

坦白地说，我自己过去在这方面做得是不够好的。一是一旦生怨，往往就会去指责别人。二是在心中生出一种愤恨的情绪时，甚至在消极情绪下还会有一些极端的想法。三是即使恩恩怨怨已经过去了很长时间，那份怨恨还会藏在心里的一个角落而无法彻底消化。

现在看来，还是自己的德行和修为不够啊！

这些年的修行让我比过去多了一些冷静和理性，虽然有时候也会出于愤恨说一些狠话，但不会再采取极端的行动了，算是有了一点小小的进步。

我在讲课的时候，不断地给别人讲化解仇怨的各种道理和办法，这其实也是在教育我自己。我渐渐地学会了站在别人的立场上思考问题，有了越来越强大的勇气来承担自己的责任，并把怨恨的对象当成自己的恩人——因为我能够从怨恨的对象那里照见自己的问题，于是他们就变成了帮助我发现自己的问题的恩人。到了能发现这种让自己产生负面情绪的怨恨所带来的正面价值时，过去那个由怨到恨的低级错误逻辑才被拆除。

145. 易作难事

【出处】

第六十三章："图难于其易，为大于其细；天下难事，必作于易，天下大事，必作于细。"

【语义】

圣人找到了普通人所说"难事"的门道，故而能够化解困难，从而把一般人认为的难事做成容易的事。也正因为如此，圣人们才会有面对红尘中诸多事物的那份坦然、潇洒和逍遥。

【寓意】

任何一件事情的难易，实际上都是相对的。同样一件事，对有的人来说是难事，对别的人来说就可能是容易的事。换句话说，没有任何一件事叫作难事或者容易事。老子是想告诉我们，难事实际上是人主观上对事情所做的消极标定。同时，老子也为我们揭开了谜底：任何难事都是由容易的事组成的。只要不被难事的现象吓住，静下心来找到难事的容易之处入手，难事就会变成容易的事。当然，在一群人当中，谁能够拥有这样的思维和能力，谁就会成为领袖。

【素描】

俗话说"会者不难，难者不会"。很显然，难易问题，并不是一件事的客观事实或者真相，而是取决于一个人自我主观的标定。也就是说，同样一件事到底是难是易，是因人而异的。这也算是难易问题的相对论吧。进一步分析就会发现以下六个方面的规律。

第一，一件事的难易，是与一个人的知识、经验、智慧、品性和能力直接相关的，个人资本决定了人们对同样一件事情到底是难是易的认知与判断。第二，一件事的难易与一个人所能掌控的资源有关，正所谓"巧妇难为无米之炊"。第三，任何事都有其自身的规律，如能找到规律，顺应规律，"难事"就会变成容易的事。反之，若是违背规律，事情就会变得艰难，甚至很糟糕。第四，不管一个人处于什么样的境地，都要不断地学习，深入实践、认真研究，只有这样才有可能克服各种困难，走向最终的胜利。第五，只要一个人能够克服自以为是的毛病，谦卑地向别人学习和请教，能够发动集体的力量，团结各方面的人才，就有希望形成克服一切困难的强大力量。第六，当一个人用自己有限的能力为自己不断膨胀的欲望去奋斗时，就很容易到处树敌，不断地给自己制造困难，事情自然就越来越难办。反之，当一个人懂得重用人才，善于结交各方面的能者，善于发挥各种人的长处，并且为众人的利益去奋斗的时候，就会获得一种意想不到的力量。

对于掌握了规律的人来说，世间无难事：再难的事情，都可以从容易的地方入手；再大的事情，都可以从细微之处入手。

【真言】

所谓的难，一定是自己的能力与要做的事情和追求的目标之间产生了落差。唯有持续地学习和不断地突破，让自己获得更高的智慧和令人佩服的品性，才能让自己面对各种事物时处在一种优势的地位，难也就消失了。当然，若想让自己获得更高的能力，就要不断地做一些难事来历练自己。因为功夫都是从困难的事情中练就的。

【自省】

在我过去的人生中，总是有一系列的难事构成最生动的画面。当我面对那些难事过不去时，往往会深深地陷于焦虑和痛苦之中。等走过了那些艰难痛苦，才发现自己现在的能力和功夫都与过去经历和处理过的难事有直接的关系。因为我想让自己拥有更高的能力和智慧，让生命拥有更高的质量和价值，所以在没有困难的事情的时候，会觉得很无聊、很空虚；一旦出现了所谓的难事，反而会变得很兴奋，觉得提升自己的机会来了。从畏惧困难到喜欢困难，这就是心智模式的转换与升级。

　　随着学习《道德经》的深入和修行功夫的提升，我越来越喜欢困难，甚至有时候会主动去寻找困难。别人不愿意做的困难的事情，我反而很喜欢去做。很多人遇到困难往往会退缩或者绕着走，而我则选择直面困难，甚至是挑战困难。这样做的结果是：首先，我避免了很多争端，因为别人争着做的那些事，我已经不感兴趣；其次，我赢得了提升自己的机会，也赢得了很多人的欣赏；再次，我的人生变得非常有趣，一直处在一种无穷力量驱动之下，这让我的生命充满了活力。

146. 细做大事

【出处】

【出处】

第六十三章："图难于其易，为大于其细；天下难事，必作于易，天下大事，必作于细。"

【语义】

圣人找到了做大事的门道，故而能够心中怀着大事，手中做着连着大事的小事，从容不迫地向着大事的目标挺进，最终做成大事。

【寓意】

小事，就是相对简单、容易掌控的事。大事，是相对于小事而言的，就是相对复杂、不易掌控的事。可是，大事不也是由许多小事组成的吗？再大的事，不也要一点点、一步步做才行吗？只要将大事拆解成具体的小事，或者做小事时让它连着大目标，不就能够做好大事、做成大事了吗？

【素描】

在现实当中，有两种表现是非常常见的：第一种是只知道埋头做具体的小事，最终做了无数的小事，没有组装成大事，人生的效率和效益就很低；第二种是一直在用嘴巴说大事，但没有深远的谋划，没有具体的规划，也没有可行的行动计划，更没有指向目标的扎实行动，最终变成了放空炮、说大话。很显然，这两种表现都无法让我们的人生变得更精彩。

当然，现实中的人生也是各式各样的。

有的人做着做着就把事业的规模做大了，于是，心气儿也高了。可不幸的是，他们也把自我做大了，也就是膨胀了。所谓膨胀，就是高估了自己的掌控能力。膨胀的人最终往往会因为无法掌控局面而走向悲惨的结局。

有的人看起来把事业做大了，钱挣得多了，影响力也大了，但是自己的心性修为和智慧却滞后了，一直在"努力挣钱、挣更多的钱"的层面上不断地循环，无法升级自己的境界。

也有的人出了名，挣了钱，就觉得自己很了不起，做着做着就开始出格了，甚至触犯了法律，最终落个身败名裂的下场。

在历史上已经有一些人给我们做出了榜样：他们把自己的事业与服务于社会、服务于国家，以及对民族的使命联系在一起，老老实实地做人，踏踏实实地做事，不断地突破自我。他们往往自己过着很简单，甚至简朴的日子，践行着"静以修身，俭以养德""自强不息，厚德载物"的中华文化信条，积极投入社会公益事业，为社会做出自己的贡献。

中国近代有一位主张"实业救国"的知名实业家和教育家，他就是张謇。他是中国棉纺织领域早期的开拓者、上海海洋大学创始人。他创办了中国第一所纺织专业学校，开中国纺织高等教育之先河；首次建立了棉纺织原料供应基地，进行棉花改良和推广种植工作；以家乡为基地，努力进行发展近代纺织工业的实践，为中国民族纺织业的发展壮大做出了重要贡献；他一生创办了多个企业和学校，为中国近代民族工业的兴起、教育事业的发展做出了宝贵贡献，被称为"状元实业家"。他的光辉事迹得到了许许多多人的赞赏。

看看，这就是做大事的人。他之所以能够成为伟大的实业家，就是因为他把很多具体的事情聚合成了一个伟大的事业，将所做的企业跟国家与民族的命运紧密地联系在了一起。

【真言】

我们要手中做小事，心中装大事，把具体的事和大目标链接在一起，这样最终才能做成大事。

【自省】

我过去总觉得自己是个小人物，没有想过去做什么大事业，现在看来这不是低调和谦卑，而是自卑和自虐。我曾经也一味地陷入具体的琐事，这就不可避免地会在琐事上计较、争执，从而产生无尽的苦恼。

经济实力有所增强后，我也曾经十分向往奢华的生活，在其中沉迷了一段时间，竟然没有发现什么乐趣，反而觉得无聊和孤独。

随着成长和学习的深入，我开始将自己所做的小事与大事联系在一起；在精做小事中磨炼自己的心性，借着做事提升自己的境界；在做小事时，用心体会大事和小事的规律和关联；在做事过程中，渐渐形成了一种优先级的程序——将自己的命运和所做的事情与国家、民族、时代联系在一起，就找到了自己人生的方向，摆脱了种种纠结和痛苦。

在这样的人生历程当中，我对老子所说的"天下大事，必作于细"有了更加深刻的理解和领悟。

147. 轻诺寡信

【出处】

第六十三章："夫轻诺必寡信，多易必多难。"

【语义】

轻易向别人做出承诺的人，最终往往很少能够真正兑现自己的承诺，因而就会失去信用。

【寓意】

轻诺往往是主观上的冲动，寡信是这种冲动的必然结果。轻诺之人，往往是不了解全部真实情况和未来可能发生的变化，只根据眼前已经知道或者掌握的情况来做判断的，但对未来可能发生的情况却无法掌控。很显然，这只是出于个人的主观意愿，或者比照过去的经验来看当前的事情，是违背客观大道规律的。正是因为不合于道，所以也就无法真正兑现诺言，最终出现寡信的结局。

【素描】

现实中总有人通过说大话来标榜自己的能量和实力，也总有人为了标榜自己的仗义或者彰显自己的权力，而轻易地向别人许诺。然而，在现实生活中，人们经常会遇到一些自己事先没有预料到的情况，让兑现承诺变得很困难。到了这个时候，即使进行解释，也很难再次获得别人的信任。因此，一次失信，就可能较长时间失去人们的信任。

很显然，这样做的人犯了三种典型的错误。第一种错误是判断失误。只根据个人掌握的片面的信息所做的判断肯定是错误的。第二种错误是忽视了时空变化。诺言是对未来的承诺，而在未来的时空中将会发生什么样的变化，却没有判断。而未来发生变化是必然的，有可能超出自己的掌控能力，因此轻易做出对未来的承诺，就很容易无法兑现承诺。第三种错误是把承诺变成了一种交易。轻易向别人许诺的人，往往都是为了某个眼前特定的目的，或者是为了彰显自己的地位和权力。这些出发点都违背了客观事物存在和发展变化的规律，所以是错误的。

每个人所得到的，其实都是他之前付出的回报，并不是某个外部的人给予的恩赐。懂得了轻诺寡信这个道理的人，不想建立自己和别人的那种交易关系，也不想假惺惺地去做别人的恩人，却会让对方明白自己的付出和收益之间的因果关系。

【真言】

信用很重要，因为信用会加快双方的判断与决策；信用也很脆弱，需要用一生去呵护。自己能为对方做的，不用多说；做不到的，坚决不说；做到了的，也不再去说。为对方所做，引发良性变化即是正道，引发恶性变化即是邪道。

【自省】

我过去到底给了别人多少没有兑现的承诺？我自己也记不清了。但是，别人给予我的没有兑现的承诺，我却记得很清晰。这就是我的劣根性。给别人承诺、因为别人的承诺而付出的行动，以及对对方有所期待，这是一个双方主观判断特别容易出错的过程。也正因为如此，所以才有了人间那种"期望多，失望也多"的尴尬局面。

在日常生活中，每个人都经常会对别人抱有各种各样的期望：在家里对亲人、爱人和孩子抱有期望；走出家门，在与朋友交往时或者在工作中，我们也对他人抱着期望……过多的期望，会导致失望的风险更大。

当我们拥有管控这种期望的能力以后，一旦从自己的主观出发对别人产生期望，就会有一种审视的力量告诉我们："他是他，你是你，把你的期望加在别人身上就是与自己的初衷背道而驰。"大家可以想象一下，这样做有多么美妙！没有了对别人的期望，理解了别人的合理性，接受一切出现的情况，相信一切都是最好的礼物，自己渐渐走上了顺从客观大道与规律的路，于是，意想不到的景象出现了：随时都会收获各种各样的惊喜。而这，就是因为我们放弃了对别人的期望。

148. 千里之行，始于足下

【出处】

第六十四章："合抱之木，生于毫末；九层之台，起于累土；千里之行，始于足下。"

【语义】

即使走一千里路，也是从迈第一步开始的。比喻任何事情都要按照规律从头做起，逐步开展，按序进行，稳扎稳打。

【寓意】

老子通过"木""台""行"三种生活中的现象，来说明任何事物都有其自身的规律。老子是在告诉人们，即使再着急，也不能用主观意愿代替客观规律，必须遵循着事物的节奏来安排自己行动的步骤，否则就会适得其反。更为重要的是：老子在此通过"木—末""台—土""千里—足下"三对关系，揭示了眼前的行动与未来的目标之间的关系。若是只有未来的目标而没有眼前的行动，就只是空想。同理，若是只有眼前的行动而没有未来清晰的目标，那眼前的行动效益和效率就会很低。

【素描】

有人说，人生看起来就是一条线，一端连着现在，一端连着未来。若是动态地看人生，又像一个从眼前向未来不断移动的点。关键是，很多人只能看到现在的状态和移动的那个点，而看不到那个点所指向的方向和无数点汇聚起来所形成的未来的景象。说得形象一点就是，眼前要做的事都是具体而现实的，未来的目标和景象是会越来越清晰的，就如同你每做好眼前的一件事，未来的景象中就多了一盏灯，增加了一分光明。

实际上，我们已经在体验类似的过程。比如开车时，导航仪上会显示我们向着目标接近；考学或者考证时，我们知道标准是什么，就一步一步地努力，争取达到那个标准；周末我们要安排自己吃饭，心中就会有一个规划，然后看看家里有哪些食材，还缺什么食材，然后去购买，一步一步地行动，直到把一桌饭菜做好，自己坐在桌旁开始吃饭……在日常生活中，我们做一件事情，往往是先弄清楚目标是什么，以及为了完成这个目标需要做哪些准备和相关动作，再一步一步地去行动的。

上述事情都非常贴近我们的生活，如果让我们把目光放得长远一点，去规划一下自己的整个人生，或者去谋划一下自己灵魂的高度，或者去规划一下国家，甚至是人类的未来，大部分人可能立马就"晕菜"了。大多数普通人只是在谋划离现实很近的事情，而高手则是在谋划未来的更大局面中的事情。如果没有对未来长远的谋划，怎么可能实现未来的目标呢？美好目标的实现，首先来自谋划，然后是根据谋划所采取的一步一步的行动。对未来的谋划越是清晰，现实行动的效率就越高。

【真言】

没有谋划就没有未来，只有谋划而没有扎实的行动，就不可能实现未来的目标。一个人只有看清楚了未来，行动时才会变得坚定，实现未来目标的可能性才会很大。看不清未来的人，就只有当下的冲动和焦急；而用扎实的行动让未来的画面变得越来越清晰的人，就会很有活力。

【自省】

我过去理解老子"千里之行，始于足下"这句话时，侧重点是老子在提醒我们要脚踏实地。因为现实中大部分人最容易犯的毛病，就是想得很好，但是行动力很弱。随着学习的深入，我才渐渐地真正品出老子这句话的味道。老子首先说的是千里的远景和目标，然后强调的是当下的行动，千里的远景和目标与当下的行动是不可分割的。否则，它们都没有意义。一个人若是只向往远方，却没有扎实的行动，不就是在空想吗？反之，若是一个人只有扎实的行动，却没有未来的方向，又能走多远呢？也许很多年之后他会发现，几十年来自己实际上只是在一个地方原地打转。若是用几十年重复一个错误的模式，我们的人生还有什么希望呢？那些一直在忙于眼前重要事情的人，是不是应该抬头看一看远方呢？他们能否看清楚远方的景象呢？

149. 慎终如始

【出处】

第六十四章："慎终如始，则无败事。"

【语义】

要谨慎收尾，如同开始时一样。意指做事情要善始善终，避免虎头蛇尾。

【寓意】

很多人确定了一件要做的事情，在开始阶段还是能够保持高度的注意力的。但人的体力和精力都会有疲劳期，在做事的过程中也会遇到各种各样的变化与干扰。新鲜劲过去之后，或者事情做得很顺利时，人们就容易马虎大意。若是做事的过程不太顺利，人们就有可能丢掉自己的初衷。当我们的方法与智慧不能支撑自己向既定的方向顺利地前行时，想到的往往不是调整方法与提升智慧，而是改变前进的方向。这是非常危险的，很多人的功亏一篑就发生在这个时期。能够从始至终稳定地使用自己的精力，时刻毫不放松的人，才能够笑到最后。实际上这个词语还有更深的一层寓意：始和终之间，到底时长是多少？如果始和终之间的时长较短，大部分人还是能够做到善始善终的。但是，一旦始和终之间的时长很长，甚至是一个人一生的时间，那能够做到始终如一的人就很少了。如此看来，大部分人的心力只能支撑他们做好短时间内能完成的事情，而难以支撑一生的长度。

难以做到慎终如始的人，往往是心理处于困扰、疲劳状态，面对外部突如其来的各种变化又缺乏恰当的应对方法，因此才逐渐背离了初心。当然，如果这个初心足够坚定，就不会有这样的风险。

【素描】

在做事的全过程中心力的衰减，是一个人难以善始善终的内部原因。当然，老子在此处揭示的是普通人在做事过程中心性变化的规律：开始很重视，将要成功时反而因为自满而疏忽大意，这是自己的心性发生了变化。若能察觉，将更加谨小慎微、仔细认真，这也是成大事者的基本品质。

道理说起来容易，做到却很难。大家可以看一看，那些做事善始善终，并且能够让自己的人生善终的人，做事都非常谨慎，始终不敢疏忽，时刻提醒和校正自己。再看看那些晚节不保的人，往往清白了一生，却在最后的关头沉沦和跌落了。当然，也有不少人很早就已经没有了节操，只是到了晚年才真正暴露出来。

看来，在一件事情上善始善终还是比较容易做到的，而在人的一生中做到善始善终却是极具难度的。

能不能善始善终，固然与个人处理各种问题的经验有关，但更重要的还是当初的信念是否足够坚定，以及在做事的过程中是否在持续不断地学习，遇到挫折是否气馁，遇到顺利是否骄狂，是否能够始终借事修炼自己，让自己的成长始终保持高于外部事物变化和难度增长的态势。

那些有大成就的人之所以能够行走在一条光明的大道上，就是因为他们能够始终用修行和审视的程序观察和校正自己。也正是因为拥有了这样的功夫，才有了做事时的善始善终和整个人生的善终。

【真言】

高昂的激情无法持久，到了最后的关键时刻，很多人已经耗尽了情感和心力。过程中的变节，往往是心里的疲倦、遇挫时对方向的迷茫和处理方法的欠缺造成的。当然也有一些顺利或者成就与荣誉导致人的心性发生了负面变化的原因。涓涓细流，生生不息，最终奔向大海。能在正确的方向上坚持到最后并拥有持续的动力的人，最终才能成为真正的胜者。

【自省】

实际上，这些对老子思想的领悟，也是我对自己人生历程的反思与总结，以及当下对未来人生的把握。我做事时是很投入的，甚至有时候是"低头耕耘，不问收获"的。因此，我在这些年不断更换做事的领域，不断进入新的专业时，总能投入进去，以最快的速度做出一些成绩。尽管在做事上能够做到善始善终，也做出了一些成绩，但是在做出成绩之后，我也经常出现那种自己控制不了的主观膨胀，为此也走了很多弯路，付出了很多代价。值得庆幸的是，通过学习老子的智慧，我现在已经能够用老子的智慧来观察自己的状态，随时随地纠正自己的偏差，完成自我的突破。

150. 王者善下

【出处】

第六十六章："江海之所以能为百谷王者，以其善下之，故能为百谷王。"

【语义】

老子用江海来比喻王者的智慧，王者处下不傲，吃苦在前，享受在后，总是以服务于人民为宗旨，故而受民众拥戴。

【寓意】

老子以江海成为百谷王的自然现象来比喻王者的风范：善于处下，对民众没有压迫感，故而能够赢得民众的拥戴。这也是在说领导者的智慧和做人的风范：已经坐到高位的领导者，要做出低姿态，不给大家压迫感和恐惧感，能够让众人亲近自己，让部下不用因为恐惧而一切看自己的脸色行事。有王者风范的领导者，能够像百谷王那样拥有海纳百川的胸怀，让部下都能发挥自己的长处，并巧妙地将众人的长处集合成整体的优势。优秀的领导者就像黏合剂一样，能够把各有所长的人们组合在一起，发挥出不可思议的整体力量。

【素描】

在现实生活中，领导者容易犯两种极端的错误。一种极端错误是总以高高在上的审视者的身份出现，对人挑剔而苛刻，让别人在他面前胆战心惊，无论什么事情，似乎都唯有他的想法、做法才是正确的。他的部下无论如何努力，都会被挑出一大堆错误而被斥责，因此而心情郁闷乃至于绝望，只想尽量远离他。另一种极端错误是总找一群绝对听话的人做部下，这些人对领导者唯命是从，一脸的唯唯诺诺，毫无主见，也无法贡献妙思。这就是人们所说的"猪队友"。在有的领导者身上，可能上述两种错误并存：既对部下苛责，又在使用"猪队友"。这样的领导者在组织中制造的是一种什么样的氛围和气场？这样的气场有利于发挥大家的积极性、主动性和创造性吗？没有了正向的动力，一个组织又如何发展呢？

我们一起推演一下那些错误的领导方式所产生的恶果：那些永远在挑剔部下错误的领导者，动辄对部下乱发脾气，以为部下不敢反抗自己，从而放任自己的坏脾气持续恶化，使得部下内心受到的伤害不断地叠加。部下总是被挑剔和批评，怎么做也无法让领导者满意，只要有错就是部下的错，而领导者总是正确的。时间一久，部下内心的怨恨不断累加，不满情绪逐渐加重，产生了很多内部的不和谐和内耗。形成了这样状态的人，要么走向失望、绝望和麻木，要么想方设法为自己谋取一些额外的利益，要么通过各种手段和形式伤害组织以泄私愤，要么难以忍受，从失望到绝望到最终离开。

领导者怎样才能提高领导力，形成智慧的领导模式呢？我们可以从以下四个方面获得一些启示。

首先，飞扬跋扈、自以为是的领导者是最愚蠢的。优秀的领导者尊重部下并能与部下做朋友，能激发出部下的创造力，成就部下。这就是领导者的成功逻辑。

其次，领导者对部下造成的任何伤害，在工作中都会变成对领导者的惩罚，这是恶对恶的呼应。相反，领导者在部下心中埋下的任何恩情、能量，以及领导者帮部下培养出来的能力，都会变成善良和爱的种子，遍及组织内部、组织成员的家庭、组织的客户乃至整个社会。这就是领导者的阳光传递能力。

再次，自鸣得意、缺乏自省能力的领导者总是看不清工作中问题的本质——几乎任何工作中的错误，不管是领导者看得见的还是看不见的，实际上都是部下对领导者的错误的巧妙惩罚。领导者对部下的持续伤害，会演变成组织中不断叠加的问题。智慧的领导者总是能够看到：发生在部下身上的问题，都是对领导者存在的问题的一种折射，从而能够反省自己，去解决问题的本源，也就是自己的问题。优秀的领导者不仅能够解决自己的问题，而且能够带部下建立这样的思维方式，让每个人都成为消化问题、解决问题的主体，最大限度地降低内耗，把一切力量转化成为向上、向善、向着阳光的正能量。这就是一个领导者的本源性智慧。

最后，在一个组织的危亡时刻，领导者所面临的众叛亲离，实际上是部下对领导者长期的自以为是和对部下的伤害的最终清算。在危机时刻部下的不离不弃，都是在回报领导者过往给予的恩情。从更加深刻的层次上来说，将组织建设成为众人的精神共同体和命运共同体，才是一个组织长期健康发展的根本力量。这就是一个领导者的共同体的智慧。

【真言】

领导者有多大的心胸，就能领导多少种人才。心胸宽广，人才济济，众人用命，这就是领导者的王者风范。领导者可以自信，但不可以自大。领导者的能力不在于装腔作势，而要看他能够托起和承载什么。若是把领导的方向搞反了，领导者就永远都是跳梁的小丑。

【自省】

农民在合适的季节完成播种和耕作，如此才能获得作物的丰收。实际上每个人的人生都如同农民种地一样，种瓜得瓜，种豆得豆，种什么得什么，这是人生的常理。只是种庄稼的时候是可以看到有形的丰收的，而在人生中，我们播种什么、能够收获什么，以及收获的时候是否能够想到当初自己播种了什么，都似乎是无形的。这恰恰就是了悟人生大道的难点所在。

我几十年前做领导者时，每天心中想的、眼中看的、嘴巴上说的，大部分都是部下的错误。看到了错误怎么能够不说呢？指出他的错误也是我的责任，也是对部下好啊！当时我真的就是这么想的，但我不知道的是，带着这个自以为正确的想法，是解决不了部下的问题的。当部下的问题层出不穷，尤其是一些问题重复发生时，我就控制不住自己的脾气。而一旦发脾气，我就再也不会顾及自己到底是在宣泄情绪，还是在解决问题，甚至是在制造更多的问题。

随着学习《道德经》的深入，我才渐渐地知道了自己的错误，并找到了解决问题的路径。一是领导者解决问题的最关键的智慧，是要借助暴露出来的问题，查找系统的原因，也就是问题发生的根源是什么。二是与大家一起建立解决问题的系统。三是遇到问题时首先要反省自己的失职之处——是我哪里做错了才导致了这些问题的发生？我应该如何调整自己？这是领导者真正让心智与领导位置匹配的关键。四是领导者将工作与组织变成每个人提升自己的平台，教会部下自我发现问题、解决问题、举一反三、连续优化、自动升级，并让这个过程成为一种日常的行为习惯。五是提升自己和部下洞察问题、解决问题的动力，因为工作中的问题常常是动力不足造成的。那又需要什么样的动力呢？第一个是牵引力，第二个是消除阻力，第三个是解决问题的方法与智慧。六是工作之所以出现问题，往往与个人性格及其在生活中遇到的具体的困难有关，若是仅仅盯着工作，就找不到问题的根源，也就无法有效地解决问题。七是所有人都要主动解决问题，而不是将问题上交或者等着更严重的问题发生，尤其是要培养和重用那些能够系统地分析和解决问题的管理者。八是最高领导者要坚决杜绝遇事发脾气的官僚作风，深刻认识到发脾气就是在制造新的问题这一恶劣的事实；要杜绝不学习、简单忙碌、就事论事等低效方法，不断地总结，渐渐形成领导者应该拥有的系统地认识问题和解决问题的能力。

151. 乐推不厌

【出处】

第六十六章："是以圣人欲上民，必以言下之；欲先民，必以身后之。是以圣人处上而民不重，处前而民不害。是以天下乐推而不厌。"

【语义】

真正的王者智慧，能够主动处下而不傲，担责又让功，辅导众人进步，让人有收益，故而民众拥戴而不烦。

【寓意】

真正的王者不是自我显示，而是通过众人显示。众人有成长和表现自己的机会，又能得到领导者的鼓励、支持与辅导，即使出现了问题也有领导者担责，领导者还能够帮助众人屏蔽风险，化险为夷，让众人处处都能成长，这样的领导者怎么会不受到众人的推举呢？老子在这里讲了领导者应该怎样处理上下、先后这两对关系：总原则就是反向操作。领导者的位置已经在上面，他必须主动地处下，这样才能形成领导力的张力。领导者在很多方面已经领先于部下，他就必须主动后撤，做众人的后盾，而把舞台让给众人，把为众人提供保障和服务作为主要工作，这样众人才能有卓越的表现。

【素描】

有很多领导者喜欢高高在上，自以为是地玩人于股掌之间，让人畏惧。

还有一些领导者喜欢破坏集体原则，与部下建立私人性质的关系，悄悄为其输送利益，以此换取一小撮人对他的支持，这样的做法一定会被更多的人识破，让领导者失去大部分人的拥戴，最终尽失人心。很显然，领导者此时的心智已经偏离了应有的位置和方向，他还如何领导一个组织成长与发展呢？

为什么有很多领导者喜欢靠前表现自己呢？因为他们要证明自己，以为这样才可以让自己拥有让人信服的资本。他们为什么会厚颜无耻地抢占一些利益与机会呢？因为他们没有足够的自信，是他们的自卑让他们去与部下争利，他们的心灵站位还没有达到服务众人的高度。

在现实生活中，我们还会见到两种非常典型的领导表现模式：一种是自我能力型，另一种是和谐关系型。自我能力型的领导者往往醉心于展示自己的能力，却不太顾及众人的感受，轻视对众人能力的培养、欣赏与激励，更谈不上去建立组织的机制来帮助众人成长，从而使组织内部形成万马奔腾的赛马局面。这样的领导者自己的业务能力很强，但忽视了与众人的关系，也没有让上级或者有关的部门真正全面地了解自己，所以也未必有向上发展的真正优势。和谐关系型的领导者总是平和、友善地对待众人，能混个好人缘，但他们自己的能力往往并不是最强的。若是选举，有这种素质的人被选为领导者的可能性是很大的。

如果领导者不是通过选举产生，而是由上级任命，则上级可能更加倾向于选择第一种类型，也就是自我能力型的领导者。若是自己建立的组织，领导者的任命更大可能是资本主导。若是通过选举来选择领导者，则极有可能选出人缘好但很平庸的领导者。这就值得我们深思了：自我能力型的领导者往往醉心于自我能力的展示，和谐关系型的领导者往往又将重心放在与众人搞好关系上。很显然，这两种类型的领导者都有严重的缺陷。用一句话来概括就是——基本都不在道上。

当然，天道自有公道。不管有多少自以为是的算计，只要不合于道，即使获取了位置，也将自取其辱。因为职位既会放大人的长处，也会放大人的短处。现实中有太多人在没有做领导者时是大家都很认可的人，做了领导者之后，却成了大家鄙视和厌恶的人。这也是许许多多本来很不错的普通人成为领导者后，却让自己走上了一条自我贬值的道路的原因。

【真言】

合于道助众人而得众人助，此谓得道者多助；背离道助寡而失众人之心，此谓失道者寡助。

【自省】

当初，我看着现实生活中那些醉心于自我表演，一味地表现自己的权威、能力，自以为是，不顾及众人状态的领导者，觉得他们很滑稽可笑；再看看那些能力平庸却处处装得通情达理，对人一脸友善的和谐关系型领导，心里又充满了鄙视。当我拥有了反观自己的能力后，我发现自己也曾犯过类似的错误。那时的我，想当然地认为自己与下属就是同事关系，没必要与他们沟通感情。大家把心思都用在工作上，不就可以了吗？于是在我的人生中就出现了这样的局面：遇到比较难解决的问题时，领导总是会想到我。所以，我会因为自己解决问题的能力而被领导看重；而遇到让众人选举领导者的情况时，我就会有一种被晾在一边的感觉。通过学习《道德经》，我才发现自己也不在道上。渐渐地，我摸到了老子教给我们的领导之道，就是两条法则：一是少表现自己，多给大家创造表现自己的机会，在工作中悄悄地帮助大家，让大家提升解决问题的能力；二是关心大家，一方面帮助大家解决在工作和生活中遇到的问题，另一方面增强跟大家的感情沟通，加深对大家的了解，也努力让大家更了解我。于是，随着时间的积累，我与大家就有了许许多多共同的故事。当然，任何一个位置上的领导者，都是要贯通上下的：只在乎跟上级领导沟通的人，往往会被部下瞧不起；只着重跟部下处关系的人，又往往会被上级所忽略。

152. 老子三宝

【出处】

第六十七章："我有三宝，持而保之。一曰慈，二曰俭，三曰不敢为天下先。慈故能勇；俭故能广；不敢为天下先，故能成器长。"

【语义】

专指老子在《道德经》中所说的"我有三宝"：慈、俭、不争。

【寓意】

老子的《道德经》被视为世界文化中的宝典，在这部宝典中，老子专门讲述了自己的"三宝"智慧。老子说："我有三件宝贝，我执守而且珍视着它们：第一件叫作慈爱；第二件叫作节俭；第三件是不敢处于天下人的前面。因为慈爱，所以能勇敢无畏；因为节俭，所以能富足无缺；因为不敢处于天下人的前面，所以能成为万物之长而无争无难。"这是老子现身说法，通过"三宝"来说明道家的智慧：因为慈爱能结众友，因为生活节俭而不丧自心，因为不与俗人争俗而达到俗人不可争的境界。

【素描】

在现实生活中，大部分人将自己界定为俗人，所以去争俗理、争俗利，即使表现出对别人的爱，往往背后也藏着自己的目的。有了一些物质条件的人，更会放纵自己的生理欲望，追求奢侈的生活，而让自心放荡不羁，并且总想方设法追求高于别人、压住别人，因而与许多人成为对手，甚至成为敌人或仇家，在自己人生道路上设置了一道道障碍。

老子把人生的智慧法则演绎得如此简练。"慈"是对别人的态度与行动。佛家讲无缘大慈、同体大悲，以慈悲的态度来善待别人，就是在跟别人建立友好的关系，也就是在打造自己良好的生存环境。若是恶毒地算计、伤害别人，则会遭到对方的反击，也是在恶化自己的生存环境，增加自己成功的难度。"俭"能养心，这是中华文化中的心道和生命道。违背了"俭道"，就容易乱心，很容易伤命。"不敢为天下先"，对于老子的这个观点，首先要搞清楚的关键是：只有那些有能力为天下先，又懂得收敛锋芒，让自己保持最佳状态的人，才有资格说出"不敢为天下先"这样有底气又懂得自我节制的话。若是没有足够的能力成为天下先，却又说出"不敢为天下先"这样的话，就会被人家笑话了。若本身就是弱者，那就要追求上进和自强，在这一点上不要错解了。老子的人生三大法宝，我们其实是要根据自己的情况来理解的。中国人懂得大道在上，人要服从于道，于是就形成了中国人独到的"位次智慧"。如同马拉松赛跑中的跟跑战略。若是过早追求第一而耗尽了自己的力气，就无法在最终冲线时争得第一，这就叫功亏一篑。当然，这种智慧是自我节制的一种能力，在现实生活中，很多时候我们还是要冲击第一的，只是要注意保存实力、把握冲击第一的时机。当然，即使在客观上成了第一，在心智和心态上依然要保持次位的姿态，避免骄傲自满和自我失控。这才是真正的强者哲学：不以现实中的他人为对手，而以终极的真理为目标，以自己主观的膨胀为战斗的对象。所以，当别人没有跟我们计较时，不要以为是别人软弱，极有可能是别人根本就没有把我们当成对手，因为他们领悟了真正的强者哲学。

若从字面上看老子的思想，往往有很多处是跟我们既有的观念相背离的，这就会让那些站在自己的维度和角度理解老子思想的人常常犯错，这也是老子的思想之所以受到一些人诟病的原因——是弱者对强者的错解。

如果我们正确理解了老子的人生三宝，就能够节制自己的欲望，避免成为欲望的奴隶，不与人争抢世俗小利，升腾到更高的空间去完成人生更大的理想与目标。达到这样的状态以后，我们就能够与别人和谐相处，几乎不会有世俗的对手。若非要找对手，那也有两个：一个是自己要去领悟的大道，不能跟它对抗，只能去领悟和顺从；另一个就是内心不断出来捣乱的主观，要战胜自己的低级欲望，才能真正成为强者。理解了这些就能懂得，有道与无道是两种完全不同的人生境界。

【真言】

执持"三宝"，百利而无一害。舍弃"三宝"，百害而无一利。老子"三宝"就是人生的"三级跳"：以慈种福田，以俭养自心，以位次智慧保持锋芒不露，但又能让锋芒在成事上彰显力量，并保持长久。

【自省】

我年轻时读老子的书，读的都是他的文字，却读不出文字的内涵。那时，看到老子所说的"三宝"，也没觉得有什么玄妙，只是心里稍微有点疑惑：老子这样的圣人、高人，怎么会把慈、俭、不争作为自己的"三宝"呢？我以为，像老子这样的高人，总得在心中坚守一些玄之又玄的东西，似乎才算合理。我读了二十年老子的《道德经》，才渐渐走到老子的文字之中，才终于搞明白，古人所说的老子的《道德经》字字珠玑究竟是什么意思。原来，一个"慈"字，就直接将所遇到的一切都变成自己的福田来播种，并且直接超越了"我与他"的分别，在人群中完成了从小我到无我的"超我"建设，如此做下去，是秒杀对手的，因为圣人根本没有把别人当成对手，他已经在心灵中将对手清零了。一个"俭"字，紧紧锁定心智和生命之道，让自己不至于迷失在红尘的欲望之海，不至于因为放纵欲望而再养出内在的敌人；一个"不敢为天下先"，这种看起来消极避让的态度背后，竟然隐藏着强者哲学。如果我们把老子的这"三宝"真正弄懂了，并且认真践行，还会有什么烦扰呢？

153. 善战不怒

【出处】

第六十八章："善为士者，不武；善战者，不怒；善胜敌者，不与；善用人者，为之下。是谓不争之德，是谓用人，是谓配天，古之极也。"

【语义】

善于征战的人不会被敌方激怒而步入对方的圈套。

【寓意】

老子讲解了世俗中一般人难以理解的"善……不……"的独特逻辑，并将其誉为"不争之德"：善于带兵打仗的将帅，不逞其勇武，而是在寻找战场上决定胜负的那个关键的转折点；善于作战的人，不会被敌人激怒，因而能够冷静观局、破局和布局；善于战胜敌人的人，不与敌人正面冲突，因而让敌人无法发挥优势，让自己能够减少损失、保留实力；善于用人的人，对人态度谦卑而不傲慢，因而能够最大限度地整合各方面的力量。此处所说之"善"，实际上指的是人领悟了大道的状态。不难理解，在战争中，那些容易被敌方激怒的人，很显然已经丧失了对自己心性和状态的主导权，情绪已经被敌方控制，这样的战斗，结局还有什么悬念吗？在现实生活中，也有很多人的情绪很容易被别人或者外部事物控制，这样的人是极容易"授敌以柄"的，他们已经处于一种配合敌人打败自己的愚蠢状态了。

【素描】

因追求世俗小利而陷入恶争的人比比皆是，他们因为过于在乎小利而让自己十分焦虑，痛苦不堪，又因为陷入恶争的泥潭而让自己智力下降，最终陷入负资产不断增加的旋涡。由此可见，小气、算计、狭隘、恼怒、愚蠢往往会同时出现，这也是现实人生呈现为苦海状态的根本原因。老子所倡导的"不争之德"，让人不会轻易暴露实力而将实力用在实事上，不会被对方激怒而降低智力从而保持智力正常，不会与对方斗气傻拼而能够及时止损，不会傲慢而能汇聚众人之力。可想而知，老子"不争之德"所形成的人生趋势，必是能让生命真正强大、壮大和连续增值的。

中国的古人早就洞察了成大事者的情绪状态之秘密，也就是始终保持对自己情绪的把控，不让外部事物刺激自己产生不良情绪，始终保持高度理性的状态。苏洵在《心术》中写道："泰山崩于前而色不变，麋鹿兴于左而目不瞬，然后可以制利害，可以待敌。"

人生如战场，每个人都是一个战士。若是一个战士的情绪被对方或者外部的事物掌控，那未来的战斗也就难有胜算。毫无疑问，当一个人被对方的假象所迷惑，认知出错，就易情绪失控，接着就会滥用自己的实力，让对方捕捉到自己的弱点，莫名其妙、鬼使神差般地按照对方的意图来行动。

从古至今，那些无法把控自己情绪的人，往往会被别人牵着鼻子走，即使个人的能力非常强，也会因为情绪失控而步入对方设下的圈套。一旦明白了这一点，就可以反其道而行之：制造假象让对方自以为得计，进而令其以见到的假象作为判断依据，最终落入圈套。当然，这一切都要看你与对手谁的功力更强。可以说，谁的功力更强，谁就能调动对方。这就是所谓的"道高一尺，魔高一丈"啊！

【真言】

失败者的共同特征就是情绪很容易被外部的人和事所操控，情绪一旦失控，理性与智力就会下降，就会在客观上产生配合对手打败自己的尴尬。而成功者的核心能力，就是洞察对方的真实意图，始终用理性来看待对方的一切，自己的心智不会被对方所干扰，故而能够立于不败之地。情绪决定命运，辛辛苦苦奋斗来的人生成果，若是没有好情绪守住，也会被他人收割。

【自省】

每个人在生命的不同阶段，状态都会有所不同。如果一个人在几十年的人生中没有丝毫的进步，就说明这个人停止了进化。而一个人生命进化很重要的一个指标，就是对自己情绪的觉察与控制能力。我想想自己的过去，就能够看到在一幅幅人生画面中，竟然有着完全不同的自己。其中有两个景象最为鲜明，一个是自己被外物、外在事件或者人所操控的那种情绪状态的我；另一个就是能够看清自己的情绪，并且能够主导自己的情绪状态的我。很庆幸的是，我在经历了一系列的失控之后，终于走向了良性的方向，能够体会到人生中的"高我"的状态，将自己作为客观对象进行观察，进而将外在的事物、外在的人也放在人生的长河中去旁观了。于是乎，我就能够做到喜无狂，逆无嗔，失无怨，反无恨，始终反思自己，调整自己，找到了一切人和事对于我成长的价值。于是，过去怨的人变成了人生中的恩人，过去恨的人变成了人生中的贵人。我走到了这样一个地步，才渐渐明白了高手的境界：在高手眼里没有对手，只有助手。

154. 进寸退尺

第六十九章："用兵有言：'吾不敢为主，而为客；不敢进寸，而退尺。'"

【语义】

老子在此处借说用兵的谋略，讲人生的胜利法宝：管控自己，先为不可胜，以待敌之可胜。

【寓意】

老子在讲用兵中的一种至高的谋略：不轻易言战，适可而止，适时进退，止于至善。善于作战的将帅都懂得，合理的进攻来自对战机的把握，退却的玄机在于通过空间运动制造出赢得战争的良机。看起来是在说用兵的谋略，实则说的是人生通用的智慧。

【素描】

说到"进寸退尺"，我们很容易联想到"得寸进尺"这个词语。在平时的生活中，我们可能都遇到过得寸进尺的人。比如你对别人忍让，别人却觉得你软弱可欺；你对别人好，别人却认为你应该对他好，并生出更贪婪的欲望。遇到这样的情况时，我们一定会很伤心，很反感，结果就会让双方的关系恶化。如果我们自己也是那种喜欢得寸进尺的人，轻则会把关系搞坏，重则会上当受骗。也有一些人错误地把自强理解成了争强好胜，因此常常与别人发生争执。真正的自强，核心是自己内在的成长，而不是把精力花在与周围的人发生争执这样的事上。当然，如果一方面没有守住自强的方向，另一方面又在世俗中意义很小的事上花费了自己宝贵的精力，与周围的人产生了不和谐的关系，甚至形成敌对关系，在这样的力量变化局面之下，人生还有多少胜算呢？

有太多的人因为一些意义不大的事而纠结，整日处在痛苦之中，基本上没有多余的心思和精力再去做给自己增值的事情了。所以，一些智者就提示人们，对于一些世俗中的事情不要纠结，要及时止损，否则就会陷入持续贬值的深渊而最终失败。

有些人找不到自己人生中的正经事，总是到处惹是生非。在他们的人生空间中，负面的能量不断增长和积累，自己活得胆战心惊，人生不断地贬值，最终只剩下了徒劳的挣扎。很显然，这样的人已经进入了人生负资产增长的状态，若是不能够及时改弦易辙，未来的人生就只能是一片迷茫和荒凉。

有些人早已看透世间俗人争端的无聊，在人生小事上处处让人，在人生大事上悄悄用功，实力不断增长，个人不断增值，进入一般人够不着的高价值空间，自然也没有什么激烈竞争，甚至与很多人都是相互协助的。于是乎，人生就进入了自在自足的境界。人生的光明不断增加，个人正资产不断增值，这才是人性的光辉与真相啊！

这也验证了一个普遍的真理：人们刻意彰显的往往是真正欠缺的，不断施予的却是真正富有的。世俗中人的"得寸进尺"，往往是在个人贬值和关系恶化的道路上行走，终将步入人生的陷阱；"进寸退尺"，往往会让人看清局面与态势，若是退得再远一点，就可以产生"旁观者视角"，拥有破局、布局和控局的能力。现实生活中那些为了一时的义气、情绪、利益等而得寸进尺的人，已经失去了自我节制和收敛的能力，不可能看清楚整个局面及其发展变化，更没有控制局面的能力，最终会在忙忙碌碌、怨恨情仇中步入深渊。

我们的"退"是为了"进"得正确，是为了让自己看清全局的变化，进而破局和重新布局，保障自己不断地接近目标。若是与真正的目标渐行渐远，正资产不断减损，负资产不断增加，我们的忙碌就成了笑话。

【真言】

不要小瞧那些貌似胆小而又总能把事情做成的人，在进退之中，他们看的是格局，找的是自己在格局中的站位，所以他们总能比其他人更容易找到最佳的站位点，在闪展腾挪中创造出自己的优势地位。不要羡慕那些貌似强大的人，他们也许正在走进自己看不清的迷局。

【自省】

我是一个普通人，虽然没做成什么惊天动地的事业，但也在自己所从事过的职业中、在自己的专业领域里取得了一些成就。回头看过去，我发现自己曲里拐弯地走了一条很特别的路。我一直在心中问自己这样几个问题：我真正的目标是什么？我现在的思考、情绪和行动是在帮我接近目标，还是在让我偏离目标？我所做的事情是在给自己增值，还是在让自己贬值？一旦发现自己正在偏离真正的目标，或者自己所做的事情正在增加自己的损失，就赶紧止损。我小的时候，常听那些下棋的高手说"要走一步看三步"，随着年龄的增长，才开始一点点明白，所谓的"看三步"，是需要离开一段距离的，只有这样才能看清楚，看清楚了才知道下一步该怎么走。老子讲的"后退"是让我们有观局、破局和重新布局的能力，这个能力决定着我们前进的方向是否正确，是不是在真正地接近目标。人生如棋，我们都是下棋的人，千万别沦落成无脑的棋子。

155. 祸莫大于轻敌

【出处】

第六十九章："祸莫大于轻敌，轻敌几丧吾宝。"

【语义】

人生之祸害莫过于轻视对手，未战却因自己的轻敌而导致敌我力量发生逆转。

【寓意】

老子看到了用兵中的极大危险：轻敌，也就是自大。一旦出现这种状态，已经是未开战而先输一步，甚至有可能因为这一步而输掉全局。轻敌的背后是自我膨胀，未战已经先败，就是典型的内祸。人生中，让人最无语的败局，就是自己做着敌人想做而做不到的削弱自己的事情，最终让自己走向失败。

【素描】

现实中最经典而又发人深省的案例，就是某些傲慢的强者，莫名其妙地被比自己弱的人打败。反过来，能够让敌人产生自大、傲慢心理的人，往往会成为最终的胜者。兵法中一再强调"骄兵必败，哀兵必胜"，骄兵往往因为强大而傲慢，所以减弱了自己的优势，还将自己的弱点袒露出来给对方看，给了对方可乘之机。这样的军事妙法已经写在了书上，但是读了这些书的人最终还是会犯愚蠢的错误。抗美援朝时期，美帝国主义依仗自己的军事优势，表现得非常傲慢，结果美军第一次在一场没有打赢的停战协定上签了字。苏联依仗占绝对优势的军事实力入侵阿富汗，结果以失败告终。美国又步苏联的后尘入侵了阿富汗，结果再一次证明了有"帝国坟场"之称的阿富汗的可怕。这种以强欺弱的侵略战争本身就是无道的，作为强者的苏联和美国，根本没有把抵抗力量放在眼里，结果遭受了巨大的损失。"弱者常常能战胜强者，弱者的失败是暂时的，强者的成功也是暂时的"，这是人类历史上非常有趣的现象，也算得上是人类自己制造的奇观，而隐藏在背后的真相就是：合于道的，即便是弱者，也能由弱变强，最终战胜强者；不合于道的，即便是强者，也会自我削弱，由强变弱。道的力量正是逆转敌我力量对比的那只无形之手。历史的规律告诉我们，人一旦成为强者，主观上就容易自我膨胀，进而心智出错，做出错误的判断和举动。这既是天道的平衡法则，也是内外的匹配性法则。凡是重大的对抗性事件，都有两个可能，一个是自己内部出错，另一个就是外部的对手出错。当自己不出错而对手出错时，对手就会成为我们的帮手和推手；当自己出错而对手却能不出错时，对手就能够毫不费力地获得胜利；当双方都出错之时，就有可能出现意想不到的重大的灾难。

在现实生活中，还有更为可笑的事：有的人并没有多么强大，但因为总是跟比自己弱的人混在一起，于是乎自己无意识中使用的"低级参照系"就会让他产生虚幻的强大感。既没有强大的实力，又表现出不该有的傲慢，能力与德行两个方面同时处于弱势，会有什么样的结果呢？这样的人若是抓住机会，也是能成就一些事的，但他们无法持续地推动一项事业的发展，一旦遇到不顺利的事情，就容易情绪暴躁，智力进一步下降。处于这种状态的人，往往还有一个共同的弱点，就是很好面子，根本听不进别人的建议，放不下自己的架子，即使已经呈现败落之象却依然装出很了不起的样子。你说怎么办呢？看来，只能为他们祈祷了。

愚蠢的人帮助敌人打败自己，智慧的人借助敌人的力量打败敌人，可笑的人没有实力却很傲慢，滑稽的人不肯改变自己却去祈求神灵保佑。

【自省】

每个人的人生，可能都要经历或大或小的可笑与滑稽的事。在我自己过去几十年的人生中，也曾实力不够时却很要面子，有了一丁点儿小小的实力之后，就开始傲慢。关键是我看不见自己正在出错，还很兴奋地进行着滑稽的表演，直至血淋淋的事实呈现在眼前。更为可悲的是，当事实已经摆在眼前时，我还在推脱或者为自己辩护，因为此时的我并没有自省的勇气和改过的能力。我身边的一些朋友，也跟我一样犯了类似的错误。只是我算是比较幸运的人，因为我学习了《道德经》，自我洞察和认错、改错的能力在不断增强，所以就切断了继续犯错和加剧痛苦的链条。只是我心里也很清楚，即使拥有了认错、改错的能力，也不能有丝毫的懈怠和自满，否则就会重蹈覆辙。

156. 哀兵必胜

【出处】

第六十九章："故抗兵相若，哀者胜矣。"

【语义】

表面上哀伤示弱，反而能够取得最后的胜利。

【寓意】

表面上哀伤示弱，从而让敌人丧失警惕，产生骄横之态，未战而让敌方先呈现出失败状态，自己的内在却保持警觉与冷静，这样就可以制造出胜利的态势。表面上看这说的是一种兵法谋略，实际上人生也如战场，每个人都要懂得一些战法，尤其是如何让自己处于不败的境地，这对于我们几十年的人生来说尤为重要。

【素描】

很多人觉得道家的智慧很迷人。道家智慧的迷人之处就在于，首先让自己在特定的时刻展示出正确的状态，然后有效地改变敌方的状态，调动敌人按照自己的方案去行动，这就是心智高于敌方的智者的战争智慧。现实中的失败者，往往也是被对手调动的人。生活中的痛苦者，也是被痛苦调动的人。

现实中有很多人喜欢做出趾高气扬的样子来吓唬别人，也有很多人在拥有了一点实力之后觉得自己很了不起，无所不能，能够把控一切，这样的人，最终几乎都跌倒了。滑稽的是，敌人还没有出手，自己就已经跌倒了。当然，还有一些人表现得很骄狂，直接刺激了某些人来对抗他，这不就是在给自己制造敌人吗？

处在弱势的时候，表现得谦卑低调相对比较容易，自己明明很强大却要表现得很低调，这就不是一般人能够做到的了。

实际上，人生的成败不在于你表现出来的样子，而在于你最终达成的结果。越是能够保持冷静、清醒和低调的人，最终越容易达成良好的结果。反之，越是趾高气扬，表现得很猖狂、很高调的人，最终越不容易达成美好的结果。

当然，也有人说："不是要高调做事，低调做人吗？难道总是要低调吗？"现在，我们就来分析分析高调和低调的问题。

首先，表现很高调的人会消耗自己的能量，你愿意通过那种形式来消耗自己的能量吗？

其次，表现得很高调的人很容易让人反感，甚至激发众怒，一旦出现了群起而攻之的局面，那还有胜算吗？

再次，事情没做成时，你高调给谁看呢？事情已经做成了，别人还可能嫉妒你，你又高调干吗呢？

那些高调的人，多数是虚张声势。那些真正有涵养的人，都是很平和、很亲民的。那些有了职位就开始摆架子、有了一些成就或者财富之后就表现得很张扬的人，在心理底层还没有摆脱自卑。这就应了这样一句话：任何外在的花哨，都掩盖不了自己内心的虚弱。实际上，正所谓做贼心虚，那些内心有愧的人，不管怎样装腔作势，表现出来的依然是内心的虚弱。

【真言】

哀者敛神示弱而藏实力，愚者漏精骄横而减实力。"哀兵必胜"，这不仅是一种军事谋略，更是一种通用于人生所有方面的法则。我们要在形式上少花费一些精力，减少无谓的消耗，也少制造一些对手和敌人，把精力放在自己内在的提升上，在实事上多倾注些心血。毕竟，人生是要以实力、功夫和事实来证明自己的。

【自省】

我小时候是很自卑的，觉得自己没有什么特长，没有自傲的资本。随着年龄的增长，本事长了一些，毛病也长了不少。于是，我就从自卑走向了自负。看起来人走在正道上实在不易，总是在两个错误的极端之间来回跳跃。中国人的智慧可以用一个字来概括，那就是"中"。国学中所讲的中庸、中道、中观等，都带了一个"中"字。中国人崇尚的就是无过无不及、不偏不倚、过而不过、不及而及的智慧。

我发现自己这些年似乎在两个极端之间跳跃的距离在不断缩短，摆动的模式从大"之"字形变成了小"之"字形。当然，随着国学学习的深入和修行功夫的提升，我会把这种平面上大小"之"字的变化模式，进一步上升高度，升级维度，将"之"字形模式变成"玄"字形模式，这才是心智的真正提升。到了这个地步，人的相貌也会渐渐变得平和、亲切。

当然，不要以为这种"中"式的智慧是没有原则和立场的，否则就又变成了一种新的迂腐。人的心智成熟之后，便不再过多地计较表面上的东西，而更加专注于自己的内在和实际的效果。于是乎，就形成了一种特殊的生命状态：外在平和低调，内在自强精进。

157. 知易行难

【出处】

第七十章："吾言甚易知，甚易行。天下莫能知，莫能行。"

【语义】

老子在陈述，也是在感慨：我的话很容易理解，很容易实行；但是天下竟没有多少人能理解，更没有多少人能照此去实行。

【寓意】

老子讲述的这段话包含两个十分重要的道理：一是老子教给了人们一个最简单、最容易做的道理，但是大部分人却不这么去做，反而选择了一条艰难而行不通的道路；二是一些人似乎明白了老子的道理，却没有按照明白的道理去践行。这背后到底发生了什么呢？

首先，普通人为什么会选择艰难而行不通的道路呢？这是因为很多人开启的是自己的主观和欲望的频道，已经按照这样的频道做了几十年，想要改变谈何容易啊！过去的低级模式的惯性能量在推动着人们，于是人们向往着，纠结着，挣扎着。

其次，明白了道理并能够把道理变成有效的行动，这可是件很不容易的事。明白了的道理是在心里，而有效的行动是在外在，这两者之间又如何才能够接通呢？古往今来，那么多的人进入修行，正是为了解决这个问题，因为修行就是接通内在想法和外在行动的训练。

再次，对圣人来说很容易的事，对俗人来说可能就很难。很显然，圣人和俗人是处在两个不同的生命空间里，老子能够理解众人之苦，而众人却很难解老子的真意。若是在这种状态下去解读老子思想，也往往是用低端去解释高端，用愚蠢去解读智慧。

到了明朝，有一位学者解开了这个难题，他就是王阳明。王阳明提出了一个重要的思想——知行合一。用阳明先生的话来说，若是不能行就不能证明自己获得了真知，若是只行不知那也不能算是真行。

【素描】

我们都知道习惯成自然，也都知道惯性的力量非常强大。佛家在解释人的现实行为时，用了"业力"二字，也是在说人生中过去沉积下的能量，在阻碍着人的觉悟。看起来，每个人生命当中都有两股力量交织在一起：一是过去的人生沉积在生命中的低级能量，二是人的生命中所追求、所向往的那种高级能量。正是这两种能量的交织和较量，构成了我们起伏不定的人生。中国的圣人们为人们指出了一条光明的道路，要真正走通这条道路，就要用高级的能量来替换低级的能量，用新的习惯来替换旧的习惯。

关于知和行，既是哲学，也是人们日常生活中非常重要的一个话题。到底是知难行易，还是知易行难呢？阳明先生给出的答案是："真知即所以为行，不行不足谓之知。"这可谓是阳明先生知行合一思想的真谛，换句话说就是知和行本身就是一体的，只不过表现为内在和外在两个片段，但这两个片段都不能孤立存在。

在社会交往中，对于那些知行不一的人，人们往往会进行指责或者鞭挞。那老子的这番感慨又是在提醒人们什么呢？老子是道祖，当然是用道在说道：离开了大道，再复杂的认知也不是智慧；不能走进大道，也就不能获得真知和真行的能力。很多人都有"眼高手低"的毛病，说得头头是道，做得却是乱七八糟。实际上，穿过现实中知行不一的假象，我们就会发现所有的人都是知行合一的：不管一个人怎么说、怎么做，他所行的一定与他真实的认知是一致的，没有人能够采取超越自己真实认知的行动，也没有人具有超越实际行动的认知。

为什么老子给大家指出了一条简单的光明大道，很多人却不去践行呢？也许，很多人自以为是，并不知道还有这样一条大道。也许，很多人对这条大道的领悟还需要不断地加深。也许，很多人认为自己现在使用的方法、所付出的代价还能承受。也许，很多人真正想去践行大道，但没有找到合适的机缘。

【真言】

悟道，一切简单易行。无道，一切复杂难行。

【自省】

我从一无所有开始了自己的人生。后来学习了很多科学知识，试图运用这些知识来解决自己的人生问题。这些科学知识确实让我有了立足于社会的本领，却没有办法解决我心灵的困惑，帮助我实现更高、更圆满的人生目标。我接触了不少出家修行和在家修行的人，也知道了很多相关的知识和做法。在近十几年中，我在生活中亲身验证了老子提出的很多思想和方法，受益良多。毕竟每个人在各个方面都与别人有很大的差异，所以我们在学习、实践这些思想和方法时，要找到适合自己的路径。

158. 言有宗，事有君

【出处】

第七十章："言有宗，事有君。"

【语义】

言论要有主旨，要以天道为根基；行事要有依准，要以大道规律为根据。

【寓意】

老子的"言有宗，事有君"六字真言，其中所说的"宗"与"君"，其真意是指统摄天地间一切的大道，也就是说我们的言谈举止要以大道的客观规律为依准，而不是以个人有限的知识、经验或者主观臆想作为出发点，否则就会因为违背大道规律而受到惩罚。

【素描】

在现实生活中，很多人说话都是比较任性的，基本上是想说什么就说什么，说得形象一点就是：要说的话直接就到了嗓子眼，根本来不及过脑子，就急不可耐地把它说出来了。而且有些人不说话就会憋得很难受，坐立不安的，似乎他们内心有一种力量，是自己控制不了的。至于该不该说，说出来了会有什么用，别人会有什么样的反应，这些要过脑子的事儿就全给省略了，最后往往是让嘴巴过了瘾，效果却不好。

实际上，大多数人说话做事都遵循着自己内在的思想或者精神的法则，这个法则是我们言行背后的一种决定力量。可是，又有多少人能够清晰地描绘自己这个内在的决定性的力量呢？许多人都是以自己主观的、零散不成体系的，甚至相互冲突的经验和相关的知识，作为自己言行的依据和准则的。也许这种状态并非人们的主观愿望所导致，有点心不由己、嘴不由己，就像被操控了一样。在这种状态下，人的言行还有什么质量可言呢？如果像老子那样，能够做到"言有宗，事有君"，将会是多么美妙啊！

一个人平时所说的话中就包含着他的思想和动机，一个人的语言和语言背后的思想就会演变成一个人的行动，一个人的行动往往就会形成一个人的习惯，一个人的习惯就会形成一个人的性格，一个人的性格就会决定一个人的命运。很多人都知道"性格决定命运"这句话，却没想明白这个道理：思想和行动构成了一个人性格的核心，而一个人内在的价值观和思维方式则决定着他的思想内容和行动方向。

把这个问题搞清楚了，人生的命运原理和要改变命运的方法也就清楚了：价值观以"唯道是从""天人合一""天之道，利而不害""上善若水"为法则，思维上以"有无相生""阴阳和合""循环往复""玄之又玄"为思维方式，语言上以"明道立德""和合共生""多言数穷""道者寡言"为准绳，行为上以"知行合一""实事求是""方向坚定、方法变通"为指南，对全过程的认知要以"内省为主""随机应变""服务发展"为核心。

纵观人类历史，能够遵从大道的体系进行思考和行动的人，往往就能在现实的人生中顶天立地，将天地和众生收于心中，愿意全心全意地服务于大众，与众生和天地自然建立和谐的关系，就能得到天道的力量。若是离开了大道，就会陷入小我、主观、局限和狭隘之中，失去智慧，心智迷乱。

每个人都需要在忙碌之余思考一下人生的真正目的，不要让自己的言行偏离正确的人生大道，否则就会越走离目的地越远。这就要求我们要有立场，有使命，在现实中思考理想，把持行动不偏离目的，在得失中反省自己的偏差，在挫折中理解规律，在敌对关系中思考更高的目标，在取得成就后警惕自己主观的膨胀，随时随地从别人的成功和失败中领悟大道，将人生方向锁定在向上、向善、向阳光的大道上，将自我的连续突破设定为人生的主旋律，这样才能保障我们的人生始终不偏离大道的轨道。

如果一个人没有建立言行背后的准则，只是"想说什么就说什么，想干什么就干什么"，那最终多半会因为喜欢乱说话，把好事说坏了，也会因为冲动得到很多意想不到的坏结果。

【真言】

人们说话办事，内心都有个标准。内在标准和外在行动的综合表现，就是一个人的性格，性格就是命运的内在决定力量。

【自省】

很多时候，我们知道自己想说什么，但往往不知道决定我们想说那些内容的力量到底是什么。在搞不清楚自己的价值观和思维方式时，那个所谓的自己简直就像一个傀儡。如果连这一步的问题都搞不清楚，那后续的行动又会把我们引向哪里呢？看看过往的自己，说了很多话，做了很多事，说对、做对的都是合于天道的，说错、做错的都是违背天道的。再看看那些熟悉或者陌生的人，也是一样的情况。那种违背天道的话，我们说一次就会出卖自己一次，出卖自己一次就会沉沦一次。因此有人说，你说的每句话、做的每件事都在"出卖"你：你说的话就在告诉别人你是拥有什么样思想的人，你做的事就在证明你是拥有什么人格的人。如果你在不断增值，你所做的事不怕曝光，那你就是走在阳光大道上。否则，即使你再得意，也是走在狭窄阴湿的小路上。

159. 被褐怀玉

第七十章："知我者希，则我者贵。是以圣人被褐怀玉。"

【语义】

身穿粗布衣服而怀抱美玉，比喻出身贫寒而怀有真才实学。

【寓意】

老子在这里发出一种感慨：迷失于世俗名利的人们，不懂得真正的大道，故而在人生的迷雾中徘徊和挣扎。圣人给人们指出大道至简，只要能够按照天道规则去做，即可成就高贵而富足的人生。悟了道的圣人，自然不会再去追求外在的奢华，也无须用外在的物件来装扮自己。他们外表质朴，但内心与大道同在，已经达到了人生的巅峰，处于万有无缺的状态。

【素描】

现实中的很多人都是以貌取人的，也就是以一个人的外在形象来判断其内在本质。即使人们都知道以貌取人是有偏差的，但还是会这样做。由此可见，人是不可能完全不在乎自己的相貌的，只要外在相貌与内在的本质不至于反差太大，好的相貌还是能够为我们加分的。但如果一个人将自己的外在和内在割裂开或者对立起来，就可能会给自己带来很大的麻烦：如果相貌好，但内在品质与此不匹配，就会被人们鄙视；如果相貌不好，但内在品质好，这也需要交往得比较久，才会被人们认可。毕竟相貌只是人的外在形象的一部分，谁都知道，发自内心的一种外显的气质和因为自己的修养而自然显露出的相应的品质更加重要。若是一个人品质没有问题，但在一些场合不注重自己的仪表，也会给人们带来困扰，甚至会被视作没有修养的一种表现。随着年龄增加，人的相貌会衰老，越来越多的人开始注重自己外在形象的优化。但也不能走极端，若是只在乎自己的外貌，而不去优化自己的精神与灵魂，恐怕也只能是事倍功半。因此，我们务必要懂得，人的美分成一内一外，也就是相貌形象之美和内在心灵之美。内在的美对于外在的美具有极大的决定性作用，内在的精神境界才是一个人外在美的灵魂。否则，外在的美极有可能成为人们眼中的一个"花瓶"。外在的美给人的好感往往只能持续短暂时间和限于表面的交往中，内在的美才会决定人们交往的深度和时间长度。因此，人们在大力美化自己的外表时，一定也要花大精力去建设智慧的内在精神世界。否则，一说话一办事儿，内在的空虚、自私、无知等精神丑陋表露出来，那外在的光鲜不就变成笑话了吗？

实际上，"被褐怀玉"还向人们展示了更加深刻的精神内涵：一方面，越是有精神内涵、内在实力的人，往往越是低调和质朴；另一方面，生命的本质，也恰恰在于对外在的一种超越。人生的本质不是一场物质的盛宴，而是精神对物质的胜利。一个人的精神对物质超越得越多，代表他精神的境界和高度就越高。这一道理，对于痴迷于物质追求、欲望不断膨胀而深陷各种痛苦的人们来说，无疑是一个重要的启迪。思想精神境界提升之后，会获得哪些收益呢？痛苦消失，机会主动来找你，真正的朋友越来越多，身体越来越健康，家庭越来越和睦，等等，总之是美妙无穷。当然，要能够真正懂得这个道理并将其作为自己的人生信仰，仅靠年龄和人生阅历的增加是不够的，因为这样实在太缓慢。若是加上不断地学习圣人智慧和自我的修行，就能加速自己人生的优化。

【真言】

内外兼修，内修为主。即使外修，莫忘内修。

【自省】

在现实生活中我们能够看到不少这样的人：他们既不内修也不外修，外在邋里邋遢，内里稀里糊涂。自心清明，外在清新，自由自在，这才是生命最好的状态，但他们都没有认真想过，只是在简单地忙碌！我想想自己年轻的时候，也是更在乎自己的外在。即使我想提升自己内在的高度，也感觉无从下手，有时还会以为，只要自己知识多，能力强，德行不掉落底线，就算是很优秀的了。随着对国学学习的深入我才渐渐知道，过去对自己内在的要求还是太低、太偏了。对于我们这些学习过科学的人来说，国学的学习更是不可或缺的，不能以为学了科学就能做好一切。幸亏自己发现得还不算太晚，否则即使学了再多的科学知识，如果内在修为不提升，灵魂也依然千疮百孔。因为并不是单纯依靠科学知识就能够处理好人生中的所有事情的。我认为自己这半生最幸运的就是学习了很多科学知识，同时用圣贤的智慧修正自己、优化自己，在自己的生活和工作中亲证圣贤的大智慧。

160. 知不知尚

【出处】

第七十一章："知不知，尚矣；不知知，病也。"

【语义】

知道自己的无知，才是高明的，而本来不知却以为是知，就是自己的心生病了。

【寓意】

老子看穿了世间人的毛病：有的人本来不懂，却又假装懂得，这是"不懂装懂"，会经常闹笑话，这就是一种心病。而高明的人，则明白自己知道的是有限的，故而不会自以为是，说起自己知道的道理，也往往不会把话说得太满，而是为自己留出余地。当然，也不能仅仅停留在这样一种说话艺术上，更重要的是要持续不断地学习和提升自己。高明的人，不会不懂装懂，而是会承认自己不懂，并且勇于向他人请教和学习。他们会真诚地感激别人并在必要的场合赞美帮助自己的人。这样做非但不会被人嘲笑，反而会赢得更加真实的尊重，更有效地提升自己的实力。这才是正确的做法呀！

【素描】

实际上，在现实生活中，遇到一些事情时，一个人到底是真懂还是假懂，他自己应该是知道的。只要你一开口说话，你的水平别人也是知道的。

这样的事，没法装，只是大家心照不宣而已。有的人明明知道和懂得，但不会去刻意炫耀，这是为什么呢？因为他对自己知道的并不会很介意，相反，对于自己还不知道的却有浓厚兴趣。这样的人，一方面不会抢着发言，总是能够耐心地听取别人的意见；另一方面，会通过持续不断的学习来扩大自己所知的范围，而不是局限在自己已知的领域里沾沾自喜。是不懂装懂、胡乱狡辩，还是耐心地学习，不断提升自己，这个选择会对一个人的生命模式和未来生命发展的方向产生长远的，甚至决定性的影响。一个人若是有自知之明，明白自己知道的是有限的，尽管他可能比别人知道得多，但也不会认为自己比别人高明多少，仍然愿意多听听大家的想法和意见。你看，这样的状态，既能让自己的心保持平静，又能表现出对别人的尊重，还能让自己增长知识和智慧，何乐而不为呢？相反，如果一个人总是喋喋不休地跟别人表白自己所知道的，甚至有时让别人都没有说话的机会，别人无法与他交谈，而是光听他一个人在那里演讲，就会觉得很无趣。用这样的方式与人相处，很难营造和谐氛围，还会让彼此很尴尬。这样的人看似懂得很多，实际上是不会与人相处的，他不知道，在他喋喋不休的时候，别人已经很不耐烦。想想看，这样的夸夸其谈，岂不是很愚蠢，很可笑？

【真言】

一个管不住自己嘴巴的人，往往脑子也是失控的。一个不清楚自己内心家底儿的人，往往就是无知的。一个喜欢自我吹嘘，不愿意向别人学习和请教的人，最终往往会自己害了自己。

【自省】

一个人知道自己的无知，才会有进步的空间。若是不懂装懂，到处炫耀自己懂得的那一点知识，就会在自己原有的小天地里转圈子。我过去就有这个毛病，表白自己、吹嘘自己的时候多，实实在在地向别人请教的时候少。尽管我也对别人很客气，但总感觉要是向别人请教，就说明自己不如别人，所以一直放不下架子。如果看到别人有很多的毛病和短处，觉得他还不如我，我就更不想向他请教。后来我渐渐地开始有勇气承认自己的问题了，也知道了怎样做才是正确的。于是，我表白自己的时候少了，向别人请教和学习的时候多了，对别人的理解也越来越全面和深入了。最后我发现，懂的越多，就越知道自己不懂的也多；知道得越多，就越发现自己不知道的也多。于是，我那颗傲慢的心，就渐渐地平静了。

161. 病病不病

【出处】

第七十一章："圣人不病，以其病病。夫唯病病，是以不病。"

【语义】

当一个人知道自己有不懂装懂的毛病时，如果能管住这个毛病，经常谦卑地向别人请教和学习，不断地突破自己，就能把自己的心病治好。

【寓意】

人的这点知识和经验与真理相比实在是不算什么。如果一个人的心中根本就没有这种知识与真理的差距意识，把自己的看法当成真理，肯定就是病了。知道自己病了，得积极地去治疗，才能恢复健康。如果已经有病了，却硬装没病，就会让小病变成大病。

【素描】

在现实生活中，对于那些很荒唐的人，我们往往会说他们有病。但对于自己的病，又总是刻意遮掩。所以人们常说："死要面子，活受罪。"现实生活中的人们有四种常见的病态：第一种是永远在说自己是正确的；第二种是在说自己正确的同时说别人错误；第三种是永远在说别人错误，暗示自己是正确的，用别人的错误来突显自己的正确；第四种是虽然会夸奖别人的优点，但从来不说自己的错误，也不会真诚、谦卑地向别人请教。

悟道的人就很真诚，既能赞美别人的优点，也能正视自己的缺点，还能很谦卑地向别人请教，背后还能去传播、赞美并感恩。这个"赞美别人的优点+正视自己的缺点+谦卑地请教+传播感恩"的连环模式，就是现实版的"真人"模式。有人可能会说："难道就不能批评别人了吗？"我要反问的是："你批评别人能解决问题吗？"如此看来，好像我们又陷入了一种新的僵局。

用老子的智慧就可以轻松地将僵局变成活局——让人生进入修行的模式。人们在一起时，都在谈别人的优点和别人给自己的启示，谈及自己时，多谈自己的不足和改正的决心与措施，真诚地向别人征求意见，也真诚地给予别人一些建议。当然，若是能够在组织中建立一种公开的机制，把这些内容指标化、公开化，并计入每一个人的个人积分，就会对每个人的修行有巨大的促进作用。当每个人都在真诚地、指标化地征求别人的意见时，你还需要去批评别人吗？当然，在生活或者工作中遇到一些具体的问题时，如果你能够首先承认自己的责任，并想办法解决问题，你真的还需要批评别人吗？当家长能够清晰地认识到孩子的问题是自己的责任，他们还会去批评孩子吗？当上级知道部下的问题也是自己的责任，真的还会去批评部下吗？如果不明白这些道理，一味地指责和批评别人，却回避自己的责任，又没有想办法解决问题，那批评与指责又有什么用呢？不仅没用，反而可能会让别人抵触甚至产生仇恨心理。

【真言】

道家的理想就是要做一个"真人"。对于现实中的普通人来说，能够做到上述现实版的"真人"连环模式，就很了不起了。如果能够运用道家智慧建立起一套有效的机制，那就能实现道家所倡导的无为而治了。如此这般，大家的共同美好命运的方向也就基本上确定了。

【自省】

为什么很多人不敢承认自己的问题呢？实际上，我就曾在过去很长一段时间不敢承认自己的错误。我找一找原因，发现了自己和很多人的内在心相：一是感到害怕，二是不知道承认错误之后会发生什么。如果早点知道承认错误、改正错误既是一种美德，又能让自己取得进步，我就不会费那么大劲去遮遮掩掩了。明白了这个道理之后，我就渐渐地获得了承认错误的勇气，甚至在做管理工作的时候，还会主动把同事的责任揽到自己身上，并与大家一起研究解决问题的方法。结果证明，我这样做非但没有影响自己的形象，反而让我与大家的关系更融洽了，加深了我与大家的感情，各项工作也都完成得更好了。

162. 自知不自见，自爱不自贵

【出处】

第七十二章："是以圣人自知不自见，自爱不自贵。故去彼取此。"

【语义】

有自知之明，故而不自我表现。懂得了自重、自爱，也就不用标榜自己的高贵了。

【寓意】

老子看到世间有太多缺乏自知之明的人，有太多刻意地自我表现的人，他们那种愚蠢而滑稽的表演并不是在给自己加分，而是在给自己减分。能做到自知、自重、自爱的人，方能获得内心的平静与平和。

【素描】

很多人认为：我如果不表现自己，怎么能让别人了解我呢？别人不了解我，不就会小瞧了我吗？看起来，喜欢表现自我似乎也是有道理的。可是，那种刻意的自我表现，会在别人的心里留下什么样的印象呢？如果那些爱表现的人知道了刻意的自我表现不能给自己加分，反而会给自己减分，可能会更加郁闷：那跟别人在一起时也不能就像根木头那样立在那里不动啊，到底应该怎么办呢？

实际上，表现自己只是手段和方式，给自己加分才是本质和目的。悟道的人就找到了一条通路：放弃减分项目和做法，转到加分项目和做法上。

加分的操作也有核心法则。一是通过表达对别人的欣赏、谦虚地向别人学习和请教，以及给别人实际的帮助，来表现自己的人品与能力。这样既能够激发别人心中的正能量，在别人心中制造感动，还会让自己所欣赏和帮助的人产生对自己的正面评价。这不就是两全其美吗？二是用做人、做事的事实来证明自己，而不是用口头上的、形式上的自我表现来彰显自己。更为重要的是，把精力集中在制造足以服人的事实上，就避免了精力的浪费，有利于自我的提高。事实就是对自己最好的证明。如果有机会表达，可以多说众人的成绩，少说自己的功劳，不贪功而能让功，功劳就不会伤到自己。这不就是万全之策吗？

【真言】

痴迷者主观上想给自己加分，客观上却在给自己减分。悟道者主观上给自己减分，客观上给别人加分，最终别人给自己加分。

【自省】

现实生活中的一些人，包括过去的我，做人、做事的方法真是好荒唐：主观上想给自己加分，并努力给别人减分，结果却是给自己减了分，而且痴迷不悟，一直在这样做。也许很多人知道这样做是愚蠢的，但因为找不到好的方法，于是就陷入了左右为难的境界。

我们不要再做那种给自己减分的事儿，也别再做那种刻意、人为给自己加分的事。在人道上学人、帮人、感恩人，在事道上专心致志地提升自己，又不被任何进步和成绩所迷惑，心灵才会真正地自由，人生也才会真正地圆满。

163. 不争善胜

【出处】

第七十三章："天之道，不争而善胜，不言而善应，不召而自来，坦然而善谋。"

【语义】

天道利而不害，与万物不相争，不言不语，静默中却形成了最高的谋略。

【寓意】

老子借用天道的法则，来鞭挞那种恶争而终败，多言而无理，急求而缓至，处心积虑但又被人看穿的蠢行；也用天道的作用规律，来告诉我们应该努力的方向。

【素描】

解读老子的智慧，总有这样一种感觉：似乎他一个人站在了人类的对面，既威猛又静谧，看似岿然不动，却笑迎着一个个转圈回归的人。天道利而不害，一直在为万物增值，唯独没有自我，从不与人相争，也没有那些花哨的言语，更没有处心积虑的计谋，因此也没有我们人类那种枉费心机之后的尴尬，最终成为觉醒者心中至高无上的存在。大道衍生万物，无处不在，自然也存在于我们人生所遇和所经历的一切人和事当中。原来，大道早已经将这种智慧的种子撒入了每个生命，只是很多人根本不知道这样一种奇妙的存在，还到处去寻找所谓的智慧。若是站在老子的高度看人生，众生的算计、蛮干、膨胀和自以为是，不就是在做一场滑稽可笑的表演吗？

既然大道衍生一切，人的主观不能脱离客观大道，违背大道就会毁掉一切，遵循大道就能够成就一切，那我们还需要做什么样的其他思考呢？

反观现实，有多少人沉迷于给别人讲正确的道理、说别人的错误啊！说来说去，说的道理再正确，没有产生正确的结果，继续说下去不也是徒劳吗？我们总是用个人的意念去求福避祸，结果却往往是福少祸多。这是个人意念违背大道的必然结果，继续求下去不是反而有害吗？很多人起心动念，自以为很精明地、不遗余力地为自己谋划和算计，算来算去，却不得不信服人类的一个经验，那就是"人算不如天算"，这"天算"说的不就是天道的规律吗？人生几十年，若是改不掉这样一个错误，真的会问题越积越多，越活越苦，最终人生就变成了一场苦难，没有了快乐。

【真言】

争小利成小人，放下小利才能够见到大利，放弃没有真正效益的恶争，人生才会有真正的收益。

【自省】

我回想自己过去的人生，有时会感到恍如隔世：在低级愚昧的状态里奔波徘徊了那么多年，遭遇了那么多恩恩怨怨，就是没有找到心中一直向往的天道。如今，过去成了一幅冰冷的画，老子的智慧之光照亮了我人生的前景。过去的我什么事都争，总说自己的正确，一味追求个人幸福而又想避开祸端，总在为自己的私利谋划；现在的我转换了模式，进入了更高的境界，小事不争，静心做大事，总能找到别人的正确之处，而不是一味表现自己的正确，从而能够发挥别人的长处，并与之建立和谐的关系。我真正相信了"福祸无门，唯人自招"的古训，并能够洞察福祸背后的大道教化了，不再为自己算计，而是一次次放低自己，并真诚地去为别人着想，为别人谋全面的福利。如今，我的事情做得越来越好，与别人的关系越来越和谐，做事的智慧境界也在不断攀升，自己的心情、身体和生活也越来越好了。由此证明，我们只要好好学习老子的大道智慧，好好修炼自己，就能够塑造自己更好的人生。这才是人生中的光明大道啊！

164. 天网恢恢

【出处】

第七十三章："天网恢恢，疏而不失。"

【语义】

语义上说的是天网宽广无边，内涵是大道无处不在，一切都在道中，无法逃离，警示人们不要用自己的私心去算计，更不要抱着侥幸心理去做坏事，因为欠下的是一定要还的。

【寓意】

老子用天网广大无边来形容大道无所不覆，虽然宽疏却没有任何遗漏。"天无私覆，地无私载，日月无私照"，一切都在大道的覆盖、承载和照耀之下。这也是在警告人类，人的任何自私和肮脏的算计，都逃脱不了大道天眼的审视和大道规律的清算。现实中人们常说的"天网恢恢，疏而不漏"，就是从老子的《道德经》中演绎出来的。这个天网，指的就是无处不在，又公正无私的大道。明白这一点的人，心存敬畏，彻底放弃侥幸之心、犹豫之心，让生命与大道合一，就进入最轻松而又神奇的人生模式了。

【素描】

生活中人们常说"人在做，天在看"，也是在提醒彼此不可狂妄到忽视大道的地步。

当然，我们也能够看到，从古至今，有很多所谓的聪明人已经成为我们的反面教材。他们的智力还不够高吗？他们还不够能干吗？他们的见识还不够多吗？他们的算计还不够周密吗？他们是因为什么一步一步走上死路的呢？根本的原因就是他们在用自己的智力和能力与大道规律进行较量。他们很聪明，但为何要做这样的蠢事呢？就是因为他们不明道，对大道没有敬畏之心。

那些聪明、能力强而最终走向犯罪的人，无不是过于相信自己的聪明，因而走上了与大道进行博弈的错误道路。

当你看的人和事足够多的时候，就会发现很多人的生命结构出了问题，似乎是缺少了一种力量。大部分人做人、做事时只考虑自己的利益和感受，只讲自己的道理，很少考虑别人的利益和感受，也很少去说别人的道理。他们只关注自己头脑中的想法，而很少研究对象和客观的规律；只看重如何让自己有巨大的收获，而对于如何遵守法律和照顾社会的利益想得不多。时间久了，一部分人就会有一些越轨的行为，但又没有马上受到警告或者制裁，于是，这样的行为就会持续发生，而且他们的胆子会越来越大，做的错事也会越来越大。你看，人就是这样变得越来越坏的，等到铐上手铐、关进监狱才会后悔。实际上，他们缺乏敬畏心，缺乏自省的精神，缺乏工作和利益之外的精神生活，是生命和人生的结构出了错。如果不解决这个问题，他们的那点悔悟就是十分肤浅的，构不成管控自己的力量。

【真言】

人不能命令自己的心跳加速或减缓，心脏于人生，犹如大道于我们，决定着我们的生死，不会听从我们的命令，它按照自己固有的节律运动着，唯有善良而安静的人才能养心。大道无处不在，如果不悟道、不合道，一切努力都是枉然啊！

【自省】

过去的我，有一些时候也是处在一种生命结构有缺陷的状态：一方面在嘴巴上崇尚正道，另一方面又怀着侥幸心理去做一些利己的、阴暗的事情；即使知道了大道的存在，也无法做到时时刻刻与大道连接。这份小我的惰性、愚性和惯性，让我如同行走在悬崖边上，但老子的智慧拉了我一把，让我从悬崖边上走回来，我才知道后怕。当然，很多人还在一味用自己有限的知识与经验为自己的私利忙忙碌碌。在大道天眼的审视下，人的私心还能逃到哪里去呢？与其活在这种忐忑不安中，为何不回到正确的轨道上来呢？

165. 民不畏死

第七十四章："民不畏死，奈何以死惧之？"

【语义】

既然人民都已经不怕死了，那用死来吓唬他们还有什么用呢？

【寓意】

老子在此是提醒当权者反省自己，人民已经到了不怕死的地步，再用杀人的方法治理国家就是错上加错了。事情到了这样的地步，要知道回头思考源头上的问题和方向、模式的错误。

【素描】

很显然，老子这句话主要是说给国家的统治者和社会精英们听的。明朝皇帝朱元璋痛恨官员的贪腐，杀伐出手极重，却也没有治理出一个清明的时代。一些昏庸的皇帝，自己过着骄奢淫逸的生活，又放纵着官员的腐败，置民众疾苦于不顾，最终激起民众造反。过去的资本家和地主，盘剥工人与农民，让被盘剥者生活艰难，最终让他们盘剥的对象成了自己的掘墓人。

在人类历史上，不管是中国还是其他国家，王朝更替的起因往往都是高层和基层之间出现了脱节。皇帝不理朝政，或者过着骄奢淫逸的生活，就会出现一批为自己捞利益的贪官和一批与官府勾结为自己谋取利益的商人，没有人关心基层百姓的生活，苛捐杂税让人民不堪重负，甚至在发生瘟疫或者自然灾害的时候导致民不聊生、饿殍遍野。在这样的社会中，很容易出现官逼民反的现象。到了这个地步，统治者再去镇压造反，而不是去解决自身的问题，这个社会就没有希望了。

在企业当中也是同样的道理，如果老板只关心自己赚钱，不关心员工的生活和疾苦，中间的管理层又很官僚主义，在工作中经常训斥、指责和惩罚下属，这不也是一种腐朽的现象吗？

【真言】

得人心者得天下，献身天下者有天下。

【自省】

我们做领导时要时刻考虑民众的利益，要把对民众的责任放在心里，落实到行动上。普通民众有问题时，不要呵斥民众，而是要好好地反省自己，从改变自己开始。作为民众时，我们也要想着如何将自己的命运与社会和国家联系在一起，不要总是想着为自己谋私利，而要想着为他人谋利益，为国家做贡献。如此这般，我们才能有和谐美好的人生，才能把社会建设得和谐美好。

166. 贤于贵生

【出处】

【出处】

第七十五章："夫唯无以生为者，是贤于贵生。"

【语义】

只有那些不把个人的生命和生活看得过重的人，才能比那些过分重视自己生命和生活的人活得更好。

【寓意】

老子在此也是在教育统治者，不要因为追求个人的奢华生活而让民众难以生存。否则，再高的权势和再强大的国家实力，也挽救不了自己的命运。原因很简单，这样做就是在制造推翻自己的力量。

【素描】

在现实生活中，我们经常会看到或听说这样的事情：那些追求个人的奢华生活、利用权力为个人谋取私利的领导者，最终把自己活成了反面教材。一些富裕起来的老板，私欲膨胀，以为自己天下第一，奢华无度，到处置房产和奢侈品，甚至沾染一些恶习，道德败坏，这样的人，也不需要很长的时间就会自我毁灭。也有的人因为生活条件好了，大肆吃喝，以为这就是享受人生，最终毁坏了自己的身体健康。还有一些觉醒的老板，他们自己选择了过简朴的生活，但始终关心自己部下的疾苦，诚心为客户服务，愿意为社会做贡献，因此赢得了员工、客户和社会公众的认可与支持。

说起来，人生有三条极为重要的线，也是人生的法则，绝对不能出错。第一条线是：可以为自己谋取合理的利益，但不能伤害别人和社会、国家的利益。如果一心只为自己谋利益，甚至不择手段，就一定会制造出还不起的人生债务。第二条线是：可以追求自己的物质利益，但必须以追求自己的精神利益为主导。否则，精神空虚扭曲，道德和理性变弱，就会失去人生的方向，在错误思想的引导下走向万劫不复的深渊。第三条线是：任何时候，不管处于什么样的境况，都不要让自己的心态出错。得意的时候不要张狂，不要自视清高，要低调谦卑。否则，得意的时候长毛病，就会亲手毁了自己。失意的时候不要绝望，要冷静，要学习，要进步。否则，就是在配合别人打垮自己。

如果我们真正想对自己负责，就可以对照着这三条线来检视一下自己，看看自己每天在每一条线上做得怎么样。如果每天、每一条线上都在出错，最终我们恐怕会因为违反大道法则而把自己的生活搞得乌烟瘴气。

【真言】

过于在乎自己的人，必然会伤害自己；为自己的利益而不择手段的人，最终必然毁掉自己。活在自己的感觉中，不在乎别人的感觉的人，就会一直活在自我和小我的圈里，成为小我圈养的人。走到哪里都能给别人带去快乐和机会的人，自己也会收获快乐和机会。能够让别人活得好的人，自己也一定能活得好。

【自省】

说来说去，人生中的大部分灾祸，都源于自我膨胀和极端利己。可为什么从古至今那么多聪明能干的人，会在这条灾难性的路上前仆后继呢？实际上这背后隐藏着的就是人生两条道路的选择：一是自以为是，专心利己的自我毁灭之路；二是臣服规律，敬畏人心，专心利他的成功之路。坦率地说，我年轻的时候，对这样的道理没什么感觉，更算不上认同。随着不断地实践，以及因违背这些道理所犯的错误不断地增加，我也就渐渐地懂得了，若是没有自己的人生信条和座右铭，我们就会犯各种各样的错误，而且大部分人在犯了错误之后，还会觉得自己有道理，把罪责推给别人，本能地为自己的错误辩护和遮掩，而没有勇气和智慧来反省自己的错误。于是错误的病根儿就一直在我们的生命中。你说，这样的人生有什么价值呢？

　　我们不仅要让自己活得好，还要让别人活得好。别让自己只活在物质生活中，要让自己的精神主导自己的人生，要及时改正自己的错误，不要让小错变成大错。

167. 柔生坚死

第七十六章："人之生也柔弱，其死也坚强。草木之生也柔脆，其死也枯槁。故曰坚强者死之徒，柔弱者生之徒。"

【语义】

柔弱的往往长生，坚硬的往往早死。

【寓意】

老子看到了人间万物生死的基本规律：柔生坚死！上点儿年纪的人都懂得一个常识：人活着的时候身体是柔软的，死了以后身体就变得僵硬了。草木生长时是柔韧的，死了以后就变得干硬枯槁了。从这个角度看，坚硬的东西属于死亡的一类，柔弱的东西属于具有生命力的一类。放松自己的主观意念，让自己的心变得柔韧，以开放、虚空的心接近大道，就会领悟生死之道。

【素描】

尽管经济发展了，人们的生活改善了，似乎夭折和患病的人也没有减少。相反，我们却看到医院越建越多，药物品种也越来越多。这是不是证明生病的人也越来越多呢？对于这种情况，我们很难与历史做一个精准的比较。但在现实生活中，也有一些人活得越来越健康，人们的平均寿命也越来越长。他们在生活中变得恬淡，在为人方面变得平和，思想和行为也逐渐不再偏激。这似乎跟老子所揭示的"柔生坚死"的人生规律是一致的。

不管有多少道理，概括起来就是一句话：人所做的一切，都是为了自己活得好，活得快乐，活得健康，活得长久。这是人生的一个基本目的，也是人生的主线。看看现实中拼命挣钱的人，他们活得好吗？活得快乐吗？活得健康吗？能够活得长久吗？答案恐怕都是否定的。看来，仅仅物质生活的改善，是不会给生命带来真正的福利的。因为人是由肉体和灵魂两个部分组成的，若是缺乏丰富的精神生活，没有连续不断地提升自己，一味地为自己谋取更大的私利，就会让自己的灵魂和精神营养不良，就会在痛苦中奋斗，在疾病中拼命挣钱，再用挣的钱去看病，这不就是典型的违背生命大道规律的做法吗？结果，获得的越多，生命的危机越重。更为不幸的是，当某些人强大到几乎无人能出其右时，也就是他们最接近死亡的时候。平常生活中的固执，凡事跟人争吵抬杠，遇到挫折与打击依然顽固不化，自己并没有修得至高智慧却绝对地自信，这不就是在自寻死路吗？

当然，我们还要搞清楚：固执己见和坚定信念是两回事。总听一些人说："只要坚持，就能走向胜利，剩下的就是胜者。"实际上，这句话坑了很多人，如果坚持的不是正道，也不符合天道的大势，即便坚持到最后，也无法获得胜利。由此可见，要坚持的是正道，要改变的是不合正道的主观想法与做法。当然，前提是要明白什么是正道。很多人也有坚持的精神，只可惜他们坚持的是个人主观的意念，而不是真正的大道。在这个问题上，还有一些人陷入了另外一种极端的倾向：他们很善于变化，但变得没有原则，没有立场，没有人格，毫无疑问也是偏离了正道。不变不行，乱变也不行，总之一句话，向着坚持正道的方向不断地调整自己的主观，才是变化的正确法则。

【真言】

身体越来越僵化，就会越来越不健康。心灵僵化了，思想就变成了一具僵尸。思想僵化了，人生就再也没有变得更好的可能。

【自省】

身心是一体的，身体的僵硬是心灵僵硬的一种外在表现。我们都不希望自己那么快衰老或者走向死亡，但大部分人往往都忽略了，随着年龄的增长，我们的思想和身体都变得越来越僵化。比如，我们常说年轻人的创新力很强，这其实就间接地承认了年龄大的人创新力比较差。这是为什么呢？当然就是因为自己的思想僵化了。

明白这个道理后，当心灵停下来环顾左右时，我常常会有一种惊悚的感觉。之所以感到惊悚，一是这样的人太多，二是自己曾经也在这个队伍中。如果一个人不想加速自己头脑的僵化和身体的衰老，就要不断地突破各种落后的想法和做法，去尝试新的生命感觉。当然这种尝试本身不能够出格，不仅仅要追求自己美好的感觉，还要去理解别人的感觉，理解万物的规律，给自己和他人、社会带来贡献。

168. 强大处下，柔弱处上

【出处】

第七十六章："强大处下，柔弱处上。"

【语义】

凡是主观上强大的，因为与大道相冲撞，总是会走向下位；凡是主观上柔弱的，更容易与大道相吻合，大道之力反而会将其向上推送。

【寓意】

老子的"强大处下，柔弱处上"这句话，可以从客观规律与修道两个角度来理解。从客观规律的角度来看，一个事物强大到极致以后，必然会走向衰落；而柔弱的则往往具有上升的动力。从修道的角度来看，悟道的人如果处在强大的状态，就会主动地处下，以此来恢复平衡；悟道者知道守柔处弱，这恰恰就是产生上升力的状态。

【素描】

世间万物都逃脱不了"盛极而衰，物极必反"的规律。无道的人，不知规律，往往会背道而行，处在强势时不知向下衰落的危险，恃强自傲，从而加速自己的衰败；处在弱势时不知守静自强，爱慕虚荣，攀附权贵，终因根基不牢，而自取其辱。有道的人，尊道贵德，处于强势时能够主动守柔处下，实现阴阳平衡，从而脱离盛极而衰的轮回；处于弱势时能够静心悟道，稳扎稳打，自强不息，从而内生上升的力量，实现上下的平衡。好好领悟"弱者会变强，强者会变弱"这样一个人间的根本规律，对于我们每一个人来说，都是极为重要的。强者之所以会走向强大的反面，是因为他们在变强之后，主观上会生出一种反对他们自己的力量。强者若是能够管控住主观上的膨胀，始终保持精进，就能脱离盛极而衰的宿命。实力弱者，若想变强，就必须接近大道，按照大道规律自强不息，在正道上奋发图强，如此自然就会变得更强大。但是也有躺平的人，也有啃老族，也有花天酒地的纨绔子弟，这样的人就是颓废的人，就是败家子儿，自然就会走衰。不管是强者还是弱者，最终到底是变得更强，还是变得更弱，取决于自己的心是不是与大道同频。这就是老子给我们揭示的一个重要的规律：主观上越强，就越是背离大道，就越是容易走衰；主观上越是柔弱，就越是接近大道的频率，就越是可能借助大道的力量让自己变得更强大。等到自己强大之后，如果还能够持续守柔处下，弱化自己的主观，就有希望走出强弱变化的宿命，形成生命的持续升腾之势。

在现实当中，经常听人们讲要"低调做人，高调做事"。实际上，这句话是很坑人的。大家想想看，做人和做事实际上是一回事，不是两回事，二者是不可分割的。所谓低调做人，就是踏踏实实做事。若是高调做事，岂不就是高调做人了？也许，我们换一种说法，会比那句话更加实用，那就是"老实做人，踏实做事"。老实做人，就是要真诚、质朴、谦卑、自强、上进。做事不也应该是这样吗？刻意的低调，也不是什么智慧，倒是让人显得很虚伪。表现得很高调，肯定是一种浅薄。如果有实力，就要用事实说话。事实已经说话了，人就不用再多说。如果没实力，也不用装样子。你看，人间的道理不就是这么简单吗？

【真言】

上下强弱的平衡，是大道的规律。主动实现平衡的，就是有道。人间之道，核心就是自己的心、自己的主观要与大道同频：胜不骄，败不馁；顺不骄，逆不惶；成不狂，挫不怨；宠不肆，辱不怒。任凭万事万人万物万境变化，始终保持心态平衡，万境动而心不动，也就是外变而心不变。这就是我们常说的定力！

【自省】

我想想年轻时的自己，没多大能耐却很张扬；再看看那些老到成熟的人，总是谦卑平和，从不在外形上显示自己的实力，这就是功夫啊！若是年轻的时候能够克服心浮气躁的毛病，不好面子，不刻意表现，我也许就能省出很多的精力来提升自己，也能避免走很多弯路。当然，走弯路也是悟道的一种经历。世上的人又有谁没有走过弯路呢？问题的关键，就是能不能随时觉察自己的变化，能不能随时调整自己，让自己回到符合道的状态。

我们要记住强弱在人间的变化规律。强者们要注意，不能让自己主观的膨胀背离了大道的规律。弱者们更要知道，要顺应大道规律奋斗，这样才有可能变成真正的强者。

169. 损余补缺

【出处】

第七十七章："天之道，其犹张弓与？高者抑之，下者举之；有余者损之，不足者补之。天之道，损有余而补不足。人之道，则不然，损不足以奉有余。孰能有余以奉天下，唯有道者。"

【语义】

天道的基本规律是：你若是多了偏了，天道就给你减损和纠偏；你若是缺了，天道就会给你补足。正好、正合适，这不就是中道吗？

【寓意】

老子洞察了人间平衡的大道：自然的规律，不是很像拉弓射箭吗？弓抬高了就把它压低一些，低了就把它举高一些；拉得过满了就把它放松一些，拉得不足就用力拉满一些。自然的规律是减少多余的、补给不足的。可是人类社会的法则却是剥夺不足的来供奉给有余的人。谁能够把有余的拿出来以补给天下人的不足呢？只有有道的人才可以做到啊！有道的人，能够把自己多余的主动去除，把自己欠缺的主动补齐。

【素描】

世间的人们，总想追求更多的利益，好像没有尽头。会有人想着去主动减少自己的利益吗？可是，人不主动这样想，天道就要出手了：既然你自己做不到，那就由天道来帮你做减损，这就是人间的那些挫折与失败。

因此可以说，人生中的挫折与失败，都是在人不明道的状态下，由天道出手进行调节的结果。只是有多少人懂得：挫折与失败，痛苦与折磨，都是大道在帮我们调节平衡呢？人们只知道大道无言，但不知道大道会有行动，大道就是在用具体的行动来跟人说话。一个人，若是懂得了大道在用行动对我们进行教化，就是能够读懂天意的人了，这就很接近圣人了。《易经·系辞上》说："天垂象，见吉凶，圣人象之；河出图，洛出书，圣人则之。"后人将其简化成了"天垂象，圣人则之"，意思是圣人就是能够借助天象读懂天意的人。人若是悟了道，就能读懂天象背后的天意。人之所以痛苦，是因为在追求错误的东西。人们总希望自己的利益越多越好，就这样追求着，越来越偏激，越来越片面，越来越不利于自己的生命，可没有几个人知道自己正在走错误的道路。不信你看看，世上有几个人主动给自己做减损呢？若是能够主动给自己做减损，不就能恢复平衡了吗？自己能恢复平衡，那就不用天道出手了，也就没有了挫折与失败。从这个意义上来说，主动给自己做减损，就是主动纠错、纠偏，就是在根据天意行动，也就是在替天行道。只是，人很难做到始终如一地主动调节自己，所以多数人都很容易遇到挫折与失败。此时，若是有学道的功底，就能够懂得遭遇挫折与失败是天道在给自己上课。若能领悟天道课程的内容，也就懂得了挫折与失败背后的天意，这也是了不起的觉悟啊！

【真言】

人若不主动平衡，天道就会出手帮忙。我们遇到的不喜欢的人和事物，都是天道在与我们对话时使用的道具。我们若是读懂了天象，明白了天意，恪守中道，所思所想合于天道，就会走上幸福的人生道路。

【自省】

人世间有那么多起起伏伏，有几人能够持久地如日中天呢？越是强大，就越是容易耗尽自己人生中的福气。好在天道有好生之德，即使人强大了，只要懂得主动处下，能够找到平衡，人生就能平安。

如果一个人内心不断涌动的欲望，让人生变得不平衡，片面地相信自我，偏激地追求某一种利益，最终就会顾此失彼：片面地追求物质，精神就会焦虑；实现不了物质目标，精神就会狂躁；实现了物质的目标，往往精神又会出错，生出主观上的毒瘤——自鸣得意、自以为是、骄傲骄狂，心智又一次进入不正常的状态，然后毁灭自己前面得到的物质利益或者其他形式的功名。

在现实生活中，很多人拼命地追求金钱，却意识不到自己已经失去了精神的自由；很多人一旦有了成就，就失去了质朴；很多人一旦受到挫折，就会失去理性，变得狂躁不安。若是能够意识到、觉察到自己心中运行的这种荒唐程序，我们就会知道自己追求偏了，这时候我们往往会遭遇挫折，因为挫折就是天道在帮我们纠偏。明白了这些，我们才会真正懂得感恩，再也不会生出怨恨。

170. 有德司契

【出处】

第七十九章："是以圣人执左契，而不责于人。有德司契，无德司彻。"

【语义】

悟道有德之人，就像持有借据却不刻意索取那样，宽容而不苛责。

【寓意】

老子看到了悟道的人对他人的一种慈悲包容的情怀：拿着借债的契据存根，却不向人索取偿还。没有德的人就像掌管税收的人那样苛刻计较，不折不扣，毫无人情。当然，老子并不是指责掌管税收的官员，只是用这样的事例来比喻做人不要太苛刻。天道对任何人都没有偏爱，永远帮助有善德的人。

【素描】

经常听人们提到做人做事的一个准则：先小人，后君子。说的是做事的时候要先谈规矩，在立了规矩的基础上才能培养出真正的感情。但很多人恰恰做反了，尤其是好朋友之间往往不好意思谈规矩，尽管心中也有些犹豫，但最终还是用感情的模式去做事了。这样特别容易在做事上出错，感情也容易受伤。比如借贷双方，借东西的人往往事先承诺得很好，但并没有留下足以制约自己的证据，甚至为了达到自己的目的，而向对方承诺超出常规的利益回报。对方若是被说动，就会拿出超出自己能力的东西借给别人。这种借贷关系一旦出现问题，双方都会陷入非常被动和尴尬的境地。也有一些人付出了代价、获得了教训，学会了在立好规矩的基础上建立关系，而不再沉迷于那些没有规矩的友谊。真正会做人的人，即使向别人借东西，也会主动提出按照规矩来办事。当然，建立借贷关系需要双方都有正确的判断。借东西的人要让对方明白自己是真的有能力来兑现承诺，以及用什么样的条件来保障自己兑现这个承诺，即使是后续的过程出现了变故，也能保证对方不受损失。同时，借出东西的一方也需要对自己的承受能力做出正确的判断，要保障自己在借出去的东西不能按期还回来的情况下仍然能够正常地工作和生活。若是按照对方承诺的回报来安排自己未来的工作和生活，多半就会出现问题。明白了这些道理，并按照这样的道理做人、做事的人，就容易与别人建立长期的、健康的友谊。

老子在这里教导我们：要做自己力所能及的事，想明白最坏的结果，再确定如何保障把事做好。一旦遇到变故，也要努力向着好的方向推动，而不是在冲动恼怒之下让事情进一步恶化。在这方面，不少成年人屡屡犯错。由此也证明，在不懂规矩的情况下依据感情去做事，往往会把事情做坏。一个人的损失都是来自内在的欠缺，一个人外在的收益都来自内在的富足。

【真言】

"先小人，后君子。先理性，后感情。"不管发生什么意想不到的情况，我们都要首先做自我检讨，并且坚定地把事情向好的方向推动。若是出了问题，又做出了让问题恶化的举动，那就不是在解决问题，而是在制造新的问题了。

【自省】

我经常听到、看到成年人之间因为做事而发生各种问题，尤其是好朋友之间，因为不讲规矩而把事情和感情都做坏了，甚至反目成仇、上法庭打官司。这样的情况真是让人唏嘘不已。

老子所说的"有德司契"不仅仅是在教导我们做人要厚道，要舍得，而且在教育我们，在人生一些重要的利益问题上，一定要按照合于道的方式来行动。当然，人不可能一辈子不犯错误，关键是犯了错误之后，不要把错误的责任全部推给对方，而要学会自省，因为如果没有自己弱点的配合，是不可能形成那种错误的。只要合作，就是有缘，只有共同携手，才能改正错误，让大家获得收益。

171. 天道无亲

【出处】

第七十九章："天道无亲，常与善人。"

【语义】

天道没有偏私，执掌公正，对那些真善、上善之人，会有公道的安排。如果能够悟道，就会进入一种奇妙的公平、公道的模式中。

【寓意】

老子看到了一个真理：天道是公平的，对世间的人没有亲疏之分，只有善恶之分。老子所说的善恶与普通人理解的不同。老子说的善恶标准是人的行为是否合于道，合于道的就是善的，不合于道的就是恶的。人们所说的"善有善报，恶有恶报"，实际上说的就是大道的规律。世间的人，不管如何算计，如何为自己的行为辩护，都有大道执掌着公平。就如人们所说，"人欺人，天不欺人"，人世间的一切都以这样一种简单而奇妙的方式保持着公道与平衡。

【素描】

人们总认为得到了自己想要的就是福气，若是没有得到自己想要的，或者失去了属于自己的，就是吃亏。按照这种想法，又会生出五大难解的困惑。一是想得到不容易，不想失去却又经常发生。二是有时看起来得到了，但最终发现又失去了更重要的。有时觉得自己失去了，可过一阵子，又发现自己有了意外收获。有时看到别人得到了自己想要的东西，心里很嫉妒，但过了一段时间，发现那些人出了状况，心里又暗暗庆幸。三是没得到自己特别想得到的东西时，会觉得它十分重要，可是得到以后，它对自己的价值又会很快衰减。四是认为本来该属于自己的东西，最终却被别人抢走了，于是，心中留下了一个结，久久解不开。五是不管得到的是什么东西，只要得到了，就会更多地看它的缺点，而没有得到的却又总是想它的优点。这世间的事，真是扑朔迷离，让人捉摸不透啊！

修行的人，往往能洞察到公平在生命的不同时刻、不同状态下的存在：很多时候，得到了，意味着另外的失去；失去了，意味着又会有意想不到的得到。

普通人的苦恼在于：得到了之后，怎么又会有不想要的东西伴随而来呢？至于说失去了，就是失去了呀，也没看到得到什么呀？由此可见，当我们得到时，要能够看到自己失去的；当我们失去时，要能够看到自己得到的。若是做不到这一点，所谓"吃亏是福"就是一种无奈的自我安慰，只能平复自己的情绪，而无法通过反省升级自己的智慧。人一旦明白了大道的规律，就能通过表面上的静默和实际的自省与自强，不断升级公平的层次，让自己永远处于最佳的收益状态。如果一个人处在躁动的模式，往往会不断地呼喊老天对自己的不公，这样做不仅没有什么实际作用，反而会减缓自己自强的速度与力道。他所以为的不公平，大多数时候是自己对内外力量相互作用的一种错误认知，要想真正走出这个盲区，就要搞清楚得失祸福的规律。

在这里有七条规律可供大家参考。第一，你想得到的，是祈求还是创造？若是前者，肯定会难受；若是后者，就会很自然，很洒脱。第二，你想得到的，是高于你的实力和资格，还是低于你的实力和资格呢？若是前者，就很困难，很痛苦；若是后者，就很容易，很轻松。第三，你在任何一个时刻的得失祸福，都是与你的内在相一致的，只是你看不清楚而已。第四，得失祸福需要在一定的时间长度中判断，而不是对当下进行的点式判断。第五，对于得到的东西要珍惜，对于失去的东西不要过于在意，也许它们本来就不属于你，放放手，松松心，就过去了。第六，人这辈子别太贪婪，别总是挑挑拣拣，不能设定"凡是我想要的，我必须得到；凡是我不想要的，就离我远点"，人生的得失，岂是个人说了算的？第七，得到时不要过于高兴，那是大道规律对人的心智进行的考验，人若在得到时过于兴奋，出现心智失控的状态，就会给自己制造新的问题。

【真言】

"吃亏是福，便宜是当。"在狭隘算法中的占便宜，一定会让人上当受骗。在综合多维时空计算方法中的吃亏，就是一种福气，也是一种特殊的收益，更是对时空中人生福田的播种。关键要诀有三点：一是把各种发生和存在都看成一种特殊的收益；二是看明白有形与无形的收益、眼前与未来的收益、物质与精神的收益关系，熟悉的收益与陌生的收益；三是要自省自强，借助发生的所有事情和存在的所有事物让自己明道、悟道。

【自省】

随着学习《道德经》的深入，我才渐渐地获得了用老子的智慧去看人间的各种现象的能力，也终于明白一些高人之所以不在乎小名小利，是因为他们进入了人生更高的阶段。原来，心甘情愿地为别人付出是他们的一种精神生活，也是他们为自己播种智慧的一种方式。也许，一个人悟道后就会主动地去吃一些亏，然后就会发现，自己的生命维度神奇地上升了。

你真的能体会吃亏之后的福是什么，还是以为这句话只是简单的对自己一种无奈的安慰？悟道之后，你就会发现一切事物皆有价值，一切损失都会给自己带来意想不到的特殊收益，一切选择都是对自己最优人生的组合和调整。

172. 小国寡民

【出处】

第八十章："小国寡民。使有什伯人之器而不用；使民重死而不远徙。虽有舟舆，无所乘之；虽有甲兵，无所陈之。使民复结绳而用之。"

【语义】

形容人口稀少却和谐安详的一种田园生活。

【寓意】

老子是在用这样一种情景提示人们，追求热闹和虚华，会让人的心智迷乱。回归田园诗般的生活，才是人生的理想。尽管当代人们在科技的推动下越来越追求繁华的生活，但繁华终将褪去，最终只有平静和安宁才属于生命。

老子说的"小国寡民"，是在告诉我们天地人间的一种规律，一种从追求外在到追求内心的变化和升级，一种从追求奢华到追求简朴的生命回归，一种从追求热闹喧嚣到回归内心的宁静。从古至今，这样的规律实际上从未改变过。

【素描】

任何一个物理空间的承载力都是有定数的，这个定数的内涵就是空间中的资源和人口的比例。人与人之间的竞争将会因为资源的紧张而发生，历史上的战争也多半和掠夺资源有关。即使在国际政治中，也隐藏着资源与人口的关系问题。当人类处理不好这个关系时，天道就会以自然灾害或者瘟疫的方式来进行调节。人在年轻或者幼稚阶段往往喜欢热闹和奢华，进入成熟期后，则更加喜欢偏于安静的、更加接近自然或者与自然融为一体的生活，甚至感慨这才是自己想要的生活。话虽这么说，但是理可能不这么简单。远古时期，地球上可谓是地广人稀，是不是这就是人类最好的生活呢？很显然不是。随着人类的发展，人口开始增加，而且开始连续地集聚，于是超大型的城市越来越多。居住在大城市的人们虽然有诸多的方便，但是空气质量更差，到处都是高楼大厦，街上熙熙攘攘的到处都是人。这个时候就会出现一种新的趋势：逃离闹市，回归田园。从社会学角度来说，这就是从追求现代化到走向后现代化。从现象层面来说，是人们厌倦了都市的喧闹，想追求田园的安静。从本质上来说，人类个体和人类的生活就是与自然密不可分的，而都市生活与自然的距离越来越远，这让人们生出了回归田园的渴望。虽然追求现代化的生活已经成了一种趋势和惯性，但与此同时，与现代化反向的一种回归质朴简约的生活模式也在悄悄地兴起，这就是在现代化与"后现代化"两个方式之间的一种平衡，一种周而复始。当然，顺着任何一个极端走下去，都将会让自己的生命失去平衡：一味地追求现代化会导致疯狂和心性的迷失，在原始与古朴上停滞不前又是一种愚昧和落后。反向转化的关键是那个拐点何时出现，是人主动推动的还是被动出现的。一般而言，被动出现的拐点，往往意味着要付出代价。而主动寻找自己生命拐点的人，往往都是修行者，是先于一般人觉醒的人。

【真言】

发展与回归是人生中的两种力量：没有发展就讲回归，那叫停滞；只讲发展不谈回归，那叫万劫不复。年轻时不拼命，那不叫少年老成，而叫早衰；五十岁后还拼命，那叫不要命，是个傻瓜。

【自省】

物极必反，盛极而衰，这是事物发展的循环规律。实际上，人心也是如此。

我年轻的时候遇到好吃的，总是会想多吃一点。也许很多朋友都有类似的经历：遇到免费的食物，就会吃得超量，觉得吃少了自己就吃亏了，渐渐地自己的体重开始超重，身体也出现了"三高"，开始一次次地下决心节食减肥；刚买汽车的时候，喜欢开着汽车到处跑，很是过瘾，过了一段时间又尽量少坐车、少开车，多走路；每每到了山里的时候，觉得那才是自己的家，似乎在那里看看美景，呼吸点儿新鲜空气就足够了，想把老家的父母接到城里来，但父母来过一次之后，就再也不想来了，觉得还是在老家更舒适……这就是人，这就是人的生活呀！

现代化与后现代化，既是一个社会的基本节奏，也是人生不同年龄阶段的不同节奏。贫穷时不追求发展，就是等着挨打。发达了不讲究生活质量，就失去了发展的意义。年轻时不拼搏，生命就不能长开。年纪大了不收敛，就会伤害到自己。人生不易，遵循规律才是明智之举。

173. 安居乐俗

【出处】

第八十章："甘其食，美其服，安其居，乐其俗。"

【语义】

指人民居住得舒适安逸，自我满足于朴素宁静的生活和习俗。

【寓意】

老子看穿了俗人追求奢华生活的荒唐，一再地为人们描绘那种静谧祥和的生活，也在提醒治理国家的人，要把让人民过上安居乐业的生活作为自己的使命。

【素描】

在贫困的时候，吃顿好的是一种奢望。富裕起来之后，一味地吃得过饱、吃得过好可能也会给人带来巨大的麻烦，因为生命会不堪重负。人们在生活中的感受，往往也呈现为"围城效应"：不发达地区的人们，向往着繁华的大都市；生活在繁华大都市的人们，又向往着自然祥和的乡村。似乎在人的生命中，始终有两种不同的力量在交织着。

在现代都市中，很多父母会经常带着孩子到餐馆吃饭，因为孩子们有时会厌倦家里的饭菜，而父母又考虑到孩子在长身体，所以会带他们出去换换口味。物质生活水平提高了，很少有人穿别人的旧衣服或者带补丁的衣服了。过年的时候，人们在吃穿方面与平时没有太大的区别，年味儿也淡多了。几十年前相对贫困的时候，孩子们盼望着过年，因为过年可以穿新衣服，可以吃好吃的，男孩子还可以放鞭炮，年三十的时候还要去上坟祭祖，有的地方还可以逛庙会，好不热闹啊！

如今生活好了，老子所说的"甘其食，美其服，安其居"已经解决了，但"乐其俗"似乎找不到了。这么多年来，我们一直在规划城市的发展，但似乎没有太重视给人们带来生活乐趣的民俗。一些外国人来到中国，一方面对中国的现代化程度感到惊讶，另一方面也很喜欢到具有中国民俗特点的地方去体验生活。我们是不是该重视一下民俗生活的设计和建设呢？否则，如此下去，很多年之后，人们的生活就会变得很无聊，虽然很富有，却没有了乐趣和味道。民俗中还有一些涉及根本的大问题，比如，现在很多人找不到自己的祖宗了，也不再祭祀祖先。这是个严重的问题，值得我们深思，我们应该想办法解决。

【真言】

人们羡慕的都是自己还没有的，麻木的都是自己已多余的。生活若是没有了乐趣，也就没有了味道。后代找不到祖先，也不再和祖先建立联系，精神和灵魂就会产生重大的缺失。

【自省】

我有时回到乡下，感慨着乡间的气氛，看着那袅袅炊烟，落山的夕阳和偶尔掠过的飞鸟，一个人在那里发呆，好像灵魂出游般地自在。如果把这种感觉对老家的人说，他们可能无法理解。看来，人们都向往和羡慕那些别人拥有而自己没有的，而对自己已经拥有的无动于衷。

我回想自己六十年的人生，真是好感慨呀：以前贫穷的时候，能够吃顿好的就觉得很幸福，现在却在有意地节食、断食；以前贫穷的时候，能穿件新衣服就高兴得不得了，现在穿新衣服已经成为平常事；逢年过节的时候，在家里坐在祖宗和父母的像前，内心总有一份温暖和恬静……

我们的物质生活已经非常好了，需要关注的是我们的精神生活。如果我们安排不好自己的精神生活，再好的物质生活也会厌倦。

治理国家的人应该多关心普通群众的具体生活，不仅仅是物质生活，还有精神生活。尤其要小心，在现代化的过程中，要避免对民俗文化的破坏。在城市化的过程中，要给我们的心灵留下一片田园。

174. 老死不相往来

【出处】

第八十章："邻国相望，鸡犬之声相闻，民至老死，不相往来。"

【语义】

彼此相距一段距离，鸡鸣狗吠的声音都能听到，但彼此一直不往来。

【寓意】

老子在他的时代是站在奢华之中的人，可他的身心却活在简单质朴之中。沉迷于喧闹之中，人心很容易迷失。在安闲中自在，也会让人变得消沉。也许，每一个人最终都要独自面对天地和自己的心灵。

【素描】

人心的感受基本上都遵循着这样的规律：身处一极，却又向着另外一极张望。身在大都市的人们，经常把自己的活动安排得很满，也很热闹。但热闹过后，也很享受一个人的安静。走过几十年人生的人会感慨："平平淡淡才是真！"当然这是走过了波澜壮阔之后的感受，否则，平平庸庸也让人厌烦和空虚。

国学总是在强调质朴、纯粹和简单。老子也说，修道就是复归于婴儿。于是人们的问题来了：我们都是从婴儿阶段过来的，难道还要再回去？是返老还童吗？很显然，当代人理解祖宗的思想有些困难。实际上，圣人讲的道理也不复杂。每个人的身体由婴儿到成年，再到老年，这是自然的趋势，也是自然规律。我们见过很多萎靡不振的老年人，也见过一些越来越活泼的老顽童，甚至见到过鹤发童颜的修行者。有一些人之所以能够看起来越活越年轻，是因为他们的心灵进化到了自由的境界。这不应该成为每个生命的发展方向吗？

再回到老子的"鸡犬之声相闻，民至老死，不相往来"这个思想上。我们可以静下心来想一想：经常出席各种场合，是不是觉得很累？有时也觉得很无聊、很无奈？认识了无数的人，但细想起来，又有几个可以交心的朋友？当一些朋友总是约你去做你不想做的事情的时候，你是不是也觉得很难处理，甚至心里边儿有点儿烦？也许，现代人的社交活动太多了，没有多少意义的社交活动也浪费了很多的时间。我们是否需要反省一下自己？是否需要调整一下自己与朋友的交往方式？是否需要筛选一下我们的朋友圈子？是否应该加强一下我们与朋友交往的深度？

【真言】

人生最典型的舞步，就是"之"字形的周而复始。当"之"字形两极之间的间距不断缩短，最终变成一条直线时，也许就达到了悟道的状态：从虚华回归真诚，从复杂回归简单，从喧嚣回归宁静，从外在回归内在。

【自省】

走出去，再走回来，这就是人生的回路，能够有回路就有人生能量的流通，人生就会有光明的前途。那些到处奔波而静不下心来思考，也没有时间读书的人，怎么可能有更好的前途呢？带着一个扭曲的灵魂，即使跑到天涯，也找不到自己的安身之地。古人云："人生得一知己，足矣。"现代人似乎交到了很多朋友，可真正遇到事情的时候，却找不到几个真正够朋友的人。也许我们应该重新思考一下自己交朋友的方式及与朋友交往的深度。当然，更重要的是要给自己留出一点时间，去看书、学习、陪伴家人。如此这般，我们才能够有一个轻松自在的人生。

175. 信言不美，美言不信

【出处】

第八十一章："信言不美，美言不信。"

【语义】

真实的语言往往并不华丽动听，听起来很顺耳的话也未必是真话。

【寓意】

圣人老子看到了虚伪之人的各种丑陋的表演，其中最为常见的一种就是巧舌如簧、美言惑人。老子还说，可信的真话往往听起来并不是那么顺耳。我们需要注意的是，不能根据个别字句来理解老子的思想，一定要用老子的思维，全面地理解老子的思想。

【素描】

在现实生活中，大部分普通人都有一个弱点：喜欢听好听的话、顺耳的话、赞美自己的话。于是，有心机的人就投其所好，用华丽动听的语言表达虚情假意，却不付出真实的行动，或者在关键的时刻突然变脸。真正的智者很少说华丽的语言，而是会实在地行动。

对那些说话贴心的人，人们缺乏防备，一不小心就中了圈套。对于那些说话真心实意，却戳人心窝的人，理性的人会微笑着很有风度地去聆听和请教，可大部分人是绝对做不到的。

现在我们用老子的思维来分析一下老子这句话："信言不美"，说的是常规情况，但也有"美"的"信言"；"美言不信"，但也有"既不美也不信"的。有这样一句俗话："良言一句三冬暖，恶语伤人六月寒。"我们往往希望别人能够用贴心的方式来表达真情实意，同时期望别人接受自己用比较粗鲁的方式表达真情实意。当然，冷静下来时我们也承认，并非贴心的语言全都是虚情假意的，戳人心窝的语言也未必全是真心实意的。这样说下去，可能我们就越来越糊涂了，因为这件事情看起来似乎很复杂。如果真正懂得了老子的哲学，这件事情也许就变得简单了。

言行的问题在我们的生活中非常普遍，主要有两个原因：第一，我们说的话和后续要做的事情之间，往往隔着一定的时间和空间；第二，我们的思维往往是集中于当下的，当下我们正在听某人说话，就会假定他说的都是真的，而不会假定成是假的，否则就没法继续思考和做事了。如果我们跟一个人交往的时间久了，也就基本上能够形成关于他的言行是否一致的判断。这就是行胜于言、事实胜于雄辩的规律。

仅仅就言行的问题，在现实中就会出现五大陷阱，接下来我们就看看这五大陷阱分别是什么，以及如何破解。

第一大陷阱：有心机的人乘虚而入。现实中心术不正，又具有玲珑心的人，总是善于察言观色，说话总能说到人的心坎儿上。听着听着，人们就掉进去了，就会对他有好感，会相信他。这样的人，尤其懂得人的虚荣心和脆弱之处，能够让人们放松警惕，甚至是放弃防御。

破解第一大陷阱，关键就是不要让自己的虚荣心和脆弱点被利用。尤其是对于我们并不了解的看起来很善解人意的人，或者在我们感到很委屈的事情上一味地附和我们的人，一定要多一份小心。

第二大陷阱：不可察的零散证据。这个陷阱更加普遍，比如在聊天时，有的人在提出一个观点后会提供一系列的证据。这些证据极有可能是间接的，甚至是以讹传讹的，也极可能是说话的人在企图用个别事例来说明一个普遍的道理。这样的事情，在生活中很常见，一般人是没有能力破解的。

破解第二大陷阱，坚持两个原则就可以了：第一，如果大家只是聚在一起闲聊天，一说一笑也就过去了，没必要每句话都那么较真儿；第二，如果涉及双方未来很重要的关系或者合作，那就一一地去核实对方所说的话，并设计保险的机制。

第三大陷阱：言行一致的骗术。对于言行不一致的人，我们都知道他是在说空话，或者就是在骗人。对于刚刚认识的人，我们也不会轻易地听信他的话。但如果一个人所说的话后面紧跟着一些能够证明他的话的具体证据和具体行动，这些证据和行动又让人看不出毛病呢？这时，很多人就会相信他说的话，由此走进了他精心设计的陷阱。

破解第三大陷阱有三大原则：一是不要轻易接受别人的好处；二是不要轻易进入自己不熟悉或者不能把控的环境中；三是不要因为信任别人而做出重大的决定。

第四大陷阱：我们很信任的人，也是最容易欺骗我们的人。这一点，是很多人在信任感上的一个盲区。对于我们已经很信任的人，信任感是来自过去的交往，但这并不代表着他现在和以后不会出于个人的目的而欺骗我们。

破解第四大陷阱，需要坚持两个原则：一是听到别人的话后不要轻易地表态；二是若需要做出表态或决定，就一定要全面地了解情况。否则，就很有可能做出错误的表态或决定。

第五大陷阱：巧妙的编辑师。对于我们很看重或者高度关注的事情，他会利用自己掌握的信息来向我们陈述事实，却会巧妙地把某些环节删掉，或者改变某些信息的重要性，或者改变事情的前后因果关系，而且他可能还会告诉我们，他只陈述事实而不进行判断。在这种情况下，我们就很容易掉进圈套。

破解第五大陷阱，参照一下破解第四大陷阱的两个原则，就差不多能解决问题。

知道了人间这样一些不美好的事以后，我们到底应该怎么做呢？

首先，坑人、害人的事情是坚决不能做的。因为只要动了这样的心思，人生就会出现偏差。即使有时能取得一些小小的成功，但也无法活出尊严，最终，自己人生的账本一定是亏损的。

其次，在一般性的交往中对人要客气，否则，冷漠、粗鲁和恶语相向会给人留下很坏的印象，不利于今后的交往。这种损失往往发生在未来，是眼前看不见的。

再次，在深入的交往中，如果是在讨论问题，那就要提供足以证明自己的观点的证据，尤其不能使用小概率证据来得出普遍性结论。若是涉及具体的合作，那就要根据合作的项目本身的特点来核实相关的证据，并设定保险的机制——即便对方违约，也足以保障自己不会受到损失。

最后，尤其要小心那些有意的算计者。他们把我们的考虑都已经算计进去了，相关的规矩和合同都已经签署，但他们又在之后改变了自己的很多情况，即使我们跟他们打官司，也往往劳民伤财，得不偿失。

在与别人的交往中，要根据关系深浅来表达自己真心实意的程度。这并不是说要存着一些坏心思，而是要保持一种不说假话，但真话也不会轻易全说出来的状态。在说话和办事的时候，要根据对方的特点，选择能达成对对方最好的效果的方式。如果自己的言行在对方那里出现不好的结果，就应该进行自我反思。这也是老子的重要思想之一。

【真言】

悟道就是要求自己将"美"与"真"实现统一，并能在愿望与结果出现不统一的情况时，进行自我反思和调整。一直停留在个人愿望层次而不管效果与结果的人，就是目中无人，就是不开窍。人上当受骗，都跟自己的弱点有关。受骗后总是把自己打扮成受害者，却从不反思的人，往往还会受骗多次。

【自省】

我们对别人真心实意时，往往会放任自己去运用比较粗糙和自我的表达方式，还会给自己的心意与作为贴上一个"问心无愧"的标签。但对于别人同样的表达方式，我们往往是爱恨交加：喜欢别人虚假的温柔，却不愿意接受直率的善良。实现"美"与"真"的统一，才应该是我们的目标啊！

176. 善者不辩，辩者不善

【出处】

第八十一章："善者不辩，辩者不善。"

【语义】

能言善辩的人往往并不善良，而真正善良的人，往往很少与人争辩或者为自己辩护。

【寓意】

圣人老子在告诫我们：当我们急于与别人争辩或者为自己辩护时，根本没有给自己的智慧留下运行空间，而是启动了虚弱、急躁和情绪化的状态。遗憾的是，人要想觉察到自己这种缺乏智慧的神经反射式的状态，可能要等到很多年之后。

当一个人内心虚弱、容易受伤时，最容易出现这样的举动：总是发表与别人不同的观点，总是拒绝跟自己观点不一样的意见，总是在为自己辩护，总是试图压制别人的观点。

这种嘴巴上不饶人的人，往往就是不善之人，他们自己有错时还要百般狡辩，无理也要辩三分，总是在给别人制造伤害。这样的人看起来很强势，实际上他们恰恰很虚弱。真正强大的人是不会通过这种方式来表现自己的强大的。

【素描】

说到"辩"字，总是带着一种火药味儿，如辩论时要攻击对方的短处，答辩时要回答评委的质疑，诡辩时要千方百计地把事情说圆，自辩时要想方设法地把自己的责任洗脱，争辩时要想办法把对方说服，等等。那老子为什么要把"辩与不辩"与"善与不善"联系起来呢？很显然，"辩"是一种主观思想非常强势的行为，是在拒绝与客观伸过来的那只手对接，没有意识到那是大道的一种特殊的善意，本质上就是主观与客观在对抗。按照道家的思想来说，此属不善。"善"是遵道而行，能接住各种人生所遇，能接通所遇的各种人和各种情况，顺而不献媚，接而不自贱，就如同迎接大道的各种礼物一样，自然无须去抗拒，也无须启动争辩的模式。

喜欢与别人争辩的人，往往并不是最终的胜利者。真正的胜利者，往往是那些善于倾听的人，即使他们也会为了真理与别人发生争论，但最终会发现，真正能够听懂他们所讲的道理的，不是他们争论的对象而是周围旁听的人。

那些嘴巴上特别能说的人，往往都是自我控制力和自我进化成长的能力以及处理现实问题的行动力比较弱的人。他们沉迷于自我表达的喜悦，却不会顾及别人的关注点和感受，对别人所关注的事情多半是轻描淡写的，通常也很少给予实质性的帮助。他们已经形成了一种自恋型的情结：我是正确的，你听不听得懂都没关系，只要支持我就可以了。这是一种非常典型的以自我为中心的、自私的、生活在一种虚幻的正确中的人。

如果一个人犯了错，还搬出一大堆客观理由来为自己的错误辩解，要么用自己正确的愿望来遮蔽错误的结果并把自己打扮成正义的样子，要么把错误的原因完全归于别人，他就是肉体睁着眼睛，灵魂却在沉睡。如此这般，他的错误就不会得到纠正，而是会持续和积累，直至铸成大错。很显然，这是一种自我伤害的愚蠢模式。遗憾的是，大部分人都在使用这样的模式。想想自己，看看自己的亲人、朋友，有几个人不是这样的呢？

如果你就是上述这种不幸的人，那就需要通过学习和修炼来改变自己：

要限制自己说话的总量和时长，关注别人说的话，耐心地接续别人的话题并顺着讨论下去，及时询问别人自己可以为他们做些什么，或者主动说出自己可以为别人做的事情，征询别人的意见……对于那些说话不多，不会花言巧语，却总是关注你，给你一些实质性帮助的人，你要特别珍惜。

【真言】

心里一使劲儿，嘴巴一来劲儿，就会走向不善。只说自己，不关注别人，就是一种不善。说了半天，却没有实质性的行动，也是一种虚伪。

【自省】

一些不明人心大道的人，总是喜欢将别人辩倒。但是，那些被辩倒的人会不会真心赞同他们呢？恐怕不会！一些教授演讲的老师甚至提出"口才就是生产力"的口号，但如果只练口才，却无真正的智慧和执行力，恐怕就要自误了。在现实生活中，人确实需要有恰当的表达能力，但我们要明白：一是发心要善，二是不要压制别人，而是要与别人形成新的共识。在这个方向上，嘴巴上的功夫和手里的功夫不可偏废啊！

行胜于言，事实胜于雄辩，费尽心机地说很多甜言蜜语，不如做一件有利于别人的具体的事。管住了嘴巴，往往就是减少了浅薄；少说自己的理，能入别人的心；少说空洞的大道理，少说让别人费解的话，多做一点实事，自然就能让对方懂得你的心意。管住了嘴巴，方能让自己的心智升级。

177. 知者不博，博者不知

【出处】

第八十一章："知者不博，博者不知。"

【语义】

真正有智慧的人不会卖弄自己的博学，而卖弄自己的博学的人，往往是只懂知识不懂智慧，卖弄只是满足了自己的表达欲，却忽视了别人内心的真正需求，单纯地把别人当成了听众。这样的话说得再多，也都是废话。

【寓意】

博学，指的是知识广且深，并不能等同于真正的智慧。因为，人类面临着一个天花板：所有知识都是人的有限认识能力对无限世界的有限认知结果。在这一前提下，即使再博学，也依然是在有限性的圈子里。当然，在满足人的生存需要方面，知识是有用的，尤其是当知识在生活与实践中经过检验变成自己的能力并产生预期的结果时，这种知识与实践反复碰撞中产生出来的能量就成了人的生存智慧。如果再高一点，那就必须冲破那个天花板，让人的心、主观系统与天地万物的规律接通，与万物成为一体，这才是真正的大智慧。在人世间，真正的博学是能够迅速在自己的知识库中找出能为别人提供益处的知识，而不是借机一股脑儿地倾倒出自己的知识。

【素描】

从人类历史与现实来看，知识与人的命运是紧密相连的，大致可以分为以下几种情况。

第一种情况是没有文化知识的人大多活得很粗糙，即使是很有能力，也会因为缺乏足够的知识而发展受限，最多成为草莽英雄。他们无法看清大局和趋势，更无法驾驭大的格局。因此，这一类人小打小闹、"中"打"中"闹还能成一些气候，但是，一旦进入到更大的事业中，他们的短板就会成为他们的死穴，最终的结局往往并不好。没有文化的人中，也有能成就大事的，他们多半是那种勤奋学习并能让自己连续提升的人，学习使得他们心胸宽广，能够善用人才、善于纳谏，就像明朝的开国皇帝朱元璋那样。

第二种情况是有的人学习了一些知识，闯荡了很多地方，见多识广，于是在某一方面成了社会精英。

第三种情况是有一些人青少年时代就表现出了天赋异禀的特征，若是还有很好的教育环境，他们就会成为那个时代的天才。很值得人深思的是，这些才华横溢的才子，往往会在进入社会之后遭遇很多的磨难，甚至可能一无所成。在这方面，有两个历史人物是值得我们关注的：一个是斗酒诗百篇的诗仙李白，他才华横溢的程度让很多人仰慕，但他最终的命运却是凄惨的；另一个就是大文学家苏轼，也是一个天才级的人物，但他在从政的过程中遭遇了很多挫折，有趣的是，他的生命却因此发生了转折，他由一个才华横溢的文学家，转变成了一个中华文化的修道者，形成了以儒道交替为主调的人生观，乐观豪放，就连去世的时候都非常释然。

第四种情况是，有一些人博览群书，学富五车，但他们出现了一种倾向：学了很多知识，一张嘴说出来的也都是知识，但面对具体、复杂、变化的实际问题时，却很容易走到教条主义、本本主义的路上，只知生搬硬套现成的知识，而不具备解决实际问题的能力。很显然，知识没有变成他们解决问题的能力，却变成了他们头脑的一种桎梏。在没有知识的人面前，他们是专家；在面临复杂的实际问题时，他们却束手无策了。这样的人，尤其要反思四个基本问题：如何把知识转化成能力？如何在拥有丰富的专业知识的基础上提升自己的综合能力？如何在既有知识的基础上创造新的知识？如何超越既有知识进而获得真正的智慧？

在现代社会中，既拥有丰富的知识，又具有广博的见识和卓越能力的人越来越多了。在他们受到万众瞩目甚至是崇拜之时，真正的危急时刻也就到来了。我们看到了很多所谓的成功者在如日中天的时候轰然陨落。他们的知识、能力和见识都已经超过了大多数人，为何还会遭遇那样的命运呢？很显然，在知识、能力和见识之上，还有一种更高级的存在。那就是由"自我修为"和"审时度势"这两种力量所组成的"功夫"。

第五种情况是，有一些人阅历丰富又善于总结，知识丰富又能将其转化成能力，博览群书又善于结合实际，还能够在实践中不断创造新的知识与思想。这样的人在历史上也是凤毛麟角，远远不是天才或者一般的专家所能相比的。

由此看来，博学是必要的，但博学也是相对的，唯有不断地学习和突破自我，把博学转化为一种动态的、鲜活的、持续成长的能力，并在这样的基础上结合实践练就解决复杂的实际问题的能力，同时在实践中不断地去验证、修正、完善、总结和提高，直至发展出超越既有知识的新的知识与思想体系，这才是人生的真智慧、大智慧。

【真言】

知识丰富和具备做成事的能力完全是两回事，不要把知识当成真正的实力，否则就会自欺欺人。要将知识转化成能力，将专业知识丰富成综合知识，在实践中创造新的知识，在知识之上领悟无限的智慧。这才是知识、能力和智慧的逻辑。

【自省】

回想一下，我在只是学习了书本知识的阶段，存在着三种错误的状态：一是在没有专业知识的人面前表现得有些傲慢；二是运用专业知识解决问题时能力明显不足；三是在进一步学习既有知识之外的知识方面动力不足。对于这些问题，我当时并没有产生深刻的认识。在后续的人生历程中，我跨出了自己上大学时学习的第一个专业，进入了一些不同的专业领域，才真正明白一个道理：专业知识是被人类人为肢解的整体知识的一部分，仅凭专业知识是没有办法对整体性的事物做出整体性的认知的。同时，在一位朋友的启发下，我知道了仅拥有知识是不够的，还必须将知识运用于实践，在实践中接受检验、进行验证、修正与完善。于是，我开始尝试着将所学知识运用于实践，渐渐地体会到了将知识转化成能力的美妙感觉。

178. 圣人不积

【出处】

第八十一章："圣人不积，既以为人，己愈有；既以与人，己愈多。"

【语义】

悟道的圣人不为自己积攒私财和功名，因为觉悟会让人自足。有趣的是，越是这样，各种世俗的名利反而越是青睐他。

【寓意】

老子发现了天道的规律，明确指出了悟道者的人生模式：人来自天道的造化，最终也将回归天道。如此这般，就将自己交付于大道，不用再刻意地为自己积累财产和功名，无须刻意关注自己得到了多少，只需一心坚守大道，为他人服务，一切自有天道的安排。有趣的是，越是这样，却越是不缺少各式各样的人生财富，给出去的越多，回来的也越多。关键是，再多也不据为己有，如此这般，就能不缺不求不占，反而落得个自在逍遥。

【素描】

如果你跟朋友说不要为自己积攒什么，你觉得朋友会如何看你？多半会觉得你是个怪物。因为在现实生活中，几乎所有的人都在努力为自己积攒财富、知识、功名，等等。朋友一定会这样问你："不为自己积攒什么，难道等着天上掉馅饼吗？不积攒什么，如何保证自己的生活？"漂亮话人人都会说，但现实生活是很实际的。于是，我们就看到了芸芸众生总是在忙忙碌碌。正如司马迁在《史记·货殖列传》中所说："天下熙熙皆为利来，天下攘攘皆为利往。"

我们偶尔也会发现，在自己真心帮助别人的过程中会有一些意外的收获，似乎世间真有"无心插柳柳成荫"的奇妙景象。对人好时却意外遭遇到一些伤心、尴尬，如能冷静下来思考也会发现，自己对人的好夹杂着一些私心，甚至加进了很多精心的算计。当然，在人没有进入到人生的修行模式时，往往会忽视那些意外的收获，也不会反省遭遇尴尬背后的个人原因，于是乎又陷入纠结：一心利己肯定是卑贱的，但有心助人似乎也没有那么美妙。

如果学习了圣人的智慧，自然也就明白了：一心为己，其他人就都是自己的对手；有心助人，看似善意，实则内心藏着期待，一旦结果与自己期待的不相符，轻则感到尴尬，重则恼怒翻脸。实际上，在善意里边包藏私心，如同掩耳盗铃，既无法欺骗别人，也无法欺骗自己。

如果一个人真正进入了修行的模式，就会搞清楚三个重要的人生规律。

第一个规律是，过度追求个人利益，就会与天下人为敌。这种模式下也会有收获，但算算总账，就会发现得不偿失。

第二个规律是，人生需要物质利益，但需要的不仅仅是物质利益，还有精神利益。精神能量影响着人生的一切，精神利益影响着物质利益。单纯追求物质利益，精神就会迷失，人生必然走上歧途。将精神力量放在重要位置上，在人生物质利益的得失中，去领悟和优化自己精神的状态，就能进入一个连续升级、连续收益、连续增值的良性循环。

第三个规律是，只看重眼前利益，必然会失去思考未来人生利益的能力。如果你也处于这种状态，就会陷入与无数人无限的、无解的恶性竞争之中，这就是所谓的人生苦海。如果你在眼前利益上放松一点，抽出精力提升自己，谋划未来，你就能够在芸芸众生中变成那种超然的人。因为很多人只活在现实中，无法将现实与未来紧密地联系在一起，也无法站在未来看现在，你若能做到，就能够在未来得到更丰厚的回报。

【真言】

助人不求回报，这是主观觉悟；助人必有回报，这是客观规律。若是主观上没有具体的期待，收到的就都是让人惊喜的礼物；若是挑挑拣拣，实则还是不懂天道安排的特殊礼物的价值。只要有合道之心，你就能够收获人生的综合价值和利益，这样就能走上人生圆满之路。

【自省】

审视一下自己，学习老子的智慧以来，我似乎行走在一条自动的、智能的大道上，各种人生经历与遭遇都变成了一种收获，最终构成了人生中各种各样价值的综合收获。

当我们领悟了圣人的智慧，抛开世俗的欲望，改变自己心智的逻辑和轨道，最终就会发现：是我们的不会跑掉，只是储存在未来的某个空间；不是我们的，想得到就会很难，即使得到了，往往也会失去，或者会失去更加重要的东西。若是我们能够用圣人的智慧来改造自己的精神世界，就不会在追求个人的名利方面走得太远、太偏。

179. 利而不害

第八十一章："天之道，利而不害。"

【语义】

天道所做，皆是有利于人的。悟道的人，只做有利于他人的事，而不会做有害于他人的事。

【寓意】

悟道的人懂得了天道的规律，明白了所有客观对象的背后都是大道，万事万物皆是大道的示现。明白了这一点，也就懂得了利人即是利己，利己即是损己的人生大道之真理，就会将"利他爱人"作为至高无上的天道法则与人生信仰加以坚守，于是生命就能合于天道而无忧。

【素描】

在现实生活中我们总是能够遇到一心利己的人，甚至有人做的是损人利己的事，还有更愚昧一点的就是损人不利己。这样的思想与做法，会让人间充满冲突，制造出人与人之间的恩恩怨怨，让彼此都进入一种亏损状态。用貌似有道理的做法制造自己和他人人生的灾难，或者用正确的道理制造错误的结果，这不都是愚昧的表现吗？

愚昧与恶、痛苦以及失败是紧密联系在一起的。有人用自以为聪明的方式利用别人、坑害别人，以为别人不知道，这可能吗？有多少人被利用、被坑害之后会善罢甘休呢？冤冤相报，何时能了啊！这不是愚昧吗？这不是作恶吗？这样做能不痛苦吗？这不是人生的失败吗？

若能遵循天道的法则，多帮助别人，交天下朋友，与他人互让互利、互谅互爱，不就能获得善吗？不就是快乐吗？不就正在走向成功吗？即便是如此浅显的道理，有几人能够悟到，又有几人会将其作为人生的信仰呢？

从人心的规律来说，一心利己的人，必然会跟与自己类似的人发生冲突，于是产生了各种恩恩怨怨。若是一心利己而损人，与人的冲突就会升级。如果进入损人不利己的状态，就会爆发更严重的冲突。这还能达成利己的目标吗？这还是自己当初追求的结果吗？这不就进入失控状态了吗？这不就走向自己目标的反面了吗？

能遵循天道法则的人，就能进入这样一种状态：一是找到利益连续增值的门道与法门，舍小利而与他人建立信任，形成互利互助的良性增值模式；二是找到利益综合体的广阔天地，舍就是投入，就是播种，得的内容与价值也日益广泛化、有机化、连续化、长期化，并进入良性增值化进而形成一个价值生产的自动化机制，从此走上和谐、祥和、良性的人生轨道。

【真言】

悟道者主观利人而客观利己，无道者主观利己而客观损己。

【自省】

我过去也做了很多主观利己而客观损己的事情，直到能够将自己的过去当成客观对象进行观察以后，才明白自己错在了哪里。当我看到现实中仍旧不断地有人用实际行动印证了主观利己而客观损己的道理时，对其心智模式也就一目了然了，也懂得了他们内心的纠结和痛苦，对此我十分感慨和惋惜。我希望每个人都能在老子智慧的引领下走出误区，走上人生的光明大道。这是人生的一次重要觉醒，也是一次极其重大的选择。

180. 为而不争

【出处】

第八十一章："人之道，为而不争。"

【语义】

按照大道规律做事而不与俗人竞争。只有这样，才能避开世俗之争，才有可能进入不可争、无所争的潇洒、逍遥、健康而丰满的人生。

【寓意】

圣人老子是洞察天机的人，他看到了很多违背大道规律做人做事而遭到惩罚的人，也看到了很多因没有悟道而与众人争名夺利，让自己得不偿失、苦不堪言的人，于是就提出了悟道者的人生模式：只需顺应大道规律做事，无须与众人争夺，因为只要用生命去争那些可有可无、争到即输、争不到又恨的俗名俗利，就一定无法进入无争而莫能与之争的美妙境界，就永远无法摆脱卑微、痛苦、自我不断贬值的人生境遇。

【素描】

"为而不争"是老子提出的重要的人生法则，只是很多人无法理解。有人看到老子的"无为"思想时，错误地以为是什么也不做，还批判老子的思想腐朽落后。当再看到老子讲"为而不争"的时候，又会发蒙：不是讲无为吗？怎么又讲"为"了？实际上，老子所说的"无为"有两层含义：一是大道规律就是无为而无不为的；二是提示人们要小心人主观上的有为与大道规律的冲突。老子在这里讲的"为"实际上就是说的大道的无为之为——是指人破除主观偏见、剔除主观欲念而去遵循规律的"为",是俗人眼中看到的现象上的有为,是圣人心中实质上的无为。这才是老子在此处所说的"为"的真意。

若是懂得了这些,就拥有了个人的为道之功夫。同时,老子又用后面连着的"不争"来呼吁合于道的作为,也是对合于道的作为的一种解读方式,或者说,"不争"就是"无为"的一种具体表现。

虽然意思说清楚了,但在作为中如何做到不争,就又成了一个难题。因为,对于大多数人来说,只要有所作为,就避免不了与人相争。这似乎已经成了现实中的一个困局。

让我们来剖析一下这个困局。如果我们的综合实力是有优势的,自然无须去争,机会也是我们的。若是我们的综合实力没有优势,即使动用手段去争,也未必争得到,即使争到了,也未必能够得到最好的结果。这是其一。其二,如果我们去争,除了实力,还涉及谁能为他人创造更优的价值,因为唯有对他人有卓越的价值贡献,我们才会有相应的价值收益。若是只为自己的利益去争,而不顾及他人的利益,恐怕就很难争得赢。若是我们在实力和为他人创造价值方面具有绝对的优势,还需要刻意去争吗?由此可见,与别人争的现象背后,实质上是与自己争。若是在平时的工作中不努力地、持续不断地超越自我,遇到机会时又怎么能抓得住呢?

在人生层面上也是如此,如果事事与人相争,自己的心态就会很紧张,甚至长期处于焦虑的状态。若是能够明悟人生的真谛,提升自己人生追求的目标和层次,就能够超越很多人追求的层次,越是往高处,人数就越少,价值就越大,竞争就越微弱。你若是能够持续不断地自我超越、自我竞争,就能够进入一个奇妙的境界——无须跟他人争,众人也无法跟你争。在这样的境界中,你就断绝了人间恩怨的缠绕,也赢得了心灵的清静。

【真言】

俗人妄为恶争，圣人为而不争。

【自省】

我回想自己的过往，大学毕业以后，我有很长一段时间处于这样的困局中：看到的都是眼前的、世俗的名利和面子，一做事往往就面临着与别人的竞争。在这种世俗层面上，不管我如何释放善意，真正有利益冲突的人也不会相信我的解释，更不会接受我的善意。每每遇到这种境况时，我的无奈感就会油然而生。

多亏学习了圣贤智慧，我才稳住了自己的心神，学会了淡化眼前、着眼未来，淡化外部一时一事的得失，重视自己内部的提升。我三十多年的实践也证明了，这才是人生的光明之路。我避开与众多人在众多事上的恶争，才终于走上了一条光明的人生大道。借着万事万人万物来提升自己内在能力与品质时，我自己就不仅仅是向前走，而是向上升腾，才终于摆脱了在平面上的人生困境，进入了无争的自由境界。

我上大学时很喜欢买漂亮的衣服来装饰自己，那是20世纪70年代。现在回想起来才明白，当我们内在苍白时，为了所谓的尊严（实际上是虚荣），就会想方设法地在外在上装扮自己。很显然，这是当时生命状态下的一种内外平衡。人年轻时的荒唐、任性或者叛逆，实际上正是生命打开的过程，而生命的历程往往就是这样的一张一合。等我们找到了自己内在建设的道路，就会专注于内在的提高，而渐渐淡化外在的装扮。但内外两个方面有着十分奇妙的组合关系，需要我们用心去体会：让内在呈现为外在，让外在弥补或者加强自己的内在，两者相辅相成，互不伤害，才是绝妙的境界。

在后来的发展中，我得到了很多贵人的帮助。一些朋友羡慕地问我："怎么你的命就那么好呢？"听到这样的问话时，我的内心有些五味杂陈——在我的人生中，幸运是有的，不幸也是有的，甚至有时候我会觉得自己的命运十分坎坷。渐渐地，我开始思考这个问题，发现了这样一条线索，在此分享给朋友们：年轻时的我很淳朴，看起来傻傻的，但是不管是老师还是领导或同学，只要遇到事情，我就会主动去帮忙，没有什么顾虑，也没有算计，因此结下了很多善缘。我没有想过自己做过的那些小事能给自己带来什么，但它们好像播下的种子一样，很多都在我未来的生命中开花结果了。看起来，能够让人心里认可你的，就是不算计地去帮人，哪怕是很微小的事情，别人也能够看到你的本质。这也再一次证明了老子的教导之正确：在人的算计之外，还有天道。用算计，成小人；用天道，成大人。

当我们对内在的重视超过外在时，就会发现自己真的有了境界，也就是向上的成长，这肯定不是肉体的成长，而是精神和灵魂的气象。渐渐地，我们会淡然地看待外在的浮华，因为我们的灵魂开始放光。水中的蛟龙，修行千万年就是为了离开深潭而飞跃上九天。人生也是如此，当我们一点点经历，一次次放下时，会发现人生的重负正在悄然离去，自己的生命竟然在飘飞，在向上不断地飞升，直到达到自身发光，不再需要物质和财富，达到了一种不需要积累什么资产，但又无缺的状态。这不是梦境中的遐想，而是人生幸运的旅程！

图书在版编目（CIP）数据

《道德经》可以这样读 / 齐善鸿著 . —成都：天
地出版社，2023.11
ISBN 978-7-5455-7839-3

Ⅰ. ①道… Ⅱ. ①齐… Ⅲ. ①《道德经》—通俗读物
②汉语—成语—通俗读物　Ⅳ. ①B223.1-49
②H136.31-49

中国国家版本馆CIP数据核字（2023）第118657号

《DAODEJING》KEYI ZHEYANG DU

《道德经》可以这样读

出 品 人	陈小雨　杨　政	
作　者	齐善鸿	
责任编辑	郭　明	
责任校对	马志侠	
封面设计	今亮后声 HOPESOUND pankouyugu@163.com	
责任印制	王学锋	

出版发行　天地出版社
（成都市锦江区三色路238号　邮政编码：610023）
（北京市方庄芳群园3区3号　邮政编码：100078）

网　　址　http://www.tiandiph.com
电子邮箱　tianditg@163.com
经　　销　新华文轩出版传媒股份有限公司

印　　刷　北京文昌阁彩色印刷有限责任公司
版　　次　2023年11月第1版
印　　次　2024年5月第6次印刷
开　　本　710mm×1000mm　1/16
印　　张　29
字　　数　416千字
定　　价　88.00元
书　　号　ISBN 978-7-5455-7839-3